OMC, LE POUVOIR INVISIBLE

Agnès Bertrand
Laurence Kalafatides

OMC, le pouvoir invisible

Fayard

À ma fille Astrée et à tous ses contemporains,
les adolescents d'aujourd'hui et adultes de demain.

Remerciements

Cet ouvrage n'aurait pas été possible sans les apports intellectuels et humains des membres de deux grands réseaux pionniers dans la résistance à l'OMC, le Réseau tiers monde et le Forum international sur la globalisation. À la fois intellectuels et activistes, ils ont tissé des liens durables dans le monde entier. L'un d'eux, Teddy Goldsmith, a particulièrement contribué à rapprocher ces radicaux du Sud et du Nord.

A.B.

Merci à tous nos amis proches qui nous ont soutenues et accompagnées dans ce travail, en particulier à Thierry David, Jeanine Delaunay et Alain Bertrand.

A.B. et L.K.

Introduction

par Agnès Bertrand

C'est par le plus grand des hasards que j'ai appris l'existence du GATT[1]. C'était en fin d'année 1989. Ce sigle était encore pratiquement inconnu de tous. L'ancêtre de l'actuelle Organisation mondiale du commerce, l'OMC, opérait à l'insu des parlementaires et des opinions publiques.

Né en 1947, le GATT en était à son huitième round de négociations commerciales multilatérales – dit « Uruguay Round » –, le plus ambitieux de toute son histoire. Sous prétexte de réglementer le commerce international, il préparait tranquillement la plus grande contre-révolution dont aient pu rêver les PDG des firmes dominant l'économie mondiale.

Mais aucun événement, aussi fortuit qu'il puisse sembler, n'est jamais tout à fait l'effet du hasard. L'association écologique européenne Ecoropa, dont j'étais alors la secrétaire générale, s'était engagée dans une campagne pour enrayer la destruction effrénée des forêts tropicales du globe. C'est en tentant de sauvegarder ces forêts, essentielles à l'équilibre de la biosphère, que nous découvrîmes comment la protection de l'environnement risquait elle-même d'être mise en coupe réglée.

L'environnement n'était pas seul à être menacé. Le GATT travaillait par ailleurs à l'établissement, au niveau mondial, de nouvelles règles qui allaient bouleverser des pans entiers de l'activité humaine. La brevetabilité des espèces vivantes génétiquement manipulées était à l'ordre du jour. La protection des petits paysans était en passe de devenir illégale. Les acquis des associations de consommateurs étaient sur le point de passer à la trappe comme autant d'obstacles au commerce. Les services, y compris les services publics, étaient visés par ces accords qui prônaient leur privatisation. Les agences des Nations unies elles-mêmes étaient indirectement dans la ligne de mire de ces tractations de l'ombre. Leurs prérogatives, réduites à peau de chagrin, ne pèseraient rien à côté des verdicts prononcés par le tribunal de la future OMC.

En cette fin 1989, l'Uruguay Round était très avancé. La signature de l'« acte final » par les 117 pays membres était fixée au mois de décembre de l'année suivante. Selon le « mandat de Punta del Este » – du nom de la ville qui, en 1986, avait hébergé la réunion ministérielle de lancement du round –, il s'agissait d'un « paquet global », à accepter dans sa totalité. Qui négociait quoi, et au nom de qui ? C'était là le plus grand des mystères puisque la majorité des ministres ignoraient eux-mêmes la teneur de ces tractations à huis clos.

D'où venaient les mandats ? Qui étaient les négociateurs ? Comment s'effectuait la rédaction des propositions d'accord ? De quelle façon les divers accords allaient-ils s'entrecroiser ? Autant de questions qui restaient sans réponses. Les lobbies d'affaires entourant les travaux du GATT manœuvraient dans la plus grande discrétion.

Disons, pour paraphraser Jean Cocteau – « puisque ces mystères nous dépassent, feignons d'en être les organisateurs » –, que la stratégie du monde des affaires aurait pu se résumer ainsi : puisque ces mystères *les* dépassent, feignons de *ne point* en être les organisateurs.

Les rares personnes qui s'aventuraient à interroger le secrétariat de Genève se voyaient déboutées sur un ton condescendant : ce sont les gouvernements souverains qui négocient... Nous vous suggérons de vous adresser à votre gouvernement... Nous ne sommes qu'un secrétariat technique, etc. Or, dans les capitales, il s'avérait plus difficile de trouver un interlocuteur qu'un grain de riz dans une botte de foin.

Pourtant les règles en gestation au GATT avaient vocation à s'imposer au monde entier. La totalité des accords et chacune de leurs clauses allaient bientôt prévaloir sur les législations nationales et les constitutions elles-mêmes. Cette improbable réalité était à peine concevable, surtout dans les pays démocratiques où les citoyens élisent des députés censés légiférer. Avant même de se transformer en OMC, le GATT était en train de s'ériger en l'organisation la plus puissante du monde. Le couplage de la signature de ce 8e round avec la création de l'OMC fut le coup le plus magistral que l'on puisse imaginer.

Notre campagne mondiale de lutte contre la destruction des forêts tropicales nous permit la rencontre décisive avec les écologistes de Malaisie. Ils se battaient de toute leur force contre la déforestation de Bornéo et pour la défense des peuples indigènes dont l'habitat et la survie étaient menacés par l'arrivée des bulldozers et des tronçonneuses. Regroupés dans le Third World Network (Réseau tiers monde) ou TWN[2], ces radicaux suivaient la piste du GATT depuis plusieurs années. Bien qu'informel, leur réseau avait une capacité de décryptage et une force de conviction inouïes.

Dois-je les bénir ou les maudire de nous avoir embarqués dans une telle aventure ? Toujours est-il que, sans le savoir, j'en prenais pour dix ans d'un combat intellectuel et militant qui allait mener jusqu'à Seattle.

Cet ouvrage n'a aucune prétention à l'exhaustivité. On peut d'ailleurs affirmer que personne ne connaît aujourd'hui la totalité des arcanes de l'OMC. Cinq cent cinquante pages d'accords abscons, vingt mille pages d'annexes, dont des dizaines de volumes pour le seul Codex alimentarius[3], sans compter les milliers de pages de jurisprudences. Aussi nombre d'accords ne sont-ils pas exposés dans ce livre : l'Accord multifibre, celui sur la viande bovine, celui sur le lait, et quelques autres. De même la question de la culture, qui est sans conteste d'une actualité brûlante, n'a pu être traitée. Or le sujet est grave : non seulement les spectacles vivants, l'édition, le cinéma et l'audiovisuel sont dans le collimateur de l'OMC, mais les musées, les bibliothèques et les Archives nationales font actuellement l'objet de négociations en vue de leur « libéralisation ».

Pour pénétrer dans le labyrinthe des accords de l'OMC, la première épreuve est sans doute de résister à l'effet assommoir des textes. Le « style littéraire » de l'OMC est rébarbatif à outrance, l'une de ses armes suprêmes étant de dégoûter les curieux par un langage qui masque la signification des règles, de complexer le lecteur par des propositions souvent contradictoires qui découragent d'emblée toute tentative de compréhension.

Pas question donc d'asséner au lecteur d'indigestes analyses criblées de sigles et d'acronymes. Nous avons préféré retracer les étapes d'une découverte partagée par des personnages bien vivants, aventure rendue possible par les liens qui les ont rapprochés.

La force des amitiés tissées dans ce combat, la gravité des enjeux et la conscience que nous étions fort peu nombreux à partager la connaissance des forfaitures en cours servirent de conducteurs pour dépasser ces obstacles dans les conditions les plus improbables. Nos appartenances à divers continents et cultures, par fertilisation croisée, enrichissaient le dialogue et renforçaient la motivation. Nos amis du Sud comprenaient parfois ce que nous ne pouvions pleinement saisir, et l'inverse était aussi vrai. En croisant nos pistes, la lumière se faisait.

Tous les personnages et toutes les anecdotes évoqués dans les pages qui suivent sont authentiques. De nombreux acteurs et précieux alliés n'ont pu être cités. Qu'ils ne le prennent pas comme une marque d'indifférence. Le parti pris subjectif, et forcément sélectif, n'a qu'une visée : celle de rendre intelligibles des enjeux et des procédures censés rester hermétiques et incompréhensibles.

Ce livre est aussi l'histoire d'un engagement personnel. Il n'est partagé que pour témoigner que, si rien ne me prédisposait à un tel parcours, n'étant ni économiste ni politologue, chacun a son mot à dire. Artistes, paysans, militants des droits de l'homme, pédagogues ou médecins, intellectuels ou adolescents, et bien entendu hommes politiques ont tout à gagner à s'occuper de l'OMC. L'OMC, de toute façon, finira par s'occuper d'eux, elle affecte déjà la vie de tout un chacun.

Laurence Kalafatides est arrivée plus tard dans ce combat. Notre rencontre a rendu ce livre possible. Son enthousiasme, sa perspicacité et sa ténacité, quand il s'agissait d'aller au bout d'un labyrinthe tortueux au point de décourager les plus vaillants, se sont révélés à la mesure du défi. Rencontrée lors du combat contre l'AMI[4], elle a remonté les pistes avec une ardeur et un humour dignes d'un Sherlock Holmes au féminin. Les chapitres 12, 13 et 14 sont les siens, et elle a collaboré à tous les autres.

Depuis Seattle, l'OMC est définitivement sortie de l'ombre. Le nombre de personnes et de mouvements qui s'en préoccupent a été multiplié par dix mille, voire cent mille. C'est une situation nouvelle et porteuse d'espoirs. Mais, paradoxalement, les règles de l'organisation restent largement méconnues.

La genèse de la découverte de ce qui se tramait à travers les accords du GATT reste éclairante. La résistance à l'Oppression Mondiale par le Commerce a connu un long parcours, un parcours inspiré par des amitiés et des valeurs communes qui ont donné sa pertinence à ce combat. Ce sont aujourd'hui les mêmes ingrédients essentiels qui feront avancer le mouvement. C'est sur le terrain du respect mutuel et de la confiance réciproque que pourront fleurir les alternatives au règne inique de l'OMC.

NOTES

1. General Agreement on Tariffs and Trade, ou Accord général sur les tarifs douaniers et le commerce.

2. Le Third World Network (TWN), ou Réseau tiers monde, créé en 1984, réunit des intellectuels et activistes d'Asie, d'Amérique du Sud et d'Afrique.

3. Voir *infra*, p. 47.

4. Accord multilatéral sur l'investissement.

Chapitre 1

GATT, le sommet de l'ombre

Pleins feux sur Rio. La communauté internationale prépare le Sommet de la Terre. Pendant ce temps-là, les vraies affaires se traitent ailleurs. Dans un obscur cénacle dont personne ne parle, le GATT, des négociations à huis clos jettent les bases d'une réorganisation complète des relations internationales.

Depuis quelques années, les pluies acides, la mort des coraux après celle des dauphins, l'extinction de dizaines d'espèces par jour éveillent la conscience écologique. Les grands feux de forêt en Indonésie, la destruction quotidienne de centaines d'hectares en Amazonie, dernière grande forêt tropicale primaire du globe, font la une des journaux. Les images de l'Amazonie en flammes qui surgissent sur le petit écran marquent les esprits. Sommes-nous en train de détruire les « bibliothèques » du monde vivant ?

1991. Pleins feux sur Rio. La communauté internationale prépare en grande pompe le Sommet de la Terre. Cette conférence exceptionnelle a pour mission d'élaborer des mesures pour sauver la planète en danger. Les médias contribuent au retentissement de ce sommet mondial qui s'annonce plein d'espoir.

Pendant ce temps-là, les vraies affaires se traitent ailleurs. Dans un forum discret dont personne ne parle – le GATT –, des négociations à huis clos préparent les nouvelles règles pour le XXIe siècle. Celles-ci ont vocation à s'imposer au monde entier. Elles auront préséance sur les législations nationales, en particulier sur celles qui mettent un frein à l'exploitation des ressources naturelles, notamment des forêts tropicales primaires, et qui encadrent les activités des grandes firmes. S'agit-il seulement de commerce international ? Le GATT, appelé à se transformer quelques années plus tard en Organisation mondiale du commerce, ou OMC, concocte une véritable révolution de l'ombre.

Mais qui connaît le GATT ? Qui sait seulement ce que signifie ce sigle ? GATT, General Agreement on Tariffs and Trade – Accord général sur les tarifs douaniers et le commerce. Si vous n'êtes pas anglophone, vous ne risquez guère d'en retenir le sens. Ce qui se passe dans son siège discret, sur les rives paisibles du lac Léman, à Genève, est tout à fait confidentiel. L'édifice anonyme arbore une plaque à peine plus grande que celle d'un médecin ou d'un cabinet d'avocat. Circonspect, le directeur général du GATT de l'époque, Arthur Dunkell, se présente lui-même comme un « bureaucrate de rang moyen ». Ce qui se trame lors des négociations du GATT ne semble pas de nature à émouvoir les citoyens. D'ailleurs, il faut avouer qu'il est des sujets *a priori* plus palpitants que les tarifs douaniers. Tandis que le GATT opère loin des feux de l'actualité, à grand renfort de communications les chefs d'État préparent le Sommet de la Terre.

L'appel des forêts

Fin 1988, l'assassinat de Chico Mendes pr… ue un émoi extraordinaire. Ce charismatique *seringei*… qui a réussi l'alliance avec les tribus d'Amazonie, entre … dia-tement dans la légende. Abattu par un tueur à g… la solde de compagnies forestières avides de profit… o devient subitement le symbole posthume de la défen… planète. Son amitié personnelle avec le chef Ailton K… avec qui il a forgé l'Alliance des peuples de la … renforce la charge symbolique du combat qu'il incarn…

Le grand public est en train de comprendre ce qu… écologistes s'escriment à expliquer depuis quelque tem… les forêts tropicales humides sont les grandes régulatr… du climat mondial. Leur destruction entraînera sa déstab… sation, avec des conséquences désastreuses : sécheres… suivies d'inondations catastrophiques, déchaînement d… ouragans et bientôt réchauffement de l'atmosphère.

Une conférence intergouvernementale mondiale su… l'environnement est donc programmée avec pour missio… d'accoucher de mesures pour préserver la planète en danger. La préparation de la Conférence des Nations unies sur l'environnement et le développement, la Cnued – nom officiel du Sommet de la Terre –, est médiatisée à l'extrême. Le Brésil, et la ville de Rio, est finalement retenu pour accueillir cet événement exceptionnel. Dans nombre de pays, les ministères de l'Environnement convoquent les associations écologistes pour recueillir leurs propositions. Les organisations non gouvernementales – les ONG, comme on les désigne désormais – sont invitées à contribuer au programme Agenda 21.

Pour impressionner la galerie mondiale, Fernando Collor de Mello, président brésilien, nomme un radical au ministère de l'E ronnement : l'agronome José Lutzemberger, ennemi ju es géants de l'agrochimie. En réalité, quelques mois à p après sa prise de fonction, son courrier, intercepté, c a de lui parvenir. Il sera « démissionné » trois mois a e sommet de Rio.

Pou ure, les médias ne parlent plus que du Sommet de la Déclarations politiques et engagements solennels ıltiplient. La pression de l'opinion publique sen le point de porter ses fruits. L'environnement de ıouvelle frontière de la diplomatie internationale.

n négocie

allèle, loin des projecteurs, un tout autre forum adre de l'avenir. Sous prétexte de réglementer le e international, le GATT à l'insu de tous élabore es de la loi d'un genre nouveau. Mais sa langue est à repousser les esprits les plus curieux : TRIPs, ls, FOGS..., autant de sigles qui ne sont pas explicités. ref, les négociations commerciales multilatérales du TT intéressent si peu de monde que ni les parlementaires les journalistes ne sont disposés à perdre leur temps à couter ceux qui tentent de les interpeller. Les parlementaires ne risquent pas d'avoir voix au chapitre. À leur décharge, il faut admettre que les élus, et même la plupart des ministres, n'ont pas accès au contenu de ce qui se trame lors de ces pourparlers. Les textes des négociations ne leur sont tout simplement pas transmis. Voilà qui simplifie l'affaire.

Quant aux professionnels des médias, ils se classent pour l'heure en deux catégories : les accrédités GATT et les autres. Les négociations se déroulant à huis clos, seules les fonctions cérémoniales sont ouvertes à une presse triée sur le volet. En France, les journalistes accrédités se comptent sur les doigts d'une main. Pour l'Hexagone, Philippe Lemaître couvre le sujet pour *Le Monde*, *Ouest France* et même *Le Figaro*.

Au détour d'un article, noyées dans les pages économiques, des informations inquiétantes filtrent cependant. Certains peuvent lire que l'Indonésie a été condamnée par un panel du GATT pour avoir eu l'outrecuidance de prétendre exporter moins de grumes de bois et de transformer davantage sur place afin d'obtenir autant de devises pour une moindre déforestation – une mesure décrétée anti-GATT ! Le Danemark, par souci écologique, a adopté une réglementation imposant que toute boisson vendue dans le pays soit contenue dans des bouteilles consignables : obstacle au commerce ! La Thaïlande, pour enrayer un tabagisme galopant dans la population féminine, a interdit les publicités américaines pour le tabac : la mesure a été condamnée par un tribunal du GATT et des panneaux publicitaires géants recouvrent à nouveau les murs de Bangkok.

Lentement, tortueusement, mais sûrement, les pourparlers du GATT avancent. La date butoir pour la signature du 8e round, le plus ambitieux de toute l'histoire des négociations commerciales internationales, approche. Ses enjeux dépassent, selon Surendra Patel, expert auprès du Commonwealth, « tous les consensus intergouvernementaux depuis la fin de la Seconde Guerre mondiale ». Des enjeux qui contrastent violemment avec la méconnaissance générale qui règne sur le sujet. Si à l'époque une enquête avait été menée pour sonder les Français, le résultat aurait pu être amusant. À la question « Qu'est-ce que le GATT ? », il y a fort à parier que, parmi les réponses proposées, la « marque de pâtée pour chat » serait venue en tête.

Les implications des négociations en cours à Genève sont pourtant d'une importance capitale. En réalité, plus que de négociations multilatérales à proprement parler, il s'agit de tractations quadrilatérales. Au GATT, de l'aveu même de certains officiels, c'est la Quad qui mène la danse. Composé des États-Unis, du Canada, de la CEE et du Japon, ce carré des puissants se réunit fréquemment sans convier les autres membres. Les pays du tiers monde subissent toutes sortes de pressions, chantages et menaces de représailles économiques, que les États-Unis en particulier n'hésitent pas à mettre à exécution. Mais les jolies brochures glacées éditées par l'organisation de Genève expliquent tout le contraire. Les règles de fonctionnement du GATT seraient le consensus et la transparence. Chaque pays y dispose d'une voix : n'est-ce pas la preuve de son caractère démocratique ?

Pour les quelques centaines de personnes vraiment averties, c'est à s'arracher les cheveux. Les règles du GATT s'apprêtent à s'abattre sur le monde, qui dort d'un sommeil de plomb. Les firmes multinationales se frottent les mains. L'affaire sera bientôt dans le sac, c'est-à-dire dans le GATT : brevets sur le vivant pour satisfaire les firmes pharmaceutiques et biotechnologiques, interdiction de protéger les paysanneries pour le plus grand bonheur des firmes agroalimentaires, nouvelles règles sur mesure pour garantir un « environnement favorable » aux investisseurs… À une échéance un peu plus lointaine, c'est programmé, ce sera le tour des services. Tous les services, y compris les services publics essentiels. Il convient de « boucler l'affaire » en douceur.

Le sommet de Rio approche. C'est le moment que choisit l'ONU pour fermer le Centre des Nations unies sur les transnationales. Créé en 1974, ce dernier n'avait pourtant aucune prérogative, encore moins d'autorité pour soumettre les firmes transnationales à quelque examen que ce fût, et ne pouvait non plus fixer de limites à leurs pratiques. On s'y bornait à dresser le bilan des conséquences de leurs activités, à émettre d'excellents rapports et à tenter d'élaborer des « codes de bonne conduite ». C'était trop. Les responsables sont contraints à mettre la clef sous la porte en février 1992.

Le Sommet de la Terre est une grande déception. Les ONG, tant courtisées, sont confinées à plus de dix kilomètres du sommet officiel et n'ont pas voix au chapitre. La montagne accouche d'une souris. Les gouvernements membres des Nations unies réunis à Rio du 3 au 14 juin 1992 ne produisent que trois maigres conventions, non assorties d'obligations légales. Ces conventions, l'une sur les forêts, la deuxième sur la biodiversité et la troisième sur le climat, n'obtiennent d'ailleurs pas la signature de tous les membres. Mais, surtout, elles laissent le champ libre aux pratiques industrielles les plus nocives : aucune directive contraignante contre l'abattage des forêts, aucun moratoire sur les manipulations génétiques et les disséminations d'organismes génétiquement modifiés (OGM). Rio s'achève sur des déclarations solennelles pratiquement dépourvues de mesures d'application.

En revanche, du côté du GATT, les lois et réglementations susceptibles d'affecter le commerce font l'objet de toutes les attentions. Les mesures de protection de l'environnement sont passées au peigne fin à travers l'Accord sur les obstacles techniques au commerce. Contrairement aux documents émis par le Sommet de Rio, les textes en cours d'élaboration au GATT sont juridiquement contraignants. Pire encore, toute infraction à l'une de leurs clauses est passible de représailles économiques.

Des indigènes de Bornéo aux accords du GATT

C'est grâce à une rencontre inédite, dix-huit mois plus tôt, que j'avais appris l'existence du GATT. L'association Ecoropa s'était lancée en 1988 dans une campagne internationale pour enrayer la destruction des forêts tropicales humides. Plus qu'une association, ce réseau de pionniers de l'écologie radicale formait, comme se plaisait à le dire notre président, l'écrivain Denis de Rougemont, « un collège invisible des dissidents de l'Occident ».

La campagne, avec la pétition « Sauvons les forêts, sauvons la planète[2] », réclamait une session extraordinaire de l'Assemblée générale des Nations unies et un plan d'urgence pour sauver les forêts et leurs peuples. Le texte décrivait avec force les effets inévitables de la poursuite de la déforestation : menace pour les 140 millions d'indigènes et sylvo-agriculteurs, érosion génétique sans précédent et, *in fine*, « flip climatique mondial ».

La campagne connut bientôt un succès extraordinaire. Relayée par des muséums d'Histoire naturelle, des parcs botaniques et même des ministères de l'Environnement, la pétition, traduite en une vingtaine de langues, traversa même le rideau de fer. Plus de 3 millions de signatures parvinrent au siège parisien d'Ecoropa en provenance du monde entier. À notre grand émoi, les dernières pétitions arrivaient signées des empreintes digitales d'indigènes de Bornéo : tribu des Dayaks, tribu des Kenyans, tribu des Penans... Au fin fond du Sarawak, ces peuples savaient que nous nous battions pour stopper la déforestation dont ils étaient les victimes ! Mais comment notre pétition s'était-elle donc retrouvée entre leurs mains ?

Forts de ces 3 millions de signatures, nous décidons d'organiser un événement à New York en septembre 1989 pour l'ouverture de l'Assemblée générale annuelle de l'ONU. Outre des écologistes du Nord, nous invitons à témoigner des chefs indiens du Canada et du Brésil, dont Ailton Krenak, Sunderlal Bahaguna – le leader du mouvement contre la déforestation de l'Himalaya – et des écologistes de Malaisie, défenseurs des indigènes de Bornéo, que nous ne connaissons pas encore.

En ce premier jour de l'Assemblée générale de l'ONU, le secrétariat s'oppose catégoriquement à ce que nous rencontrions le directeur général Javier Perez de Cuellar. Malgré la pluie torrentielle qui s'abat sur New York et les gardes musclés qui en protègent l'accès, notre cortège insolite parvient pourtant à pénétrer à l'intérieur du siège des Nations unies, suivi par une bonne demi-douzaine de caméras de télévision. En un clin d'œil nous déversons la montagne de pétitions au beau milieu du grand hall de la vénérable institution et formons tranquillement un cercle tout autour. Ce sit-in jubilatoire ne tarde pas à débloquer la situation : Perez de Cuellar trouve le temps de nous recevoir.

Si nos demandes se sont perdues en discussions sans lendemain dans quelque sous-commission de l'ONU, la rencontre avec les écologistes de Malaisie, regroupés au sein du Réseau tiers monde (TWN), s'est avérée fructueuse. Ils semblaient ravis d'avoir trouvé des alliés aussi pugnaces. Quelques semaines plus tard, ils nous invitèrent à une rencontre internationale sur l'île de Penang sur le thème : « Grands courants économiques contemporains et négociations commerciales multilatérales ». Sans le savoir, le TWN allait bientôt nous embarquer dans une aventure extraordinaire.

NOTES

1. Les seringueros sont les collecteurs traditionnels de caoutchouc du Brésil.

2. Cette pétition fut lancée par un numéro spécial de *The Ecologist*, revue fondée par Edward Goldsmith en 1970.

Chapitre 2

Drôle de trip

Au nom du respect des droits de propriété industrielle et sous la pression américaine, la propriété intellectuelle, traditionnellement gérée par l'OMPI[1]*, tombe dans le domaine des prérogatives du GATT. Mais au passage, aux droits d'auteur, marques déposées, licences de fabrication et brevets d'inventeur, on ajoute les brevets sur les espèces vivantes génétiquement manipulées... La nouvelle de la brevetabilité du vivant se répand comme une traînée de poudre dans les milieux écologistes radicaux.*

L'île de Penang est située à quelques encablures de la côte ouest de la péninsule de Malaisie. C'est là que le Réseau tiers monde (TWN) a établi son siège. Bordée de plages de sable fin, revêtue de beaux vestiges de forêt tropicale, l'île est encore parsemée de villages indigènes sur pilotis. Une très longue maison ancienne en bois près du rivage, transformée en hôtel modeste d'un charme indescriptible, est mise à notre disposition pour cette rencontre. Le TWN y accueille des amis et connaissances de tous les continents, agronomes, juristes, économistes, médecins, professeurs, ethnologues, biologistes, écologistes. Nous sommes invités à plancher sur les enjeux du huitième round des accords du GATT.

La réunion démarre fort et la barre est placée haut. La trentaine de personnes assemblées autour d'une immense table compte des individus brillants et passionnés. Les mieux informés dressent un bilan sombre de l'évolution mondiale. Les agences de l'ONU sont en train d'être vidées de toute substance et seront bientôt « marginalisées ». Les dégâts provoqués par les firmes transnationales dans le tiers monde sont considérables. Aux Philippines, en Thaïlande, en Indonésie, au Bangladesh, au Brésil, en Colombie, au Pérou, au Mexique, le constat est partout le même : exploitation des autochtones, hommes, femmes et enfants, fuite des richesses, niveaux de pollution intolérables, développement des pandémies.

« Les banques d'affaires sont déjà presque aux commandes de la politique économique au niveau mondial, estime Iqbal Assaria, économiste indien du TWN basé à Londres, le développement d'une culture de consommation de masse est planifié à travers des empires médiatiques qui n'ont pas fini de fusionner. »

« Les prix des matières premières s'effondrent tandis que le Fonds monétaire international (FMI) contraint les pays endettés du tiers monde à ouvrir inconditionnellement leurs frontières. À travers les nouveaux domaines en négociation du GATT, la recolonisation du tiers monde a commencé », s'inquiète Martin Khor, Malaisien d'origine chinoise qui a quitté sa chaire d'économie à l'université de Kuala Lumpur pour créer le TWN.

Les firmes transnationales, qui étaient pour la plupart liées à l'industrie militaire, se reconvertissent, en particulier dans l'industrie chimique et agroalimentaire. Leur influence, constatent nos nouveaux amis, est considérable. Elles sont en passe d'envahir de nouveaux secteurs et pourraient bientôt être en mesure de dicter la loi du profit à la recherche scientifique. Grâce aux Trade-Related Aspects of Intellectual Property Rights, ou TRIPs (Accord sur les aspects des droits de propriété intellectuelle touchant au commerce, ou ADPIC, en français), elles pensent s'ouvrir des marchés faramineux. C'est sous leur pression que cet accord a inscrit la brevetabilité du vivant dans son article 27.3b.

Accord TRIPs ? Brevets sur le vivant ? Mais les accords du GATT ne sont-ils pas censés ne concerner que les tarifs douaniers et le commerce ? Ce sinistre programme est hélas bien consigné dans les propositions d'accord. Les quelques Européens et Américains du Nord autour de la table sont consternés. Si l'Uruguay Round est signé, les plantes et les animaux génétiquement manipulés vont donc devenir brevetables. Les firmes agrochimiques et pharmaceutiques, avec les nouvelles entreprises biotechnologiques, se préparent très discrètement à exiger des royalties sous forme de redevances sur chaque génération du vivant génétiquement manipulé.

Royalties sur la vie ! Droits de propriété sur le vivant ! Mais que font les gouvernements ? Ce n'est tout de même pas au nom du commerce international qu'une pareille décision va être prise !

Impérialisme génétique

« Sous prétexte de faire "respecter" les droits de propriété industrielle, nous explique le juriste malaisien Gurdial Singh

Nijar, les lobbies sont sur le point de parvenir à codifier dans le GATT les visées des firmes biotechnologiques en nouveaux droits qui s'imposeront au monde entier. » L'assemblée de Penang constate comment, par le biais des brevets sur le vivant, la biosphère et tous ses écosystèmes risquent d'être soumis à une expérience sans précédent. Le génie génétique, technique balbutiante, se livre à un bricolage sur les algorithmes de l'évolution. Nicanor Perlas, agronome philippin, un brin philosophe et un brin poète, a bien réfléchi à la question : « Les manipulations génétiques ouvrent une véritable boîte de Pandore. Une fois les OGM sortis des laboratoires, lâchés dans l'environnement, rien ni personne ne pourra les contrôler. » Il existe des risques évidents de mutations ultérieures suite à des croisements avec des espèces sauvages.

Parce qu'ils sont incontrôlables et irréversibles, ces phénomènes sont plus graves encore que la pollution chimique. Ivan Illich ne qualifie-t-il pas le génie génétique de « pollution de l'évolution » ? Or il s'agit d'une aventure commerciale, motivée par le profit et fondée sur les règles du marché. « Ni la prudence ni le respect du vivant n'entrent en considération, expose Chee Yoke Lin, ex-professeur à la faculté de droit de Kuala Lumpur et président de l'association Les Amis de la Terre en Malaisie. Rendre, par manipulation génétique, les plantes tolérantes aux pesticides fragilise en réalité les cultures. Mais cela permet de vendre davantage de produits chimiques de traitement. » La firme Monsanto illustre parfaitement cette stratégie, qui livre en kit indissociable semences de soja Round Up Ready trafiquées et herbicide total Round Up.

Les grandes firmes « pétro-agro-chimiques », qui détenaient le portefeuille clientèle dans le tiers monde, ont racheté les semenciers. Shell et Unilever, par exemple, détiennent le monopole commercial sur la reproduction des palmiers à huile. De son côté, Union Carbide contrôle 50 % du marché des semences de maïs. Ces firmes en position monopolistique pourront organiser la rareté afin d'imposer leurs nouvelles variétés. Une certaine Maria Isabel Sans, du Nicaragua, qui n'a pu se rendre à la réunion de Penang, a préparé un article que je dévore. « Les dix firmes leaders dans la vente des produits agrochimiques sont toutes sans exception actives sur le marché des semences. Depuis la fin des années 1960, ce sont les secteurs de la pétrochimie et de la production pharmaceutique qui ont majoritairement racheté les compagnies liées au marché des semences. »

« Que les firmes biotechnologiques réclament des brevets sur les espèces vivantes est aussi intolérable que si les fabricants d'armes exigeaient le droit de faire la guerre sous prétexte de rentabiliser leurs investissements, s'indigne Vandana Shiva, philosophe indienne doublée d'une physicienne nucléaire qui sait transmettre ses connaissances avec une simplicité rare. C'est de l'impérialisme génétique. Si le Nord possède la richesse financière, c'est le Sud qui est biologiquement riche. 90 % de la diversité biologique du globe est située dans l'hémisphère Sud. À travers les accords sur la propriété intellectuelle, les TRIPs, ce qui sort du Sud comme ressource, collecté au titre d'un inventaire du patrimoine de l'humanité, y rentrera comme marchandise. »

Voilà donc pourquoi les firmes veulent breveter la vie ! Autrement dit, modifier les plantes issues du tiers monde pour pouvoir ensuite exiger des droits sur l'organisme transformé, tout comme un auteur réclame des droits sur sa création, sous prétexte qu'elles ont introduit un gène de ceci ou de cela – gène prélevé sur une autre plante tropicale, la plupart du temps. Vandana nous met en garde : « La propagande va s'intensifier. Déjà le génie génétique est présenté comme *le* moyen de nourrir le tiers monde, de guérir des maladies génétiques, d'améliorer l'alimentation. Il s'agit en réalité de la plus grande menace à laquelle la biodiversité et les paysans du tiers monde puissent être confrontés. »

Darwin Incorporated

« Il faut bien noter que, dans l'accord TRIPs du GATT, outre les plantes et les animaux transgéniques, les brevets sur les parties et les processus du corps humain sont sur la table des négociations. » Daniel Querrol, chargé du programme de conservation de la biodiversité au Nicaragua et qui travaille beaucoup avec les tribus indigènes, est intarissable. Ce qu'il affirme est hélas vrai. Outre-Atlantique, la chasse aux gènes s'apparente à une véritable ruée vers l'or. En juin 1991, Craig Venter, de l'Institut national de la santé américain, dépose des demandes de brevet sur 337 gènes du cerveau humain ; quelques mois plus tard, il postule pour des brevets sur 2 000 gènes supplémentaires du cerveau. Si les brevets étaient octroyés, Venter et l'Institut national de la santé américain deviendraient propriétaires d'environ 5 % des gènes humains[2]. De nombreuses firmes biotechnologiques américaines, dont certaines au nom révélateur telles Darwin Incorporated ou Shaman Pharmaceuticals, sont engagées dans l'entreprise lucrative d'isoler et de recombiner des gènes humains en vue de leur commercialisation. Surnommées *« gene boutiques »*, elles prolifèrent comme des champignons et bénéficient de l'investissement de transnationales pharmaceutiques et agrochimiques : Hoffman-Laroche, Eli Lilly, Ciba-Geigy. Des représentants de ces firmes figurent parmi la délégation américaine au GATT.

De même, une lignée cellulaire d'une jeune Guarani du Panama âgée de vingt-six ans, dans laquelle on pense avoir trouvé un gène contre l'obésité, a été brevetée. Et le détenteur du brevet n'est autre que le secrétaire d'État américain au Commerce Ron Brown !

Le « Projet sur la diversité du génome humain » consiste à collectionner les gènes de populations tribales représentant des « reliquats historiques ». Sept cent vingt-deux tribus ont été sélectionnées pour cette collecte d'un genre inédit. Des échantillons de cheveux, de sang, de cellules épithéliales de la bouche ont été prélevés sur les indigènes puis acheminés en moins de quarante-huit heures vers différentes « banques mondiales de gènes ». Les globules blancs y ont été gelés dans de l'azote liquide. Ce « matériel » génétique humain sera rendu disponible pour la recherche, non seulement celle des universités mais aussi celle des firmes biotechnologiques et agropharmaceutiques, puis « cultivé ». Mais la brevetabilité du vivant est la condition préalable pour garantir aux firmes le monopole d'exploitation et la perception de royalties sur leurs « inventions biotechnologiques ».

Aux États-Unis, pays leader en matière de brevets, la seule interdiction formulée par l'Office des brevets et marques déposées concerne le brevetage d'un être humain en tant que tel, pratique tout de même considérée comme contraire à l'article 13 de la Constitution américaine interdisant l'esclavage. Quand on apprend que ce sont les firmes américaines qui mènent la danse dans les accords du GATT, on est tout à fait rassuré…

Le pétrole vert du XXe siècle

Dans la course aux brevets, les États-Unis, qui pilotent les négociations de l'accord TRIPs sur la propriété intellectuelle au GATT, ont une longueur d'avance. Mais partout la recherche et les manipulations génétiques sont menées sans cadre ni entrave. Des campagnes médiatiques font miroiter un avenir radieux où tout, de la myopathie et de la trisomie jusqu'aux cancers, sida et maladies cardiovasculaires, pourrait être guéri « grâce » à la thérapie génique.

Parallèlement, les plantes génétiquement manipulées sont présentées comme la panacée contre la faim dans le monde. Dans le domaine végétal et animal, Hoechst, Monsanto, Dupont, ICI, Shell, Rhône-Poulenc ont investi des milliards. Ces groupes s'ingénient à produire des espèces transgéniques pour l'agro-industrie. Sommes-nous à la veille d'une commercialisation massive d'organismes génétiquement manipulés[3]?

Ce qui distingue le génie génétique de toutes les innovations antérieures, par exemple les semences hybrides, c'est qu'il s'agit d'une altération du génome. Les gènes étrangers qui sont introduits seront transmis à toutes les générations ultérieures. La vertu essentielle de la vie étant de se reproduire, la perspective mirifique, à travers le brevetage du vivant, c'est de toucher des royalties sur chaque génération manipulée. L'allongement à vingt ans de la durée des brevets[4], inscrite dans les propositions TRIPs, les rend encore plus « attractifs ». Les enjeux commerciaux qui se profilent avec le déferlement des OGM dans la vie quotidienne sont quasi illimités. La réduction de la vie à un amalgame de composés biochimiques interchangeables et commercialisables ouvre le plus grand marché jamais envisagé : le pétrole vert du XXIe siècle. D'où la nécessité pour les firmes de garantir leurs droits de brevet sur leurs « inventions ». Grâce au tribunal du GATT, les infractions à ces droits de propriété « juridiquement modifiés » seront considérées comme des actes de piraterie intellectuelle et passibles de représailles commerciales.

Frankenfood dans le meilleur des mondes

« Le terme "biotechnologie", pour désigner ces techniques et leurs produits, est un piège définitionnel, souligne Nicanor Perlas. Rassurant, il rappelle des processus naturels, comme l'action des ferments pour produire de la bière ou des fromages. Tandis que "génétiquement manipulé" a l'inconvénient d'inquiéter l'opinion publique. Vous allez voir, bientôt leurs promoteurs vont les rebaptiser "génétiquement améliorés". » Pari gagné…

En effet, avec les nouvelles techniques de manipulation génétique, rien dans le contexte économique actuel ne semble pouvoir arrêter les inventions douteuses de la biotechnologie. « Les barrières interspécifiques, qui dans la nature maintiennent séparés les règnes végétal, animal et humain, et les espèces entre elles, ont été rompues, précise Vandana Shiva. Les technologies de recombinaison génétique permettent d'isoler, croiser et cultiver les parties de génome en laboratoire. En effet, de nouveaux organismes sont prêts à être reproduits à échelle industrielle. » Déjà une race transgénique de cochons porteurs de gènes humains a été mise au point. Des races aberrantes, comme le « geep », qui est un croisement chèvre-mouton, ont été expérimentées au prix d'incroyables souffrances pour ces animaux « chimères ». Sans compter les cultures de tabac phosphorescent avec gène de ver luisant, les pommes de terre porteuses du gène de venin de scorpion, les mammifères producteurs de médicaments, etc. Quant à la tomate « à pourrissement différé » *(slow rot tomato)*, elle est déjà commercialisée aux États-Unis. Dans ce pays, les produits laitiers issus de vaches traitées à l'hormone somato-tropine recombinante sont la norme. Ces « nouveaux aliments » arrivent sur le marché sans qu'aucun étiquetage ne précise leur spécificité.

Boulevard du Profit

La réunion de Penang a dégagé les trois grands « boulevards » qui s'ouvrent pour les profits futurs :

– *La médecine génétique*, avec les vaccins transgéniques, l'hormone de croissance humaine, les cultures de tissus et d'organes, etc. Les nouvelles technologies de reproduction humaine, poétiquement désignées par le terme « reprotech », ouvrent aussi des domaines financièrement prometteurs. Or rien n'est moins dûment prouvé que leur innocuité. Déjà, l'ingestion de L-tryptophan, médicament transgénique prescrit pour remédier aux inconvénients du décalage horaire, a provoqué des dizaines de décès et de nombreuses invalidités, et l'hormone de croissance humaine administrée à des individus de petite taille a entraîné de nombreux cas de leucémie.

– *L'alimentation*, autre Eldorado commercial. Ce secteur est particulièrement convoité par les trusts agroalimentaires. La commercialisation des « nouveaux aliments » commencera probablement sans que les consommateurs en soient informés. Si, de surcroît, les firmes ne sont pas contraintes à l'étiquetage, le parcours sera à multiples inconnues. Certains généticiens[5] estiment que l'ingestion d'OGM tolérants aux herbicides et pesticides pourrait avoir des conséquences sur la santé et comporter notamment des risques :

- de multiplication du nombre des allergies, lesquelles pourraient être aussi bien bénignes que mortelles ;
- d'affaiblissement du système immunitaire, mis à l'épreuve par le stress qu'entraîne l'ingestion d'aliments que notre évolution ne nous a pas programmés à métaboliser ;
- de réveil, dans les intestins, des rétrovirus vecteurs de gènes, virus « boostés » utilisés pour introduire dans notre salade de tomates, de maïs ou de soja des gènes étrangers qui n'avaient rien à y faire.

– *L'agriculture* telle que nous la connaissons sera remise en cause par l'arrivée des OGM. Des variétés de riz génétiquement manipulées doivent être mises sur le marché par l'Institut international de recherche sur le riz (IRRI) aux Philippines. L'IRRI fournissant les semences pour les cultures qui nourrissent près de 2 milliards de personnes, ce sera là une gigantesque expérience grandeur nature sur les Asiatiques. Elle constitue aussi une énorme menace pour toute la riziculture traditionnelle de l'Asie du Sud-Est, où chaque variété de riz est adaptée au terrain et au climat. La firme américaine Agracetus, de son côté, cherche à obtenir les brevets sur tout soja issu de modification génétique : beau monopole en perspective.

Le procédé s'apparente au système ancien de la gabelle, mais élevé à la puissance dix. Partout où les variétés OGM seraient imposées, les paysans perdraient une liberté ancestrale, celle de conserver une partie de leurs récoltes pour les prochaines semailles. Les clés mêmes de la survie seraient ainsi détenues par les firmes transnationales.

Les nouvelles négociations commerciales au GATT vont-elles autoriser la privatisation du vivant ? Consacrer le règne sans partage d'entreprises géantes agro-pharmaceutico-chimiques ? La réalité de ce que nous découvrons à travers les TRIPs dépasse la fiction. Ces négociations de l'ombre offrent de sinistres présages. Or il ne s'agit là que d'un accord parmi quinze autres. La petite communauté internationale réunie à Penang partage soudain la conscience aiguë d'un risque de basculement de civilisation.

GATT : organisation juridiquement modifiée

Mais comment l'obscure enceinte du GATT est-elle devenue le lieu de négociation des brevets sur le vivant ? Traditionnellement, c'est l'Organisation mondiale de la propriété intellectuelle (OMPI) qui régissait les brevets. Or, bien que souvent sollicitée, l'OMPI s'est toujours refusée à étendre la brevetabilité aux espèces vivantes. Rappelons que le brevet récompense une invention et non une découverte[6]. « Si une chose préexiste dans la nature, comment pourrait-on prétendre l'avoir “inventée” parce qu'on l'a identifiée, isolée, voire purifiée[7] ? » L'inventeur, en échange d'une récompense sous forme de royalties, doit livrer son secret, censé bénéficier à la science comme au bien-être général.

L'expertise collective qui se dégage à Penang est imparable. C'est pour contourner cet obstacle que les grandes firmes qui appelaient à la brevetabilité du vivant ont choisi le GATT pour cadre juridique privilégié. « Elles ont fait donner toute la presse internationale contre la piraterie et la contrefaçon, les faux Chanel et les faux Vuitton, rappelle Martin Khor. Une campagne bien orchestrée a réussi à faire entrer la propriété industrielle dans les prérogatives du GATT. Puis on changea l'adjectif "industrielle" pour "intellectuelle". Ni vu ni connu, les brevets sur le vivant se retrouvèrent dans les accords du GATT. »

Ce tour de passe-passe, outre l'extension de la durée des brevets d'« inventeur » de cinq à vingt ans, précise encore notre expert juriste Gurdial, s'accompagne au passage d'une triple infraction à toutes les législations antérieures en la matière :

– il n'y a plus d'obligation d'expliciter le processus que constitue l'« invention » pour déposer le brevet : il est couvert par le secret industriel ;

– il n'y a plus d'obligation d'exploitation nationale ni de cession à un tiers qui en ferait la demande. Les grandes firmes du Nord pourront ainsi « geler » des brevets dans les pays du Sud dans le but de se réserver des monopoles futurs ;

– plus scandaleux, il y a inversion de la charge de la preuve. Celle-ci ne devra pas être apportée par la firme plaignante, mais ce sera à la petite entreprise ou à la communauté paysanne accusée de pirater des « inventions » biotechnologiques de démontrer son innocence. Cette inversion constitue une régression phénoménale sur le plan juridique et un retournement hasardeux en l'état actuel des connaissances en biologie moléculaire.

Si l'enjeu pour les firmes est la création de gigantesques monopoles nouveaux, le risque pour l'humanité, c'est « la privatisation de l'héritage génétique de la biosphère tout entière, y compris de l'espèce humaine[8] ». Notre assemblée se sent investie d'une responsabilité quasi historique d'alerter. Tout faire pour empêcher la signature des accords du GATT. Car, enfin, les brevets sur le vivant, y compris sur les parties et processus du corps humain, remettent en cause notre conception de la vie et la notion même de personne humaine. Il suffit de tracer le parallèle avec ce qui se prépare dans le domaine de l'agriculture pour entrevoir l'emprise que les firmes détenant ces brevets auraient sur le devenir du genre humain. Alors, « l'humanité ne serait plus une communauté de sujets mais un marché d'objets[9] ».

Nous ne nous sentons pas objets du tout. Plutôt une communauté globale, une sorte de tribu mondiale contre la globalisation. L'acuité de ces réseaux du Sud reste encore pour moi un motif d'admiration. Dire que ni Greenpeace, ni les Amis de la Terre, ni les autres grandes organisations écologiques du Nord qui ont pignon sur rue, comme le World Wildlife Fund, n'étaient au courant…

Avant de nous séparer, j'interroge Vandana Shiva :

« Mais comment avez-vous découvert que le GATT s'apprêtait à breveter le vivant ?

– Très simple. Comme pour les grands experts internationaux nous ne sommes que des sous-développés, donc des imbéciles, voire des illettrés, avec nous ils ne se gênent pas. Les premières propositions qui ont circulé au sein du gouvernement indien pour de nouvelles règles internationales sur la propriété intellectuelle étaient *signées* par des firmes biotechnologiques ! »

Avant de clore la réunion, sous la direction de Martin Khor, nous élaborons collectivement un canevas. Tel un peintre ébauchant un tableau, Martin synthétise les grands axes des campagnes possibles. Une fois les pistes précisées, à chacun de choisir la sienne. Comme Mika Iba, une nouvelle amie japonaise, j'opte pour tenter d'initier une alliance entre paysans, écologistes et consommateurs. Nous nous quittons en sachant que nous allons nous retrouver. Un réseau international d'un genre nouveau est né.

NOTES

1. Organisation mondiale de la propriété intellectuelle.

2. Devant le tollé soulevé au sein de la communauté scientifique, l'Institut national de la santé américain a préféré retirer ses demandes. Venter a alors créé sa propre firme biotechnologique, rapidement dotée d'un capital de 70 000 millions de dollars.

3. Monsanto n'a pas encore introduit son gène dit « Terminator », qui empêche les plantes de se reproduire, mais cela ne saurait tarder.

4. Elle était jusqu'alors de cinq ans pour les inventions, selon les règles de l'Organisation mondiale pour la propriété intellectuelle (OMPI).

5. En particulier le Dr. Philip Regal, le Pr. Brian Goodwin et le Pr. Richard Strohman.

6. Convention de Munich, art. 52, § 2a.

7. Marc Elivger, « Mémorandum sur les motifs qu'il y a de s'opposer à l'adoption de la proposition de directive du conseil concernant la protection juridique des inventions biotechnologiques », mai 1990.

8. Vandana Shiva, *Monocultures of the Mind*, Third World Network, Penang, Malaisie, 1993.

9. Andrew Kimbrell, *The Human Body Shop : The Engineering and Marketing of Life*, San Francisco, Harper & Collins, 1993.

Chapitre 3

Uruguay Round : le grand tournant

Avec l'Uruguay Round, ou huitième round des accords du GATT, démarré à Punta del Este en octobre 1986, une récriture totale des accords d'origine va s'opérer. Les nouveaux secteurs, inscrits comme « thèmes à débattre » au lancement du round, deviennent, on ne sait par quel tour de passe-passe, mandatoires à la fin du cycle.

Obtenir les textes en négociation au GATT exige de se comporter en détective. Quand vous les détenez enfin, une sensation étrange vous envahit. Sur la page de garde, étalée en diagonale comme une grosse barre d'interdiction, figure en caractères géants la mention : CONFIDENTIEL. Le document est aussi épais qu'un annuaire téléphonique. Mais c'est symboliquement que l'effet est pesant. La mise en page est exécrable et le texte maculé de ratures. Le tout est entrecoupé de crochets dont on peine à trouver le début ou la fin. Quant à la table des matières, elle est littéralement incompréhensible. Le comble pour faciliter la lecture : les pages ne sont pas numérotées.

CONFIDENTIEL. Oui, c'est bien là le problème. Quelle que soit la façon dont vous l'avez obtenu, vous savez qu'il s'agit d'un document d'une extrême importance, mais qui n'est pas destiné à tomber dans le domaine public.

Pourquoi une telle confidentialité ? Le prétexte officiel est qu'une diffusion trop large des contenus nuirait à l'art et au « bien-joué » des négociateurs chargés de la défense de « nos » intérêts – intérêts de l'Europe ou intérêts des États-Unis, selon la nationalité de celui ou celle qui poserait cette question saugrenue.

Pas très convaincant. Est-ce vraiment des négociateurs adverses que l'on protège, ou bien de la curiosité de ceux qui subiront les conséquences des règles négociées dans leur dos ?

Vite, décortiquer, comprendre, consulter les complices qui, comme nous, se rebellent contre ces lois qui prétendent s'imposer par le biais de négociations commerciales internationales, secrètes de surcroît. L'obligation de subir nous donne le droit de savoir. Oui, mais par où commencer ? La littérature du GATT est incompréhensible, pour ne pas dire imbuvable.

Un petit détour historique pour retracer la genèse du GATT s'impose. C'est bien connu, pour comprendre le présent il faut connaître le passé. Voyons, ce GATT est bien issu de quelque part. D'où tire-t-il ses prétentions actuelles ?

Au lendemain de la Seconde Guerre mondiale, les États-Unis occupent déjà le rang de première puissance économique de la planète. La Bourse de New York a depuis longtemps détrôné celle de Londres comme première place financière. Mais c'est la conférence de Bretton Woods, du nom du petit village du New Hampshire qui héberge l'événement, qui va consacrer officiellement la suprématie américaine sur la scène mondiale. Le 1er juillet 1944, sur invitation des États-Unis, les puissances alliées convoquent 44 pays pour un projet ambitieux : créer trois organisations mondiales investies de rôles distincts mais complémentaires :

– une banque internationale pour financer la reconstruction et le développement : ce sera la Banque mondiale (BM) ;

– un fonds international pour garantir la stabilité monétaire : ce sera le Fonds monétaire international (FMI) ;

– une organisation internationale du commerce (OIC) chargée d'établir des règles claires, identiques pour tous, pour réglementer un commerce international chaotique, troublé par la guerre.

Ce programme chargé, mené au pas de course, accouche effectivement des deux premières institutions : les sœurs jumelles de Bretton Woods, la Banque mondiale et le FMI, appelées aussi institutions financières internationales (IFI), sont créées. Mais le projet d'Organisation internationale du commerce achoppe sur de profondes divergences. L'époque est au keynésianisme, qui prône un certain partage des fruits de la croissance. Tout le monde ne l'entend pas de la même oreille. Certains pays insistent sur des objectifs de plein emploi dans la charte de l'organisation. Les quelques pays du Sud représentés tiennent absolument à ce que les transferts de technologie vers leur hémisphère soient prévus.

La tentative se concrétise néanmoins à travers la Charte de La Havane, signée dans la capitale cubaine le 10 octobre 1947. Mais les Américains s'en retirent bientôt sous prétexte que le Congrès n'acceptera pas de se voir soumis à une quelconque bureaucratie internationale. La vraie raison est sans doute que le gouvernement américain n'est pas disposé à renoncer à sa suprématie sur la scène mondiale. *Exit* l'OIC, pour ainsi dire mort-née. Les États-Unis parviennent à entraîner derrière eux 23 pays, qu'ils réunissent pour les premières négociations de ce qui va devenir l'Accord général sur les tarifs douaniers et le commerce, le GATT. Il s'agit d'un accord provisoire qui n'a pas, à proprement parler, de statut juridique.

Les négociations se poursuivent périodiquement, pour l'abaissement progressif des barrières douanières et pour favoriser les échanges internationaux, à travers des « rounds » ou cycles de négociations : Genève, Torquay, Annecy, Genève à nouveau, puis Dillon Round, Kennedy Round, Tokyo Round. De round en round, le nombre de pays augmente : 44, 65, 93, et 103 en 1986, pour l'Uruguay Round.

Le « dernier round »

À l'origine et jusqu'à l'Uruguay Round, les prérogatives du GATT sont relativement restreintes. Il s'agit bien d'un ensemble de règles et de jurisprudences pour favoriser les échanges, mais elles ne s'exercent que sur le commerce transfrontières des marchandises. Les règles du GATT, contrairement à celles de l'actuelle OMC, n'ont pas d'emprise sur la législation interne des pays. Les États peuvent fixer leurs propres normes en matière de santé et d'environnement, protéger leurs industries naissantes ou dicter leurs conditions aux investisseurs étrangers. Jusque-là, rien d'extraordinaire, pas de quoi frémir dans les chaumières.

L'Uruguay Round marque le grand tournant. En septembre 1986, sur invitation américaine – les États-Unis sont alors sous l'administration Reagan –, les 103 pays adhérents au GATT se retrouvent dans une station balnéaire de luxe, Punta del Este, en Uruguay. Ironie de l'Histoire, l'événement se déroule précisément dans un lieu qui symbolise jusqu'à la caricature le marché et la spéculation : le grand casino de la ville. Le but est de lancer un cycle ambitieux de négociations commerciales multilatérales. Les pressions du milieu des affaires se sont multipliées. Le GATT doit se doter et de nouvelles règles, et de nouveaux instruments. La réticence de la majorité des pays membres n'empêchera pas cette très longue réunion ministérielle de porter ses fruits.

De « nouveaux secteurs » sont inscrits à l'ordre du jour pour ce 8e round, qui va se révéler être le plus long et le plus complexe de toute l'histoire des négociations commerciales internationales. En réalité, il ne prépare ni plus ni moins qu'une récriture totale des accords d'origine. Le « mandat de Punta del Este » – c'est en ces termes que s'y réfèrent, avec des trémolos dans la voix, les négociateurs et les technocrates du GATT à Genève – fait effectivement entrer quatre nouveaux secteurs dans les négociations commerciales multilatérales : l'agriculture, les services, la propriété intellectuelle et l'investissement.

En raison du rôle de l'agriculture dans la survie des populations, la gravité d'un accord agricole au GATT ne saurait être surestimée. Les paysans représentent en effet les trois quarts des actifs dans de nombreux pays du tiers monde. L'agriculture de subsistance est le seul moyen d'existence pour des centaines de millions d'humains dans l'hémisphère Sud. Jusqu'alors, l'autosuffisance alimentaire des pays était considérée comme un but souhaitable et légitime. En conséquence, les restrictions aux importations sous forme de quotas, les aides aux paysans n'étaient pas du ressort du GATT. Mais les États-Unis et l'Europe, en compétition commerciale acharnée pour écouler leurs excédents, veulent de nouveaux principes, d'une part pour régler leurs différends, d'autre part pour imposer une nouvelle donne aux pays du Sud.

Dans ce secteur jusqu'alors épargné, les disciplines de l'accord s'avèrent d'une complexité effarante : mesures agrégées de soutien, tarification des quotas d'importation, année de référence, traitement spécial et différencié… Une chose est certaine : prétendre appliquer les mêmes règles aux paysans du Burkina-Faso et aux *big farmers* américains, qui sont par ailleurs les plus subventionnés du monde, relève de l'imposture et enclenche un sinistre processus, dont nous n'avons pas fini de compter les victimes.

Services compris

Jusqu'au 8e round, les services n'étaient pas du ressort du GATT, car il ne s'agit pas de produits à proprement parler. Souvent immatériels, on les appelle traditionnellement en économie « les invisibles ». C'est sous ce libellé qu'ils figurèrent longtemps dans les comptabilités nationales. Ce secteur très vaste, hétérogène, aux frontières incertaines, est souvent stratégique.

À Punta del Este, les services sont fourgués pêle-mêle dans l'accord de GATT en gestation. Les assurances, le tourisme, l'information, les télécommunications, les transports, la poste, la construction, l'ingénierie, la recherche, la publicité, le conseil juridique, et jusqu'à l'éducation et à la santé, en tout 160 sous-secteurs rassemblés en 11 secteurs vont rentrer dans l'orbite du GATT ! Ainsi, dans le secteur dit « récréatif », on trouve les sports, les spectacles, les bibliothèques et même les musées.

Les clauses de l'accord futur, qui s'appellera Accord général sur le commerce des services, ou AGCS (en anglais General Agreement on Trade of Services, ou GATS), sont particulièrement difficiles à saisir. En effet, entre disciplines générales, qui s'appliquent à tous les secteurs, et disciplines spécifiques, auxquelles ne sont soumis que les secteurs dits « engagés » – autrement dit, ceux que les pays promettent de libéraliser –, cela se complique et cela se chevauche. Une chose est certaine : seuls les services fournis « dans le cadre de l'exercice gouvernemental », à savoir « l'armée et la police », sont exclus de l'accord. Jolie définition par omission du rôle des gouvernements, cantonnés dans leurs fonctions répressives ! En réalité, si l'architecture de cet accord est plus complexe que celle d'aucun autre, c'est qu'elle est destinée à produire des effets à retardement. Ce sera clairement énoncé dans l'article 19 de l'AGCS : chaque nouvelle négociation devra obligatoirement déboucher sur une libéralisation accrue.

L'investissement figure dans le mandat de Punta del Este sous l'appellation de « mesures sur l'investissement liées au commerce » – en anglais Trade-Related Investment Measures, ou TRIMs. Mais les pays du Sud parviennent à maintenir l'unanimité contre l'introduction de l'investissement dans les prérogatives du GATT. Des pays comme l'Inde et la Thaïlande comprennent instantanément qu'accorder le traitement national aux investisseurs étrangers signifierait tout simplement accepter leur recolonisation. L'accord TRIMs, tout en figurant dans l'accord final, restera ainsi très en deçà des ambitions d'origine de la Quad.

Les droits de propriété intellectuelle, eux, entrent dans le huitième round du GATT sous le terme TRIPs, que nous avons déjà rencontré[1]. Droits d'auteur, marques déposées, licences de fabrication, brevets d'inventeur relèveront désormais de cet accord. Or il n'est pas d'accord plus incohérent que celui des TRIPs. Les principes énoncés dans la première partie du texte sont contredits dans la deuxième ou la troisième partie. Par exemple, l'article 8 décrète solennellement que « les membres pourront adopter les mesures nécessaires pour protéger la santé publique et la nutrition et pour faire prévaloir l'intérêt public dans ces secteurs d'une importance vitale pour leur développement ». Huit pages plus loin, l'article 27 oblige les membres à respecter les droits de brevet sur les procédés biotechnologiques… Cette double injonction a un effet paralysant sur la faculté de compréhension du lecteur, qui doit se pincer pour savoir s'il est bien éveillé, s'il a mal lu ou s'il est idiot.

Ce nouvel énoncé de règles n'a, de toute évidence, rien à voir avec la liberté du commerce. Il s'agit plutôt de la promotion de droits monopolistiques pour des firmes qui planifient leurs marchés futurs. Ce qui est en jeu derrière les brevets, ce sont les royalties. Et puisque l'on fait entrer les royalties sur les espèces génétiquement modifiées dans les TRIPs, ces royalties seront exigibles sur la descendance. La poule aux œufs d'or.

Tours de passe-passe

Mais comment faire pour se débarrasser des entraves au commerce qui ne se présentent pas sous forme de droits de douane mais de législations nationales très diverses (tel pays s'est fixé pour objectif de ne pas importer plus de 50 % de denrées alimentaires, tel autre proscrit les aliments irradiés, un troisième protège ses industries naissantes, etc.) ?

Il existe au GATT un principe un peu retors mais assez efficace, qui s'appelle la « tarification ». Toutes les mesures en question sont transcrites en équivalents tarifaires, c'est-à-dire en « équivalents droits de douane », lesquels doivent être progressivement abaissés. Quand l'opération n'est décidément pas possible et qu'il a affaire à des mesures gouvernementales très éloignées de la politique commerciale, le GATT a recours à d'autres instruments.

L'un des plus intéressants est l'Accord sur les mesures sanitaires et phytosanitaires (SPS). Les firmes agroalimentaires ont bien planché sur le sujet ; des usages culturels, des particularités alimentaires, des sensibilités sanitaires les privent d'énormes marchés. Ainsi, les Coréens abhorrent le poisson congelé, qu'ils jugent pire que le poisson pourri. Les Français, c'est bien connu, se méfient comme de la peste de la viande aux hormones. Eh bien, l'accord SPS a tout prévu. Il impose le Codex alimentarius comme instance de normativité pour les additifs alimentaires, résidus de médicaments vétérinaires, de pesticides et autres contaminants. Toute norme plus stricte que celles du Codex sera considérée comme un obstacle technique au commerce.

C'est un programme fort bien ficelé que celui du huitième round du GATT. Pour un peu, on en viendrait à tirer son chapeau aux concepteurs de cette révolution de l'ombre. Ils font vraiment très fort, et apparemment les politiques les laissent faire, ou alors sont complices. Ce programme, dont les conséquences n'épargneront rien ni personne, peut être résumé en quelques points clés :

– les services fournis dans le cadre national sont redéfinis sous l'appellation « commerce de services », à réguler et discipliner sous l'égide des règles du commerce international ;

– la protection de l'environnement tombe indirectement sous la coupe d'une autorité qui n'a aucun mandat ni aucune compétence en la matière mais qui sera désormais l'arbitre des mesures de protection écologiques licites ou illicites ;

– les droits des consommateurs seront revus à la baisse. Les normes de qualité et d'innocuité alimentaire au-delà des planchers fixés par le Codex alimentarius seront soumises à des sanctions commerciales ;

– les domaines, jusqu'alors hors marché, des espèces vivantes et des activités culturelles devront, tels des objets de commerce, se conformer aux règles du GATT sur la propriété intellectuelle.

Arrêtons-nous un instant et prenons le temps d'évaluer l'ampleur du changement en cours, d'en déterminer la signification profonde. L'ensemble des mesures ici programmées est sans précédent. Les termes techniques et les clauses particulières ne permettent pas d'en saisir ouvertement le sens. Pourtant, si le tout est destiné à rester invisible, il bouleverse des pans entiers de la réalité que, comme par un effet de translation géométrique, il fait basculer d'un univers à un autre. C'est un double tour de passe-passe qui, sous couvert d'accords de commerce international, s'opère clandestinement.

Premier tour de passe-passe : les immenses territoires du vivant et de la culture sont annexés à la sphère marchande. Ils changent littéralement de statut : êtres vivants et activités humaines deviennent des marchandises.

Second tour de passe-passe : les politiques économique, sociale, culturelle et écologique des pays, celles qui s'appliquent à l'intérieur de leurs frontières, deviennent otages d'un nouveau régime juridique censé s'appliquer au commerce transfrontières des marchandises.

Ce qui se dessine derrière l'ensemble de ces accords, c'est bien plus que le principe du traitement national[2], de l'abaissement progressif de barrières douanières ou de la clause de la nation la plus favorisée[3]. Concrètement, chacun des pays membres met en jeu sa capacité d'administrer la vie publique, de se donner des objectifs sociaux, culturels ou économiques, de protéger son environnement et la santé de sa population.

Faire baisser leur garde à tous les pays impliqués, davantage à leur insu qu'avec leur consentement réel, voilà l'ambition du programme. Ses effets sur la démocratie s'annoncent délétères. Avec les nouveaux accords du GATT, les États vont se priver de moyens essentiels leur permettant de mener des politiques économiques, sociales ou environnementales.

L'exemple de l'exercice autour de l'Accord sur les règles sanitaires et phytosanitaires est un chef-d'œuvre dans son genre. Il n'attaque pas frontalement les législations nationales de protection des consommateurs. Les droits des gouvernements à protéger la santé de leurs populations sont solennellement rappelés dans le préambule : il y est confirmé qu'il appartient aux pays « de prendre les mesures nécessaires à la protection de la santé, de la vie des personnes et des animaux, à la préservation des végétaux, à la protection de l'environnement, etc. ». Mais le reste des énoncés invalide radicalement cette belle déclaration d'intention…

À l'Uruguay Round, le caractère confidentiel des négociations contrastait violemment avec la gravité des enjeux. Mais si rares étaient les personnes ayant lu les accords ou en connaissant seulement la teneur que cela en était parfois désespérant. Car enfin, les conséquences étaient pourtant prévisibles. C'en était même criant. Globaliser chaque économie locale d'un côté et de l'autre décréter ouverts à la chasse des grands prédateurs transnationaux les territoires du vivant et des cultures allait se payer très cher.

La mise en compétition sans merci de chaque travailleur et producteur du monde avec tous les autres annonce une course vers le bas, une course sans fond. Rien d'étonnant à ce que, pour un seul pays d'Europe, la France, la Commission sénatoriale sur les délocalisations de 1991, présidée par Jean Arthuis, ait chiffré entre 3 et 5 millions le nombre des emplois qui disparaîtront dans les sept prochaines années. Partout, la valse aux restructurations devient effrénée. Pour rester concurrentielles dans la nouvelle donne d'un marché entièrement libéralisé – qu'elles font tout pour obtenir –, les entreprises investissent vers des gisements de main-d'œuvre bon marché. Elles font fabriquer dans les pays où la pression fiscale, la protection sociale et les salaires sont les plus bas. Après avoir épuisé les populations mexicaines des *maquilladoras*, véritables zones de non-droit juste derrière la frontière du Rio Grande, des entreprises américaines décampent aujourd'hui vers les pays de l'est de l'Europe. Les salaires thaïlandais commencent à devenir trop élevés ? Qu'à cela ne tienne, les entreprises se délocalisent en Indonésie.

En France, le ministre de l'Industrie et du Commerce extérieur Gérard Longuet déclare : « Si nous voulons vendre des satellites et des Airbus, il faut accepter qu'ils soient payés en meubles, en vêtements et en bimbeloterie[4]. » Il planifie ainsi les destructions d'emplois peu qualifiés. Admirable raisonnement du ministre chargé de défendre nos industries : pour lutter contre le chômage, il faut sacrifier l'emploi ! Si les firmes géantes tireront leur épingle du jeu, en revanche les PME et PMI, qui fournissent la majorité des emplois, ne pourront se défendre contre des concurrents qui paient la main-d'œuvre trois, six voire dix fois moins cher. Et le scénario sera le même dans tous les pays industrialisés.

Les maîtres chanteurs

Mais qui connaît le GATT, cet organisme que personne ne surveille, que personne ne contrôle ? Forts de ce programme clandestin, ses promoteurs entendent le boucler en quatre ans : l'examen de mi-parcours[5] pour ce huitième round de négociations est fixé à 1988. Armés de l'art et du bien-joué de la négociation, ils vont peaufiner les règles dans leurs enceintes feutrées d'où rien ne doit filtrer.

Dans un petit bureau genevois, quelqu'un est là, pourtant, qui surveille. C'est un Indien, il s'appelle Chakravarti Raghavan. Il était auparavant directeur de la plus grande agence de presse d'Inde. Ses amis du Réseau tiers monde, qui connaissent ses grandes qualités, lui ont demandé s'il accepterait une mission d'observation de ces négociations capitales du GATT. Il n'a pas hésité à s'expatrier et suit scrupuleusement, minute par minute, les tractations de Genève. Si vous lui demandez une interview, il accepte très courtoisement. Mais dès que le haut-parleur annonce la reprise des travaux, il vous plante là sans perdre une seconde. Bien sûr, il n'a pas le droit de pénétrer dans l'enceinte des pourparlers. Mais, parce qu'il est toujours là, depuis des années, les délégués du tiers monde, parfois même ceux du Nord, lui racontent les pressions, les chantages et les malentendus. Pour lui, les pays n'ont pas une compréhension commune des sujets ni des termes employés. Ainsi, le terme « *review* » (révision) peut être compris comme un exercice visant à réexaminer les accords et à les corriger si les conséquences s'avèrent trop désastreuses pour les populations. Mais les pays du Nord, bien qu'ils se gardent de l'expliciter, l'entendent comme l'examen de mise en conformité auquel les pays seront soumis, sanctions à l'appui, s'ils n'appliquent pas à la lettre les nouvelles règles.

Tandis qu'à chaque négociation importante un cortège de cabinets d'affaires accompagne les délégations puissantes, la majorité des pays du tiers monde n'ont qu'un ambassadeur pour suivre la totalité des négociations, qui se déroulent souvent en simultané. Certains pays se partagent même un seul ambassadeur. Si la règle, explique Chakravarti Raghavan, c'est en théorie le consensus, au GATT qui ne dit mot consent. Imaginons par exemple un consensus entre la Bolivie et les États-Unis. Il serait très simple : que l'ambassadeur bolivien manifeste une résistance active dans une des négociations, et on appellera son ministère de tutelle. « Au fait, n'aviez-vous pas une demande de prêt en cours auprès du FMI ?... Votre ambassadeur à Genève a un comportement inapproprié, vous feriez bien de le rappeler à l'ordre... »

De fait, le chantage est une arme puissante. Il a été abondamment utilisé, souvent de façon plus directe encore, en particulier par les États-Unis qui pèsent très lourd au GATT, armés qu'ils sont du 301 et du Super 301[6], deux lois votées par le Congrès américain qui stipulent qu'en cas de menace sur les intérêts américains où que ce soit dans le monde le pays « fautif » recevra une notification et aura six mois pour réagir, faute de quoi les États-Unis pourront boycotter toutes ses exportations...

Outre le chantage, moyen récurrent pour faire « avancer » les négociations, il y a le bluff et le secret. Le bluff est un exercice auquel la Quad est bien rodée. Dans le jargon du GATT, la Quad, rappelons-le, est le quadrilatère formé par les États-Unis, le Canada, l'Union européenne et le Japon. Quand cette bande des Quatre se met d'accord sur un objectif, elle convoque une réunion dite « de chambre verte ». Chambre verte ? « Oui, ce nom provient de la couleur du bureau du directeur général du GATT, Arthur Dunkel, explique Raghavan. Une poignée de pays dominants s'y retranchent avec quelques pays du Sud triés sur le volet pour obtenir un consensus. » Comme il s'agit de réunions informelles, la liste des participants n'est pas divulguée et les séances ne font l'objet d'aucun compte rendu.

Poker global

Comme au poker, où l'on n'abat son jeu qu'en fin de partie, les clauses qui vont le plus loin ne sont dévoilées qu'au dernier moment. Exagération ? Prenons l'article 16-4, pivot s'il en est des accords du 8e round. Jusqu'en 1992, sa rédaction stipulait : « Les membres s'efforceront de prendre toutes les mesures nécessaires, dans les cas où des législations nationales seront requises pour mettre en œuvre les dispositions des accords… » Dans la version finale, cela devient : « Chaque membre assurera la conformité de ses lois, réglementations et procédures administratives avec ses obligations telles qu'elles sont énoncées dans les accords. »

Le plus énorme, c'est que les gouvernements ne savent pas à quoi ils souscrivent. Quand le secrétaire du GATT leur rendra visite, gageons que la scène se passera à peu près comme le décrit Martin Khor :

« Vous devez changer toute votre législation dans ce secteur.

– Mais pourquoi donc ?

– Parce que vous avez signé l'accord.

– Qui dit que nous avons signé tout cela ?

– Vous avez signé, c'est un fait ; et en voici les implications.

– Mais c'est contraire à notre constitution !

– Nous savons que la contradiction porte sur cinq points, mais nous avons un amendement constitutionnel à vous proposer. »

Harcèlement moral

Prises dans leur ensemble, ces stratégies et tactiques de négociation au GATT ressemblent à s'y méprendre à ce que les psychologues désignent du nom de « harcèlement moral » : exercer la domination progressivement, désarmer la victime en l'empêchant de comprendre le jeu qui se livre, la complexer – si elle n'y comprend rien, c'est de sa faute –, prendre soin de l'isoler, faire en sorte que les autres ne croient pas en sa version des faits. Abus de pouvoir, double injonction, règles du jeu qui changent en cours de partie pour que la victime, quoi qu'elle fasse, soit toujours en tort, isolement programmé : cet arsenal de pressions employées par le GATT correspond précisément aux étapes mises en œuvre dans le comportement clinique de harcèlement moral. Dès que la victime tente de lui extraire des explications, le harceleur se drape dans une dignité offensée, se déclare agressé ou refuse de répondre. De même, sous la pantomime de négociations très sérieuses et spécialisées, le GATT se retranche derrière un rempart de clauses ésotériques. Nombre de documents clés pour la compréhension des accords ne sont mis en circulation qu'au sein de la Quad. Les autres délégations les reçoivent beaucoup plus tard, bien souvent trop tard.

« Cette distorsion de la communication a pour but d'utiliser l'autre afin qu'il continue à ne rien comprendre au processus en cours et de le rendre plus confus. Le black-out sur les informations réelles est essentiel pour réduire à l'impuissance. » Ces quelques lignes pourraient s'appliquer au processus de négociation au GATT, mais elles sont extraites du chapitre sur la communication perverse du livre de Marie-France Hirigoyen, *Le Harcèlement moral*[7].

La perversité consiste à se retrancher derrière un masque austère et cérémonieux pour camoufler une cupidité maladive. Elle manifeste une froideur, une absence de sentiment, un esprit de calcul, une indifférence totale à la souffrance d'autrui, le tout accompagné d'une survalorisation de sa propre personne. Voilà bien les éléments partagés entre les pervers qui pratiquent le harcèlement moral et les négociateurs du GATT. Le négociateur européen Mogens Peter Carl a déclaré sans sourciller lors d'une conférence de presse, le 4 avril 1991, qu'au GATT « tout est possible entre adultes consentants ».

La batterie des instruments de harcèlement utilisés durant les négociations de l'Uruguay Round était-elle exclusivement destinée aux pays faibles ? Ce n'est pas certain. Une fois son mandat achevé, un ministre du Commerce extérieur français, soulagé de ne plus avoir à s'acquitter de cette fonction, confia à un ami : « Au GATT, je n'ai jamais compris ni ce qu'on négociait, ni comment on négociait. Tout ce que je sais, c'est que pour prendre la parole je devais placer à la verticale mon présentoir *France*. J'avais alors à lire un texte préparé par des experts. Je ne sais pas qui étaient ces experts, mais ce que je sais, c'est que les experts américains, des firmes d'avocats d'affaires, avaient toujours le dessus. » Étonnant aveu de la part de celui qui aurait signé pour la France si les négociations avaient abouti dans les délais prévus ! Les ministres passent, les négociations avancent…

La globalisation ou la mort !

À partir de 1993, la propagande bat son plein : « Relever le défi de la mondialisation », « Nous préparer pour faire face à la globalisation », « Défendre nos intérêts dans un monde globalisé »... Presse écrite, radio, télévision, tous les médias reprennent à l'unisson le thème de ce phénomène inéluctable qui va bientôt changer la face du monde. Il faut dire que, pour persuader et dérouter l'opinion, les firmes de relations publiques sortent la grosse artillerie. En grattant un peu, derrière cette avalanche d'articles vendeurs on trouve bien souvent des intérêts économiques puissants. Aux États-Unis, 170 000 personnes sont employées à plein temps par de grandes firmes pour s'occuper des relations avec la presse. C'est 40 000 de plus que le nombre de journalistes-reporters que compte le pays !

En France, si la mondialisation passe à la « une », le débat intellectuel et politique est pour ainsi dire inexistant. Bien souvent, il se réduit à une querelle de mots : doit-on parler de « mondialisation » ou de « globalisation » ? « Globalisation », qui est un anglicisme, choque les puristes. En français, c'est « mondialisation » ! Pourtant, dès les années 1970, on parlait de mondialisation de l'économie pour décrire les activités des firmes qui, grâce aux progrès des transports et des télécommunications, étendaient leurs opérations aux quatre coins du monde. Nous sommes au début des années 1990. Personne ne grince des dents quand on parle de firmes « transnationales » plutôt que « multinationales ». Il est devenu évident qu'on a affaire à des stratégies commerciales qui non seulement transcendent les frontières mais infléchissent les cadres législatifs censés réglementer leurs opérations. Nul besoin d'être expert en GATT pour le savoir. Les « Guignols de l'info », avec les aventures de la World Company, l'expliquent fort bien.

Le mot « globalisation » est sans doute étymologiquement bâtard. Mais il ne faut pas croire que la paternité en revient à des intellectuels de gauche ou à des écologistes. Il a été mis en circulation outre-Atlantique par des stratèges en marketing de masse. Depuis les années 1980, ces stratèges ne parlent que de « produit global » et de « communication globale ». La logique qui sous-tend ce global-là est d'une simplicité monomaniaque : la même marchandise doit, grâce à la même formule publicitaire, atteindre le maximum de personnes en un temps record.

Déjà, « Coca-Cola » est le mot le plus universellement répandu après « OK ». Le PDG de la firme ne désespère pas qu'il devienne un jour le premier. Quand Sony lance son baladeur, les images d'adolescents patinant casque sur la tête, mini-radiocassette accroché à la ceinture, font aussitôt le tour du monde : un produit global est né. Le PDG de Sony a fait le pari d'une publicité qui n'aurait pas à s'adapter aux diverses cultures mais véhiculerait une culture globale : pari gagné si l'on en juge d'après ses ventes de baladeurs dans le monde.

Des marchandises globales à la globalisation tout court, il n'y a qu'un pas, et les acteurs qui tiennent les premiers rôles sur la scène économique mondiale – les mêmes qui manipulent les accords du GATT – ne demandent qu'à nous le faire franchir. Ils tentent, par tous les moyens, de nous persuader que la globalisation économique est éminemment souhaitable.

Les louanges du marché, vanté par voie de presse et de publicité trois cent soixante-cinq jours par an, provoquent une sorte d'anesthésie collective. Comme les trusts et les grands médias sont de plus en plus interconnectés, le rouleau compresseur en vient à émousser les consciences, à estomper les frontières entre le réel et la publicité... Les budgets publicitaires annuels atteignent déjà dans le monde la moitié de ceux de l'éducation.

Des sursauts critiques ou des mouvements sociaux remettent-ils la globalisation en cause ? « Acharnés à nous faire prendre leurs désirs pour nos fatalités[8] », ses promoteurs nous rappellent à la raison : « Voyons, soyons sérieux, le phénomène est inéluctable. »

Inéluctable ? Oui. Aussi inéluctable sans doute que « *Everything goes better with Coca-Cola* », ou « Bienvenue dans un monde meilleur », ou encore « Avec Carrefour, je positive ». En un lieu, en un temps, un seul acte accompli, rediffusé à l'adresse de millions, de milliards de téléspectateurs, tiendra jusqu'à la fin l'hypermarché rempli.

C'est bien un paradis marchand que l'on essaie de nous vendre. Une pub géante, une opération de marketing planétaire. Les défenses immunitaires ne sont pas encore en place. L'agression est très forte. C'est sans doute parce que cette vision de la réalité est tellement réductrice que l'on répugne à la regarder en face. La conscience se rebiffe et refoule.

Pendant ce temps-là, les négociations du GATT progressent. Les gouvernements vont-ils accepter de se laisser attraper, ligoter par ce nouvel ordre marchand ? La Terre ne leur appartient pas. Ils peuvent être les dépositaires de la culture, certainement pas ses adjudicateurs. Ils ont encore moins été élus pour vendre la démocratie.

Les témoins que nous étions de cette forfaiture clandestine échangeaient leurs prises de conscience, leurs états d'âme philosophiques, leurs indignations. S'il avait existé un mot d'ordre commun à l'époque, c'eût été : « Résistance intellectuelle ». Résistance intellectuelle internationale au hold-up marchand planétaire. Notre meilleur soutien, c'était encore, malgré la distance, le sentiment de notre solidarité. Savoir que chacun, dans ce premier cercle, en Inde, aux Philippines, en Malaisie, en Amérique ou en Europe, faisait de son mieux pour tenir bon, pour alerter, pour agiter, nous donnait du cœur au ventre. Partager ce que nous savions, faire ce que nous pouvions. Les rares moments où nous étions réunis étaient d'autant plus précieux. Tout fauchés que nous étions, pour confirmer l'interprétation de telle ou telle clause, il nous arrivait parfois de nous téléphoner d'un bout à l'autre du monde.

NOTES

1. Voir *supra*, p. 27.

2. Le traitement national (article III du GATT) stipule que les biens importés et les produits de fabrication locale doivent être traités de manière égale une fois qu'ils ont été admis sur le marché.

3. La clause de la nation la plus favorisée prévoit que, lorsqu'un État concède à un autre État des avantages commerciaux spéciaux, il doit également les concéder à tous les autres États.

4. Témoignage devant la commission d'enquête de l'Assemblée nationale sur les délocalisations, 16 novembre 1993.

5. L'examen de mi-parcours, ou *mid-term review*, a pour fonction d'évaluer les résultats des négociations et d'en accélérer le processus. L'Uruguay Round devait initialement se clôturer en 1990.

6. Voté par le Congrès américain en 1974, le 301 a été complété en 1988 par le Super 301.

7. Marie-France Hirigoyen, *Le Harcèlement moral : la violence perverse au quotidien*, Paris, Syros, 1998.

8. Denis de Rougemont, préface à l'ouvrage de Bertrand de Launay, *Le Pocker nucléaire : comme brebis à l'abattoir*, Paris, Syros, 1998.

Chapitre 4

Bras de fer euro-américain sur l'agriculture

Derrière le formidable bras de fer euro-américain sur l'agriculture, tous les autres enjeux, tous les autres continents sont masqués. Les deux titans qui dominent l'économie mondiale occupent aussi le devant de la scène médiatique. Leur rivalité, bien réelle sur certains points, s'avère d'une utilité formidable puisqu'elle occulte leur accord fondamental sur les nouvelles règles du GATT. Accord sur tout ou presque. La bagarre se résume à un problème de répartition des parts de marché.

Bruxelles, décembre 1990. La réunion ministérielle du GATT qui devait consacrer la clôture de l'Uruguay Round débouche sur un échec retentissant. Plus de 20 000 agriculteurs et quelques divisions de tracteurs viennent exprimer face aux ministres européens leur refus catégorique du volet agricole du GATT. Les Français, principalement ceux du syndicat FNSEA[1], sont les plus nombreux, et cette frange aux méthodes de contestation parfois musclées pose un sérieux problème au gouvernement de l'Hexagone. La reprise des pourparlers sera politiquement délicate. Pour l'heure, les négociations sont déclarées suspendues *sine die*.

En janvier 1991, une autre actualité internationale fait la une des médias : la guerre du Golfe se profile. On est à la veille des opérations militaires en représailles à l'occupation du Koweit par les troupes irakiennes. Le gouvernement américain a annoncé qu'il compte lancer un ultimatum à Saddam Hussein pour accélérer son retrait du pays.

La date pour la reprise des négociations du GATT – est-ce un hasard ? – est fixée par Genève au 15 janvier 1991. C'est exactement le terme retenu pour l'ultimatum à Saddam Hussein, donc pour le début des frappes aériennes sur l'Irak. Avec cette guerre en direct, tandis que « les armes parlent » dans le golfe Persique, la technique de l'écran fonctionne à plein : les négociations commerciales reprennent dans l'indifférence, voire l'ignorance générale.

Les frères siamois de l'agriculture productiviste

Quels sont les contentieux qui opposent les deux premières puissances agricoles exportatrices du monde ? Tout d'abord, leurs conceptions du rôle de l'agriculture diffèrent. L'Europe campe sur la défense de sa Politique agricole commune (PAC), l'un des principaux piliers de la politique communautaire, et déclare qu'elle n'est pas négociable.

Mais les leaders du marché mondial sont tous les deux excédentaires. Communauté européenne et États-Unis ont des surplus à écouler et sont rivaux pour les parts de marché à l'exportation. Les montagnes de viande et de beurre qui engorgent les frigos communautaires coûtent d'ailleurs très cher aux contribuables européens. Autant l'Europe que les

États-Unis subventionnent leurs exportations. Il s'agit bel et bien de dumping, en théorie illégal selon les règles du GATT. Seulement, le mode de financement diffère d'une rive à l'autre de l'Atlantique : les Américains ont recours au soutien direct de leurs *farmers* (*deficiency payment*) tandis que l'Europe, principalement la France, pratique les aides directes à l'exportation, système dont les États-Unis sont déterminés à obtenir l'abolition.

Le bras de fer sur l'agriculture entre les États-Unis et l'Europe va durer plus de deux ans : « rupture des négociations du GATT », « reprise des négociations commerciales », « suspension des négociations sur le commerce international »... Le plus extraordinaire, c'est qu'il s'agit d'un feuilleton dont personne ne connaît le scénario. Derrière l'écran des acronymes, les enjeux sont masqués. La technicité du dossier agricole est propre à rebuter le plus chevronné de nos énarques : montants compensatoires, mesures agrégées de soutien, années de référence, boîtes bleues, boîtes jaunes, boîtes vertes, etc. Pour le grand public, le risque de compréhension est quasi nul. Le suivi des pourparlers secrets se révèle impossible, ce qui ne manque pas d'arranger les ingénieurs de ces grandes manœuvres de libéralisation agricole.

Stratégie Dracula

La nuit, tous les chats sont gris, et c'est pourquoi le GATT aime l'ombre. Les clauses les plus tordues peuvent passer inaperçues, les coups les plus fourrés sont carrément occultés.

« Eh bien, on va leur appliquer le traitement qu'ils méritent, décrète Lori Wallach. Le test de Dracula : Dracula n'aime pas la lumière, tu braques sur lui les projecteurs et il passe un très mauvais quart d'heure ! » Avec son sens de la métaphore, Lori Wallach vient mettre du piment dans le combat et un turbo dans le processus d'apprentissage. Cette jeune et brillante docteur en droit des affaires avait une carrière toute tracée comme lobbyist à Washington. Son double diplôme de Harvard mention d'excellence en poche, elle choisit pourtant de travailler pour Public Citizen, l'association de défense des consommateurs fondée par Ralph Nader. Celui-ci, jeune avocat, s'était lancé dans un procès retentissant contre la multinationale Goodyear. La firme préférait indemniser les veuves et les orphelins plutôt que de changer sa chaîne de fabrication de pneus, dont certains, en éclatant, entraînaient des accidents mortels par centaines. Il gagna le procès et, à l'aide de la somme rondelette versée par la firme, fonda la première association de défense des consommateurs.

Au sein de Public Citizen, Lori a créé Trade Watch, le département de surveillance du commerce, qui va bientôt avoir du pain sur la planche. Elle ne s'en laisse pas conter sur l'interprétation d'une clause de commerce, aussi retorse soit-elle. Quel bonheur d'avoir les anti-GATT américains avec nous et une amie comme Lori ! L'accueillir à l'aéroport est un plaisir. À peine la glace est-elle rompue qu'elle me demande : « Connais-tu la dernière qui circule à Washington ? Quelle est la méthode la plus sûre pour un politicien de se suicider si vraiment il ne veut pas se louper ? » Je sèche. « Très simple : il n'a qu'à sauter depuis son ego jusqu'à son QI ! » En fait, c'est elle qui vient de l'inventer dans l'avion.

Avec Trade Watch, nous échangeons les infos sur les manœuvres en cours, les analyses sur les dégâts de l'agriculture industrielle, les positions respectives au sein des négociations, bref, toutes sortes de données introuvables dans la grande presse.

Aux États-Unis, la population des agriculteurs est tombée de 9,9 à 2,9 millions entre 1950 et 1997[2], et elle ne représente plus désormais qu'un pour cent de la population américaine. Elle vit sur des fermes-usines géantes, des terres tellement arrosées d'engrais chimiques et de pesticides que les sols en perdent leur fertilité. Le marché national des pesticides agricoles atteint plus de 4 milliards de dollars par an[3]. La terre part en poussière dans le phénomène dit de *dust bowl* (littéralement « cuvette de poussière »). En Californie, moins de 20 % des terres agricoles appartiennent encore à des agriculteurs indépendants. Autrement dit, tout le reste est aux mains de firmes agro-industrielles qui emploient des journaliers mexicains payés à coups de lance-pierre et privés de droits sociaux. L'État le plus florissant du pays le plus riche du monde ne peut donc se permettre le luxe d'avoir de vrais paysans ! L'agriculture, « le premier des arts », le berceau de toute culture, est impitoyablement éliminée par les lois du marché. Des lois qui profitent aux géants de l'agrobusiness, ceux-là mêmes qui mènent la danse dans les négociations agricoles du GATT.

Car, au fait, qui orchestre les négociations agricoles au GATT ? Le secrétaire américain à l'Agriculture de l'époque n'est autre que Clayton Yeutter, ancien président du Chicago Mercantile Exchange, la « bourse » des denrées agricoles[4]. Pour l'Europe, c'est Ray MacSharry, le commissaire-négociateur sur le dossier agricole, qui négociera le deal désastreux de Blair House et se retrouvera peu après son départ de la commission parmi les cadres dirigeants de la firme… Cargill.

Cargill, le roi des « cereal killers »

Cargill est le plus grand négociant en céréales du monde. Cette firme privée fondée en 1865, dont le siège est situé depuis ses origines dans le Minnesota, garde un profil bas. Pourtant c'est LA firme globale par excellence. Elle employait, en 1992, 72 700 personnes à travers le monde, sur 800 sites répartis dans 60 pays. Les politiques commerciales de Cargill se traduisent en diktats pour la production et le prix de nombreuses denrées alimentaires.

Cargill se garde bien de labelliser ses produits, qui apparaissent sous des noms différents, le plus répandu étant celui de la gamme d'aliments pour bétail Nutra. En réalité, cette société opère dans plus de 50 secteurs : le maïs, le soja, le café, le coton, les semences hybrides, l'orge, le colza, la moulure de riz, la farine de blé… Elle produit des engrais phosphatés, de l'acier, du caoutchouc, de la mélasse. Elle intervient dans les transports routiers et maritimes et possède de nombreuses installations portuaires. Ses ramifications dans les domaines des fruits et légumes frais mais aussi du poulet, du porc, de la dinde sont devenues tentaculaires. L'envergure des opérations verticalement intégrées de Cargill lui permet d'être à la fois le fournisseur et le banquier, le grossiste et l'acheteur des produis finis dans tous les secteurs qu'elle contrôle.

La firme est gagnante sur chaque opération et réalise un bénéfice de 2 millions de dollars par jour après impôts. Son empire s'est peu à peu construit au détriment des agriculteurs et des éleveurs. On ne pourrait dénombrer tous ceux qu'elle a poussés à la faillite aux États-Unis, au Canada, en Inde, en Argentine… Quant à ceux qui deviennent ses franchisés et assument tous les risques, Cargill leur impose le choix des semences et des engrais, des races de bétail ou de volaille, des produits de traitement et des produits vétérinaires. Ils se retrouvent endettés et bientôt sous totale dépendance.

Objectif planétaire : nourrir les firmes

Mais le métier par excellence de la firme consiste dans l'obtention de subventions publiques. Cargill a bénéficié de tous les programmes de soutien aux agriculteurs depuis la fin de la Seconde Guerre mondiale ; mieux, elle a su infléchir la politique agricole américaine en sa faveur. Quand le plan Marshall livrait des montagnes de blé à l'Europe dévastée par la guerre, les caisses de Cargill se remplissaient. Quand l'Europe a retrouvé son indépendance alimentaire et commencé à résister à ce dumping de céréales, les *farmers* américains ont évidemment vu leurs marchés à l'exportation diminuer. Sous l'emprise des négociants en grains, en particulier de Cargill, le gouvernement a voté en 1954 la loi sur « le développement du commerce agricole et l'assistance ». Rebaptisée « Aliments pour la paix » (*sic*), cette loi subventionnait massivement les exportations céréalières, hors d'Europe cette fois. Entre 1958 et 1968, Cargill a reçu 76 millions de dollars en aides directes pour stocker les céréales.

Le volume des silos à grains de Cargill fait ombrage aux paysans du monde entier. Les conséquences en sont aussi graves, sinon plus, que celles de l'écoulement à vil prix de produits qui leur font une concurrence illégale. Car c'est d'après le volume des excédents sur le marché mondial que la Bourse de Chicago fixe les cours mondiaux des céréales. En effet, le niveau des cours du blé, du soja, du colza et autres céréales n'est pas calculé en fonction de l'offre et de la demande globale. Ce sont les excédents, autrement dit les stocks, qui servent de baromètre pour les prix. Les surplus américains sont-ils importants ? Le cours mondial du blé baissera. Nous sommes ici face à un mécanisme de marché très particulier : les négociants en céréales imposent les prix en fonction de leurs propres perspectives de profit.

Les subventions indirectes, c'est-à-dire versées aux exploitants, sont une autre manne pour les négociants en grains et les firmes agroalimentaires. Grâce aux impôts des contribuables, redistribués sous forme de subventions aux agriculteurs, les *farmers* peuvent supporter un prix de marché bas, très inférieur au prix de revient réel. Ainsi, les rois des céréales et les firmes agroalimentaires obtiennent les denrées pour la moitié, voire le tiers de leur coût de production. C'est un avantage formidable pour partir à la conquête des marchés. Mais qui subventionne-t-on vraiment ? Les agriculteurs ou les géants de l'agroalimentaire ?

Paysans indésirables

En France, depuis 1960, 100 exploitations agricoles en moyenne disparaissent chaque jour. En 1990, à l'approche de la clôture annoncée de l'Uruguay Round, les perspectives sont plutôt sombres. On prévoit qu'il faudra compter entre 300 000 et 400 000 paysans de moins dans les deux ou trois années à venir. En fait, il ne s'agit pas d'une estimation mais d'un programme. Un programme pour se débarrasser des petits paysans qui, dans le nouveau contexte préparé par le GATT, ne seront pas compétitifs. La réforme tant annoncée de la Politique agricole commune (PAC) de l'Union européenne va trahir toutes les promesses. Comme d'habitude, seuls les « gros » seront entendus.

Les Français, dont l'histoire est profondément enracinée dans la ruralité, commencent à être sensibles au sort des petites fermes. Grâce aux efforts d'information de la Confédération paysanne, beaucoup savent que 70 % des paysans ont un revenu inférieur au SMIC. Mais la majorité ignorent que 20 % des agriculteurs accaparent 80 % des subventions de Bruxelles. Malheureusement, la plupart des commentaires dans la presse contribuent à semer la confusion. Entre paysans pollueurs, agriculteurs gavés de subventions et petits paysans, ils ne font pas le détail. Et ce sont ces derniers, ceux dont les méthodes sont les plus écologiques, les plus bénéfiques aux territoires, aux paysages, à l'art de vivre, qui vont êtres sacrifiés. La compétition internationale donne la prime au productivisme, à l'usage et aux abus d'engrais et pesticides chimiques en tout genre. En l'intensifiant à outrance, l'accord agricole de l'Uruguay Round représente un drame pour les paysans, entraîne la mort des petites communes et s'annonce « gattastrophique » pour l'environnement.

La bagarre commerciale sur le volet agricole du GATT s'éternise. Au plus fort du bras de fer sur l'agriculture, les journaux hexagonaux titrent : « La France seule contre tous dans les négociations du GATT », ou encore : « La France ne doit pas être le mouton noir de la négociation ! » Nos amis du mouvement anti-GATT américain nous donnent un tout autre point de vue : « Surtout, expliquez à vos compatriotes que les agriculteurs d'Amérique non plus ne veulent pas du GATT ! » En effet, trois des quatre syndicats agricoles que comptent les États-Unis sont opposés à ces accords. Seulement, la résistance des paysans passe sous silence.

Les négociations agricoles, hermétiques et complexes, sont littéralement sous influence. Le négociateur américain pour l'agriculture, Clayton Yeutter, n'est autre que l'ancien président du Chicago Mercantile Exchange. Les propositions américaines pour l'agriculture sont en réalité rédigées par procuration. Déjà, lors du précédent round, un proche de George Bush, un certain Daniel Amstutz, vice-président de Cargill, participait à l'élaboration des propositions agricoles américaines au GATT. Dans de telles conditions de négociation, l'objectif de nourrir les firmes prend le pas sur la vocation nourricière de l'agriculture.

Alimentaire, mon cher Watson

L'agriculture, ce sont aussi les denrées alimentaires, leur qualité, et donc la santé des consommateurs. Ce que nous réserve le GATT en la matière n'est ni appétissant ni rassurant. Il s'est déniché un organe idoine pour statuer sur de nouvelles normes en matière de résidus de pesticides et d'adjuvants chimiques dans l'alimentation : le Codex alimentarius. Basé à Rome, cet organe conjoint de l'Organisation pour l'alimentation et l'agriculture (Food and Agriculture Organisation, ou FAO, en anglais) et de l'Organisation mondiale de la santé (OMS) était jusqu'alors « prescriptif » et non « arbitral ». Le huitième round du GATT, à travers l'Accord sur les mesures sanitaires et phytosanitaires, le promeut au rang d'arbitre de la légalité des normes en matière d'étiquetage des produits et de taux de résidus chimiques dans les denrées alimentaires. Toutes les précautions « plus strictes que nécessaire » – l'expression revient une bonne centaine de fois dans les accords – seront considérées comme « entraves » au commerce et passibles de représailles commerciales. Les toxiques dans votre assiette, ce sera désormais l'affaire du GATT.

Le Codex alimentarius devient la bête noire des associations écologistes. Public Citizen, avec à sa tête Lori Wallach, réalise une enquête approfondie. Elle révèle que, le Comité du Codex étant principalement composé de représentants des industries agroalimentaires et phytosanitaires, tous les niveaux de pesticides autorisés sont en train d'être revus à la hausse. Confié aux bons soins de scientifiques parfaitement « objectifs » puisque mandatés par Nestlé Foods, Pepsi Co. Inc, The Coca Cola Company, Protein Technologies International ou encore l'American Association of Cereal Chemists, le Codex se livre à l'« harmonisation » des seuils sur le plan mondial.

Pour cette organisation, il convient d'éradiquer « la peur des additifs alimentaires » et « les tabous ». Les « différents comportements émotifs et instinctifs doivent être examinés à la lumière d'un raisonnement scientifique et logique[5] ». Les nouvelles normes Codex autorisent par exemple une multiplication par 33 du taux de résidus de DDT autorisé dans les brocolis ou la laitue, par 20 celui d'heptachlore dans les carottes, par 3 celui d'endrine dans le lait.

À Paris, au bureau d'Ecoropa qui héberge l'Alliance paysans-écologistes-consommateurs, nous menons le même combat. Cette alliance, qui fut un succès dès son lancement, regroupe 30 associations, dont l'UFC-Que Choisir, la Confédération paysanne et la majorité des associations écologistes. Nous voulons tout connaître des délégations françaises au Codex, identifier les lobbies et leurs visées. J'ai chargé notre meilleur bénévole, Étienne Vernet, de suivre ce dossier. Ses conversations téléphoniques avec les membres du « secrétariat » sont épiques et nous n'en perdons pas une miette. Ceux-ci font preuve de beaucoup de bonne volonté, mais ils sont submergés de travail. Des dizaines et des dizaines de documents émis par les innombrables commissions s'entassent sur les étagères, et nous réclamons une information sur la révision des résidus autorisés pour telle ou telle substance !

Le secrétaire du Codex finit par rappeler Étienne à la « raison » : le rôle de la délégation française au Codex est avant tout de faire entendre les demandes des firmes agroalimentaires nationales dans cette enceinte de la normalisation internationale. Étienne s'insurge : « J'en ai assez, il n'y a pas moyen de leur faire entendre que nous ne sommes pas des cobayes ! »

Déménagement du territoire

Les manifestations d'agriculteurs se multipliant, la France s'inquiète du sort de ses paysans. Le GATT commence à devenir impopulaire. Le président François Mitterrand annonce des mesures en faveur du monde rural, dont une prime de 50 000 francs pour chaque départ en retraite anticipée. Cette mesure, bien que très timide, peut sembler humaine. Mais ce que la presse n'explique pas, c'est qu'elle est soumise à condition : la somme ne peut être touchée que si les terres du candidat à la retraite sont reprises pour agrandir une autre exploitation. Autrement dit, si la ferme disparaît !

Adoptée en juin et mise en application en octobre 1992, la énième réforme de la PAC tant annoncée est déjà une mise en conformité précoce avec l'accord agricole du GATT. L'Europe s'engage à appliquer un plafonnement pour certaines productions[6], et les aides à l'exportation se transforment en aides aux agriculteurs. Mais ces principes introduisent de nouveaux déséquilibres : augmentation des friches d'une part, et accaparement d'une proportion écrasante des subventions par les détenteurs de grosses exploitations d'autre part. Les gros céréaliers, les ateliers d'élevage industriel très polluants vont rafler la mise. Les petits n'ont plus qu'à disparaître pour laisser le champ libre à l'agriculture intensive.

Dans le sud de l'Europe, la situation n'est guère plus enviable. En Espagne, les droits de production laitière dans les Asturies, par exemple, sont rachetés par des sociétés laitières hollandaises. En accaparant les quotas de production de plus petits qu'elles, les entreprises exploitantes laissent des paysans au chômage et des terres en friche. Ce découplage entre les fermes et les droits de production est grave ; il entraîne une vraie dislocation des terroirs, un « déménagement des territoires », comme le proclament les affiches de la Confédération paysanne. L'agriculture paysanne, la qualité des produits, l'occupation des territoires, le revenu des petits paysans : rien de tout cela n'est à l'ordre du jour des négociations du GATT.

Commerce international ou destruction mutuelle ?

En Amérique centrale, des dizaines de milliers d'hectares de forêt sont brûlés puis ensemencés par avion afin d'être transformés en prairies pour bœufs à hamburgers. En quelques années, ces sols délavés par des pluies diluviennes puis cuits par le soleil des tropiques deviendront des champs de latérite. Mais avant que cela ne se produise, des quantités faramineuses de bœuf bon marché auront eu le temps de concurrencer les productions des éleveurs des « prairies » américaines.

Ces prairies d'herbage naturel en plateau constituent un écosystème fragile. Idéaux pour l'élevage extensif, ces vastes espaces où autrefois transitaient les bisons ne supportent pas la culture. Pour échapper à la faillite, les *ranchers* devront donc se transformer en *farmers* et planter du blé ou du soja sur des terres qui se dégraderont très vite. Leur production céréalière sera exportée après avoir été transformée en aliments pour bétail sous forme de produits de substitution aux céréales (PSC).

Le débarquement de ces PSC hypersubventionnés dans les ports européens à des prix très bas entraînera de nouvelles destructions. Les silos géants qui défigurent les côtes maquillent souvent la provenance de leurs contenus. Ainsi, à Saint-Nazaire, les entrepôts France-Céréales sont en réalité la propriété de Cargill. Pour profiter de ces aliments au prix imbattable, les porcheries industrielles proliféreront, comme c'est le cas autour de Rotterdam et sur la côte bretonne. Ces élevages concentrationnaires provoqueront l'eutrophisation[7] des nappes phréatiques.

Puis ce sera le tour des fermes françaises, dont le fourrage ne peut concurrencer les tourteaux américains. L'élevage extensif diminuera au profit des élevages en batterie. Et les surplus de bœuf européen, que l'on bradera en Afrique, iront ruiner des éleveurs africains.

Dans le sillage de la destruction des forêts tropicales, des prairies naturelles et des herbages vient le cortège de la pollution des sols, des eaux et de l'atmosphère[8]. Ceux qui profitent de cette boucle de destruction ne sont autres que les gros exportateurs et divers intermédiaires de la filière agroalimentaire.

Ça coince sur le volet agricole

« Sauver la vocation exportatrice de la France, défendre nos intérêts face aux Américains » : ces grandes déclarations du gouvernement français, sous la pression du lobby des céréaliers et des chantres du syndicat majoritaire, la FNSEA, masquent tous les autres enjeux du dossier agricole au GATT.

Les pourparlers reprennent, loin des médias. Les négociations sont de nouveau suspendues en décembre 1991 avant de recommencer quelques mois plus tard, puis le dossier coince une fois de plus. Les différends entre les États-Unis et l'Europe sur le dossier agricole finissent par faire la une des journaux. Manifestations, barrages sur les routes de l'Hexagone et même blocus de Paris par un nouveau syndicat hybride, la Coordination rurale. Il faut bien trouver une issue, d'autant plus que – et c'est le plus empoisonnant de l'affaire – le volet agricole bloque d'autres accords, en particulier sur les services et sur la propriété intellectuelle. Les lobbies industriels piaffent d'impatience au point d'en devenir menaçants[9].

« Il n'y aura d'accord sur rien tant qu'il n'y aura pas d'accord sur tout », décrètent les leaders politiques de part et d'autre de l'Atlantique. L'Uruguay Round est emballé comme un paquet géant à prendre ou à laisser dans sa totalité. Les pressions montent qui sont autant d'injonctions, même si on ne sait pas clairement d'où ni de qui elles émanent. En propagande, c'est bien connu, plus c'est gros, mieux ça passe !

Le GATT, étant pour l'heure relativement ignoré, n'est pas encore usé. Des arguments massue et le matraquage de chiffres totalement arbitraires[10] viennent appuyer la prétendue impérieuse nécessité de « boucler le round ». Déjà, lors du sommet du G7 de Houston, Texas, en juillet 1990, Clayton Yeutter avait déclaré : « La réussite des négociations de l'Uruguay Round est dix fois plus importante que l'avenir de nos relations avec l'Union soviétique. » Dans leur communiqué final, les leaders du G7 avaient décrété l'Uruguay Round « priorité absolue à l'ordre du jour des relations économiques internationales », et s'engageaient à « exercer le leadership nécessaire pour assurer le succès du 8e round ».

Annonce d'une date butoir, sans cesse repoussée il est vrai, sommations mutuelles des deux côtés de l'Atlantique : c'est dans ce climat de tension et de blocage qui dure depuis plus de dix-huit mois que l'on apprend soudain, le 17 novembre 1992, qu'un accord a été miraculeusement trouvé entre les États-Unis et l'Europe. La signature est enfin au bout du tunnel. Stupéfiant, dans notre pays où la censure n'est plus inscrite dans les textes, les radios livrent la nouvelle comme suit : enfin, les Américains et les Européens sont parvenus à un accord à Blair House. Les négociations du GATT sont débloquées. Mais la teneur de cet accord ne peut être dévoilée, c'est un secret. En d'autres termes, on vous donne un scoop, mais impossible de dire de quoi il retourne !

Le deal de Blair House

À Bruxelles, Gérard de Selys, journaliste de la Radio Télévision Belge, mène l'enquête. Ce type a du cran. Un fin limier qui n'hésite pas à s'exposer. Selys parvient à remonter la piste de l'« arrangement » de Blair House, dévoilant le contenu et les méthodes de négociation du deal final qui a permis de débloquer la signature de l'Uruguay Round.

Des pourparlers secrets entre les États-Unis et l'Europe se sont tenus quelques semaines plus tôt à Chicago, les 2 et 3 novembre 1992. La confidentialité qui les entourait était telle que John Gummer, le ministre britannique de l'Agriculture, s'était inscrit sous un faux nom à son hôtel[11]. La teneur des négociations n'a pas été révélée au Conseil des ministres de l'Agriculture des Douze. Le 19 novembre, nouveau sommet très discret : Carla Hills[12] pour les États-Unis, Frantz Andriessen et Ray MacSharry pour l'Union européenne concluent à Washington l'accord dit « de Blair House ». Mais il comporte une annexe, l'« arrangement », qui ne sera pas transmise aux ministres.

L'enjeu est considérable. Depuis plus de deux ans l'Union européenne tente de se protéger des fraudes américaines en matière d'exportation de produits de substitution aux céréales (PSC). Par une dérogation, les États-Unis ont obtenu de l'Europe l'entrée sans droits de douane de leurs PSC, lesquels ne doivent pas, par définition, constituer un aliment complet pour bétail, cela afin de laisser aux céréaliers français quelques débouchés sur leur marché. Or, en 1990, grâce à un procédé de « contrôle par microscopie », les douanes européennes ont découvert que les exportateurs américains ajoutent à leur *corn gluten feed* des quantités importantes de résidus qui ne devraient pas s'y trouver. La fraude se chiffre en millions de francs. Se dirige-t-on vers une nouvelle guerre commerciale ? L'administration des douanes de la Communauté impose des taxes et opère même des saisies de navires porteurs de telles exportations frauduleuses.

En quoi consiste l'« arrangement annexe » à l'accord de Blair House ? Il contient l'engagement de l'Europe de suspendre tout contrôle par microscopie aux frontières. L'ordre de suspension sera très discrètement donné par écrit le 22 décembre 1992 à Christiane Scrivener, commissaire chargée de l'Union douanière et de la fiscalité indirecte. Mais en mars 1993, le Conseil des ministres de l'Agriculture qui entérine l'accord de Blair House n'a toujours pas eu connaissance de cet « arrangement ».

Aussi invraisemblable que cela puisse paraître, le « deal de Blair House » accorde aux États-Unis le quasi-monopole de l'alimentation européenne pour le bétail. Pour comble, l'arrangement se fait en contournant les ministres de l'Agriculture des Douze. Dans le cercle des amis de Cargill, on peut se frotter les mains ; on a bien dû y prendre les Européens pour des « blairos ».

Le dénouement du différend agricole entre les États-Unis et l'Europe débloque enfin le cycle d'Uruguay. Belle illustration des modes de « négociations » commerciales multilatérales. Mais qu'importe la méthode pourvu qu'on ait le round ! Question méthode, la négociatrice US en chef, Carla Hills, en connaît un rayon. En novembre 1992, au plus fort des tensions qui mettent en péril le succès du 8e round, elle brandit la menace d'imposer 200 % de droits de douane sur 300 millions de dollars d'exportations agricoles européennes si l'on ne parvient rapidement à un accord.

Derrière le suspense interminable du bras de fer euro-américain sur l'agriculture, tous les autres enjeux, tous les autres continents sont masqués. La rivalité entre les deux titans s'avère d'une utilité redoutable : elle occulte tous les autres accords de l'Uruguay Round du GATT sur lesquels ils s'entendent fondamentalement. Tandis que la bagarre se résume officiellement à la répartition des parts de marché, les tractations sur les services, la propriété intellectuelle et l'investissement demeurent officieuses. William Brock, négociateur américain de 1981 à 1985, considéré comme l'un des concepteurs de l'Uruguay Round, et donc de l'OMC, déclarait lors d'une conférence de presse en parallèle du sommet du G7 de 1990 : « L'agriculture n'est pas l'enjeu mais plutôt la condition d'accords de plus grande envergure dans des domaines beaucoup plus importants comme la protection de la propriété intellectuelle, les services, les investissements et les subventions[13]. » William Brock présidait alors la Coalition pour les négociations multilatérales, qui regroupe entre autres American Express, General Motors, IBM, Cargill, Citicorp, Procter & Gamble...

Ignorance à tous les étages

Le silence sur les implications de cet accord pour l'hémisphère Sud était pour nous révoltant. Tout se passait comme si les seuls membres du GATT étaient les États-Unis et les pays de l'Union européenne – un véritable déni d'existence pour les pays du tiers monde, qui y étaient largement majoritaires. L'impasse sur les conséquences sociales, écologiques et pour les droits des consommateurs était tout aussi totale. Seules étaient couvertes par les médias les tractations entre les deux géants de l'économie mondiale sur le dossier agricole. Encore fallait-il être relativement bien informé pour comprendre que, si les intérêts des gros céréaliers et des trusts agroalimentaires étaient représentés, les petits paysans de part et d'autre de l'Atlantique s'annonçaient comme les grands perdants, et avec eux le monde rural et les territoires.

L'Alliance paysans-écologistes-consommateurs[14] faisait l'impossible, souvent sans succès. Plus nous avancions dans la connaissance des accords, plus il devenait évident que l'écrasante majorité des politiques étaient dépassés. Si Bercy était au fait, en particulier les membres de la Direction des relations économiques extérieures (DREE), qui nous toisaient méchamment les rares fois où nous les croisions, la plupart des ministres, sans même parler des parlementaires, n'avaient qu'une idée vague et confuse de la teneur des négociations en cours. S'il avait fallu distribuer des bonnets d'âne dans ce domaine, nous n'aurions pas su où donner de la tête.

Invitée un matin à participer à un plateau de France Culture sur les enjeux du GATT[15], je fus le témoin embarrassé de cette ignorance au sommet. Deux experts, le directeur du Centre d'études prospectives et d'information internationale (CEPII) et Marie-France Toinet, politologue spécialiste des États-Unis, étaient là pour cautionner le sérieux des débats. Je profitai de la pause musicale pour leur demander s'ils avaient lu les projets d'accord de l'Uruguay Round. Comme s'il s'agissait d'une question saugrenue, sans prononcer un mot, les deux « experts » hochèrent négativement la tête en faisant la moue. Après la pause, Dominique Strauss-Kahn, quelques mois auparavant ministre du Commerce extérieur, fut interviewé par téléphone. Très posé, bon orateur et sûr de lui, il chanta les louanges de ces négociations, assurant fermement que les intérêts de la France y seraient défendus. « L'Uruguay Round, le quatrième ou cinquième des avatars du GATT », pontifiait-il. Des milliers d'affiliés de l'Alliance connaissaient le b-a ba des accords, mais pas le ministre en charge du dossier au plus fort de la bagarre de l'Uruguay Round !

Le grand cru du GATT

Que faire quand il y a le feu et que personne ne le sait ? Comment rompre le barrage de la presse, interpeller, forcer l'écoute de ceux qui ne veulent pas entendre ? C'est le retard de paiement d'une facture d'électricité, suivi d'une coupure, qui fait naître une idée improbable. Deux amis américains qui partagent l'indignation du mouvement français embryonnaire sont venus dîner. Nous comptons profiter de la soirée pour nous livrer à la rédaction d'une lettre adressée au *Guardian*. Elle aura plus de chances d'être publiée dans ce quotidien d'outre-Manche que par un journal français. Soudain, plus de courant, donc plus d'ordinateur. Nous dînons aux chandelles en dissertant tristement sur l'avenir du monde. « Eh bien, le monde va devenir dégueulasse », déclare Rafi Zabor, romancier. Puis il lève solennellement son verre et déclame avec un accent à couper au couteau : « Grand cru, grand cru du GATT ! – Rafi, répète ce que tu viens de dire ! – Oui, grand cru du GATT, réitère-t-il avec conviction. La qualité, les terroirs, que va-t-il en rester ? »

Ça alors ! pour une idée, elle est puissante ! Fallait-il être américain pour la trouver ? Dès le lendemain matin, branle-bas de combat. Enquête pour dénicher la piquette la moins chère. C'est qu'il faut 600 bouteilles : une par ministre, et une par député. S'aventurer dans les zones commerciales lointaines pour commander la bibine, concevoir les étiquettes et contre-étiquettes, trouver le dessinateur et l'imprimeur. Quelle course ! Mais il y a comme ça des gags qui vous donnent des ailes. Le dessin de l'étiquette nous semble un chef-d'œuvre : le château ressemble à une prison, l'arbre est mort, les oiseaux s'enfuient. Le label *Cuvée spéciale Arthur Dunkel et associés, Genève* est souligné de têtes de mort et autres symboles de poison et radioactivité. Au dos, pour chanter les louanges du breuvage, une explication rédigée de la plume de l'écrivain François Terrasson :

Le GATT travaille assidûment à la médiocratisation des produits issus de l'agriculture. Il est heureux de vous présenter un vin produit n'importe où, n'importe comment, pour n'importe qui, selon des normes sanitaires laxistes, internationalement garanties... Avec le GATT, vous contribuez ainsi à la banalisation du monde.

Seule manque maintenant la lettre d'accompagnement pour chacun des destinataires, dans laquelle notre merveilleux cadeau sera enveloppé. Expliquer le GATT en trente lignes est une gageure, mais c'est la condition pour être lu par les politiques qui ont toujours mieux à faire. Nous entendons leur demander de méditer le temps d'un verre de vin avant de décider si, en signant ces accords, ils acceptent de laisser saborder la démocratie et la planète avec.

Quand le grand cru du GATT est fin prêt pour la livraison (prévue pour le 12 décembre 1991), Ben Lefetey, le jeune logisticien de Greenpeace qui déserte son poste pour venir donner des coups de main à l'Alliance, propose de s'en charger. Il va livrer à dos d'homme, c'est-à-dire chargé d'un lourd sac à dos et en métro, nos précieux colis à dix ministres, insistant chaque fois pour ne remettre sa missive qu'au chef de cabinet en personne. La lettre, ornée d'un ruban bleu, est d'une affabilité irréprochable :

Arthur Dunkel, directeur général du GATT, est heureux de vous envoyer cette délicieuse bouteille contrôlée par le Codex alimentarius. Dès la signature de l'Uruguay Round, les normes pour les résidus de pesticides et autres substances toxiques admissibles dans l'alimentation seront fixées, non plus par l'OMS et les gouvernements nationaux, mais par le Codex.

Le Comité du Codex alimentarius, dont le siège est à la FAO à Rome, est composé des représentants des plus grandes firmes agroalimentaires, qui fixent donc scientifiquement les normes des résidus admissibles.

Jusqu'à présent, vous n'aviez pas droit à ce cru multinational sous prétexte d'atteinte au bon goût comme à la santé des consommateurs. Désormais, si votre gouvernement tentait de vous en interdire la dégustation, il serait passible de représailles économiques dans le cadre du GATT.

Dans le même souci, le GATT a prévu pour vous les nécessaires mesures d'harmonisation commerciale :

– l'extension des brevets aux espèces vivantes, animales et végétales sorties de nos meilleurs laboratoires, génétiquement recombinées, que vous pourrez acquérir et reproduire moyennant de modestes royalties pour chaque génération ;

– une protection de l'environnement parfaitement adaptée aux exigences de la libre circulation des ressources et des déchets ;

– le GATT œuvre par ailleurs pour que la CEE recadre sa Politique agricole commune dans des paramètres favorables aux échanges commerciaux internationaux. Les populations européennes doivent se libérer du passéisme nostalgique, ruralisant et gastronomique.

En espérant pouvoir vous proposer bientôt un Codex parlementarius, nous vous souhaitons une excellente dégustation.

Le lendemain matin, comble de surprise, il est déclaré à l'issue du Conseil des ministres qu'il n'est pas question que la France signe l'Uruguay Round. La radio rapporte que Jack Lang a précisé : « Il n'y a pas que l'agriculture dans le GATT, il y a aussi la propriété intellectuelle. » Le grand cru du GATT aurait-il été la goutte de vin qui a fait déborder le vase ? Le gouvernement a-t-il pensé qu'il risquait d'avoir tout le lobby viticole sur le dos ? En tout cas, deux précieuses années sont gagnées suite au refus de la France. C'est peu et c'est beaucoup, car pendant ce temps le mouvement international s'amplifie et prend ses marques. Nos alliés sur les divers continents multiplient les initiatives. Vandana Shiva, qui rit aux larmes quand je lui raconte l'épisode, s'apprête à entamer sa tournée des provinces indiennes.

NOTES

1. Fédération nationale des syndicats d'exploitants agricoles, le syndicat majoritaire qui défend en particulier les intérêts des gros céréaliers.

2. *Agriculture Fact Book 1998*, Département d'État à l'Agriculture, Office des communications, Washington.

3. *Fortune*, 22 avril 1991.

4. Clayton Yeutter, négociateur américain au GATT de 1985 à 1988, était avant sa nomination, outre son poste de président du Chicago Mercantile Exchange, membre des conseils d'administration de la Fédération américaine des exportateurs de viande et de la firme ConAgra. Aux États-Unis, quatre firmes contrôlent 87 % du conditionnement et de la distribution de la viande de bœuf : Cargill, ConAgra, Iowa Beef et National Beef.

5. Codex alimentarius, XIXe session, juillet 1991.

6. Notamment par le gel de 15 % des surfaces en céréales, en oléagineux et en protéagineux.

7. L'eutrophisation est un phénomène d'asphyxie des eaux en oxygène par excès d'éléments nutritifs et prolifération d'algues.

8. L'agriculture intensive, grosse consommatrice d'engrais azotés, produit du NO_2, puissant gaz à effet de serre.

9. « La CCI [Chambre de commerce internationale] entend maintenir la pression. Comme M. Connor l'a dit à ABC, avec les noms des plus grandes entreprises mondiales au bas de l'appel [pour boucler l'Uruguay Round], *les gouvernements sont obligés de l'entendre.* » Éditorial de Jean-Charles Rouher, secrétaire général de la CCI, *CCI Business World*, vol. 2, n° 4, avril 1992 (souligné par nous).

10. Le secrétariat de Genève annonce que la signature du 8e round entraînera une croissance du commerce mondial de plus de 350 milliards de dollars par an.

11. Radio Télévision Belge, magazine « Europe Une », émission du 2 juin 1993 animée par Gérard de Selys.

12. Carla Hills deviendra directrice de Bechtel Group et Chevron Corporation, membre du conseil d'administration de American International Group (AIG), Time Warner, United Airlines et ATT.

13. Cité par Martin Khor dans *The Uruguay Round and Third World Sovereignty*, Third World Network, 1990.

14. Les porte-parole de l'Alliance à l'époque étaient Guy Le Fur (Confédération paysanne), Marie Legrand et Serge Grass (UFC-Que Choisir), et Agnès Bertrand pour les écologistes.

15. Il s'agissait de l'émission « Le temps qui change », animée par Marc Guillaume et diffusée le 7 juillet 1993.

Chapitre 5

Et pour le Sud, le DDT

Les mouvements écologistes du Sud, en particulier d'Inde et de Malaisie, rebaptisent DDT les projets d'accord du GATT. À l'instar du redoutable pesticide, ces derniers tuent les espèces non visées. Les petits paysans, pêcheurs et artisans, sans oublier les peuples indigènes, sont menacés. L'alerte est lancée par ces pionniers de la résistance à la mondialisation. Des amitiés se tissent, des campagnes communes s'organisent. Ce premier cercle prépare le terrain de Seattle.

Pour les pays du Sud, les implications de l'Uruguay Round sont incomparablement plus sévères que pour les économies des pays développés. Les acteurs des grandes puissances économiques qui, depuis 1982, font pression pour l'inscription des nouveaux secteurs dans les négociations du GATT savent parfaitement où ils veulent en venir. Pour Harry Gray, PDG de United Technologies, « les barrières comme les quotas, les réglementations sur l'étiquetage et l'emballage, les restrictions dans certains

États, les inspections, les politiques d'approvisionnement discriminatoires des gouvernements inhibent le commerce international ». Dès 1983, il déclare : « Nous avons besoin de conditions propices à l'expansion du commerce international, c'est-à-dire d'un environnement débarrassé des interventions de l'État. » Quelques années plus tard, la négociatrice américaine en chef, Carla Hills, se sentant de taille à assumer cette mission, n'hésite pas à déclarer : « Je veux que vous me perceviez une barre de fer à la main, forçant l'ouverture des marchés pour les entreprises américaines et les maintenant ouverts pour servir nos intérêts. »

La carotte et le bâton

Les pays du Sud ne sont certes pas homogènes sur le plan économique. Entre les « bébés tigres » asiatiques – la Corée du Sud, la Thaïlande, la Malaisie, Taiwan – et les pays africains les plus pauvres, les disparités sont énormes. Quand ils se retrouvent face aux négociateurs du Nord à Punta del Este pour la réunion ministérielle de lancement du huitième round du GATT, tous n'ont pas la même perception des accords. Certains, comme le Brésil, la Colombie et l'Uruguay, se rallient aux positions du groupe de Cairns[1]. Espérant accéder aux marchés du Nord pour leurs exportations agricoles, comme promesse leur en a été faite, ils ne se montrent pas suffisamment fermes pour s'opposer à l'introduction des nouveaux secteurs. De nombreux pays asiatiques comptent sur l'engagement de mettre fin, via l'Accord multifibre, aux quotas d'importations textiles qui brident leurs exportations dans un secteur où ils sont très concurrentiels.

La Quad, maniant la carotte et le bâton, saura exploiter disparités et clivages entre pays du Sud. Le tout est de les amener à « signer » une déclaration générale en leur faisant miroiter des intérêts à venir. Une fois adoptée la déclaration ministérielle, des groupes de négociation sont mis sur pied et la machine est lancée vers une signature quasi inéluctable.

Paradoxalement, les nouvelles règles jouent globalement contre les économies des pays du Sud, quel que soit leur niveau de développement. Car le « paquet » du 8e round contient des instruments redoutables pour forcer l'ouverture des marchés : l'accord sur les services (AGCS) et celui sur les règles liées à l'investissement (TRIMs).

Dans la plupart des pays du tiers monde, le secteur des services, dernière activité économique encore sous contrôle national, est protégé des opérateurs étrangers. L'introduction des deux nouveaux accords, taillés sur mesure pour les grandes firmes, doit leur permettre de s'implanter et d'accaparer les secteurs lucratifs. L'établissement de City Bank en Indonésie ou au Sri Lanka, par exemple, entraînera l'aspiration de l'épargne locale, qui ne pourra plus être réorientée vers les besoins des populations. Les banques pourront spéculer avec ces modestes économies, qui seront drainées au profit des financiers occidentaux. Les grandes compagnies d'assurances étrangères prospéreront dans des pays où seule une petite minorité de la population bénéficie d'une assurance. Les assureurs locaux, eux, qui exercent souvent à domicile, perdront leur clientèle et leur emploi. Le même scénario se reproduira dans toute une série de secteurs : tourisme, transports, construction, etc.

Les nouveaux accords du GATT mettront fin à la protection des manufactures et des industries naissantes. Or le passage par une transition protectionniste est une condition indispensable pour qu'un pays soit un jour en mesure d'affronter la concurrence internationale. Alors qu'historiquement les grandes entreprises en ont toutes bénéficié avant de devenir des géants industriels, leurs nouveaux discours, repris en chœur par les tenants du GATT, stigmatisent le protectionnisme du tiers monde.

Plus grave : pendant des décennies, encouragés par la Cnuced[2], en échange du droit à s'implanter sur leur territoire les pays exigeaient des firmes des transferts de technologie, transferts qui se révélaient particulièrement utiles pour la formation de leurs ingénieurs. Désormais, à travers le nouveau régime de la propriété intellectuelle, les firmes dominantes pourront verrouiller l'accès à la technologie.

Au Sud, rien de nouveau

Selon une estimation du groupe des 77[3], 20 % des pays les plus riches s'approprieront 70 % des bénéfices escomptés de l'ouverture des marchés instaurée par le 8e round.

Pour les gagnants du round, les avantages du « paquet » du cycle d'Uruguay sont évidents : possibilité d'opérer « hors sol », de faire venir l'équipement et les machines des pays du Nord, de produire pour les marchés à l'exportation et de rapatrier les profits sans contrepartie. Les tour-opérateurs auront carte blanche pour réserver les plus belles plages, les plus beaux édifices privés en centre ville à un tourisme de masse en circuit fermé, lequel consommera principalement « occidental ».

Mais quels seront les gains pour les pays d'accueil ? Les bénéfices ne peuvent être tangibles qu'à condition de soumettre les opérateurs étrangers à certaines contraintes : quotas d'embauche locale, utilisation de matériaux locaux, plafonnement de la participation du capital étranger dans les secteurs stratégiques, obligation de réinvestir une partie des bénéfices sur place… Or l'application de ces « obligations de résultats » est progressivement interdite par les nouveaux accords. Tandis que les institutions financières internationales enjoignent aux pays du Sud de se « développer », les règles du GATT consolident le contrôle des firmes dominantes.

Mais, pour les populations du tiers monde, c'est l'accord agricole couplé aux droits de brevet sur les semences (suite à l'accord TRIPs) qui constitue la menace la plus brutale et la plus immédiate. La levée des quotas d'importation, l'interdiction de protéger les paysans, artisans, pêcheurs, petits commerçants, augurent un drame pour les régions du globe où l'économie de proximité est le principal moyen de subsistance. Voilà qui revient à nier le droit à l'existence de celles et ceux qui dépendent de l'économie villageoise et de l'agriculture vivrière. Balayés par les lois du marché mondial, devront-ils aller s'entasser dans les bidonvilles surpeuplés ou rejoindre les légions de « réfugiés du développement[4] » ?

Il s'agit bien là d'un grand tournant : si nombre de pratiques commerciales néfastes pour le tiers monde sont déjà à l'œuvre, le 8e round transforme un état de fait en état de droit.

À Genève, les besoins des peuples du tiers monde sont le cadet des soucis des négociateurs occidentaux. Un haut fonctionnaire européen a parfaitement résumé ce rapport de forces : « L'Afrique ne représente que 2,5 % du commerce mondial. Il est normal que son pouvoir d'intervention dans les règles du jeu corresponde à son poids commercial[5]. »

Sous la tutelle de la Banque mondiale et du FMI

Dans ces tractations commerciales qu'ils ont du mal à suivre, les pays de l'hémisphère Sud souffrent de deux handicaps : l'existence des zones franches, et les programmes d'ajustement structurel (PAS) imposés aux pays endettés par la Banque mondiale et le Fonds monétaire international.

Depuis le début des années 1970, les zones franches prolifèrent, en particulier en Asie du Sud-Est et en Amérique latine. Dans ces véritables zones de non-droit, la fiscalité sur les bénéfices est nulle, les syndicats sont interdits et le droit environnemental inexistant. À cette date, la Cnuced estime qu'il en existe entre 800 et 1 200 dans le monde. De nombreuses firmes transnationales choisissent d'y implanter en priorité leurs succursales. L'« enrichissement » pour les pays d'accueil se résume à l'exploitation jusqu'à l'épuisement d'une main-d'œuvre, notamment féminine[6], et à la destruction souvent irréversible de leur environnement. Ceux qui fabriquent des Nike sont des va-nu-pieds. Les ouvrières de l'électronique dans les zones franches des Philippines sont congédiées vers l'âge de 25 ans, quand leurs yeux sont trop usés pour « servir »[7].

Depuis le début des années 1980, la Banque mondiale et le Fonds monétaire international prescrivent des plans d'ajustement structurel aux pays endettés[8]. Ces PAS imposent un arsenal de conditions draconiennes, véritables « thérapies de choc » : privatisation des secteurs rentables, dévaluation de la monnaie, réduction des salaires et du nombre de fonctionnaires, coupes dans les budgets sociaux, voire privatisation des services publics. Censés être provisoires, le temps de « redresser la barre », les PAS ne sont en réalité jamais levés.

Pour pouvoir rembourser leurs dettes, les pays intensifient l'agriculture orientée vers l'exportation et sont souvent réduits à brader leurs ressources naturelles. En 1994, la Côte-d'Ivoire, contrainte d'étendre ses monocultures d'exportation et de vendre son bois tropical, connaît le taux de déforestation le plus élevé du monde : il ne subsiste plus que 5 % de la couverture forestière de 1940. Pour certains pays endettés, le service de la dette[9] atteint jusqu'à 50 % des dépenses de l'État. Avec la dévaluation des taux de change et la hausse des taux d'intérêt, les prix intérieurs montent en flèche. Les populations voient alors leur pouvoir d'achat se réduire, parfois de moitié, du jour au lendemain. Ne parvenant plus à vendre leurs denrées, des millions de paysans abandonnent leurs terres pour se « réfugier » dans les favelas et autres bidonvilles surpeuplés. L'abandon du travail de la terre contribue à aggraver la famine dans le monde.

Avec le GATT, l'agriculture se doit d'être compétitive ou de disparaître. Daniel Amstutz[10], l'un des rédacteurs américains de l'accord agricole, n'a cessé de préconiser la disparition des paysans « inefficaces », affirmant qu'ils devraient se retirer afin que leurs pays se fournissent en céréales américaines beaucoup plus compétitives. Sous la triple férule de la BM, du FMI et du GATT, l'agriculture des nations pauvres répond de moins en moins aux besoins des autochtones pour satisfaire la demande des pays riches.

Dans l'esprit des grands exportateurs désireux d'écouler leurs surplus, l'autosuffisance alimentaire se réduirait-elle à un simple « obstacle au commerce » ? Quelques années après la signature des accords, Dan Glickman, secrétaire d'État américain à l'Agriculture, se félicite tranquillement des « bons offices du FMI » pour appuyer la croissance des exportations agricoles américaines. Celles en direction du continent asiatique ont augmenté de 45 % entre 1991 et

1998 et représentent aujourd'hui 40 % des exportations agricoles américaines totales[11].

Comble de l'aberration, l'accord agricole oblige les pays signataires à importer des denrées qu'ils produisent en excédent. Le 23 novembre 1993, alors que la date butoir fixée au 15 décembre approche, la Corée du Sud transmet sa décision formelle d'exclure le riz des produits soumis au GATT. L'ambassadeur de Séoul à Genève ne fait que réitérer la décision gouvernementale prise au nom de la sécurité alimentaire, déjà notifiée en avril 1992. À la même période, Taiwan, candidat mais non encore membre du GATT, est soumis à d'importantes pressions pour ouvrir son marché interne du riz. Ce pays, qui produit 1,7 million de tonnes de riz par an, est pourtant largement excédentaire.

« Je protège, tu démantèles »

Vers la fin des années 1980, 80 pays environ se trouvent placés sous ajustement. L'Afrique – continent où, fin 1993, 33 pays sont soumis à l'ajustement structurel – est au bord de l'effondrement. Entre 1980 et 1993, la baisse du revenu par habitant a été de 20 %, le nombre de démunis a augmenté de 17 % (216 millions en 1992). La Côte-d'Ivoire, afin d'éviter la banqueroute, a encore accéléré le rythme de la déforestation pour planter du café et du cacao. Or, sur la même période, le prix de ces denrées, fixé à Londres et à Chicago, a diminué de plus de 50 %.

En Inde, l'ajustement structurel est d'une brutalité inouïe. En 1990, la dette du pays se chiffre à 60 milliards de dollars, au taux d'intérêt annuel de 25 %. Malgré la croissance élevée du PNB et le boom des marchés boursiers[12], les salaires moyens ont diminué de 60 % tandis que le prix du riz en ville a été multiplié par deux. Ainsi peut se résumer le drame de la dette : pour rembourser leurs créanciers, les pays débiteurs sont contraints d'appauvrir leurs populations et d'abandonner toute velléité de développement autonome.

Dans ce 8e round, les pays soumis à l'ajustement se retrouvent dépouillés d'avance de leurs atouts. Le décor est planté pour une partie tellement inégale que les puissants peuvent se livrer impunément au jeu de « je protège, tu démantèles ». Vers la fin de l'Uruguay Round, l'histoire du cuisinier et du poulet est l'une des favorites parmi les négociateurs du tiers monde : « À quelle sauce veux-tu être mangé ? demande le cuisinier au poulet. – Mais je ne veux pas être mangé du tout ! – Alors là, tu n'es pas en règle avec le GATT ! »

L'émergence de la résistance

Dans le jargon de Genève, le projet de l'accord final s'intitule Dunkel Draft Text, d'après le nom du directeur général Arthur Dunkel. Voilà un sigle détonant : DDT. Impossible de trouver métaphore plus appropriée. Comme le plus puissant des pesticides jamais inventés, interdit par la suite tant ses ravages étaient sévères, le Dunkel Draft Text menace les espèces non visées : les petits paysans, les pêcheurs, les petits commerçants, les peuples indigènes, sans parler des ressources naturelles.

Cette résonance sinistre s'avère un atout décisif pour populariser les implications des nouvelles règles. Les principales victimes sont bientôt alertées par des pionniers de la résistance, en particulier le Réseau tiers monde. La lucidité des mouvements du Sud, sur ce point plus aiguë que dans le Nord, irrigue peu à peu de nouveaux cercles de contestation sur plusieurs continents.

C'est en Inde que le mouvement contre le GATT prend le plus d'ampleur. Le sigle DDT y est doublement honni : en effet, dans de nombreuses provinces indiennes où les suicides de paysans endettés se multiplient, les plus désespérés se donnent la mort en ingérant l'horrible pesticide. La campagne contre le GATT prend une résonance gandhienne avec la *satyagraha* des semences : *satyagraha* – littéralement « témoigner la vérité » – était l'une des pratiques non violentes préconisées par Gandhi. Dans le combat contre le règne des colons britanniques, le Mahatma avait demandé au peuple de se lever contre l'interdiction imposée par la couronne britannique de filer le coton à domicile. Pour satisfaire les filatures de Manchester et d'autres grandes villes industrielles de Grande-Bretagne, la loi britannique en Inde proscrivait jusqu'à la culture des variétés de coton indigènes dans les jardins privés. La *satyagraha* du rouet devint le symbole de la lutte pour la libération. La désobéissance non violente, désobéissance de masse, fut le levier de la résistance indienne, qui conduisit le pays à l'indépendance en août 1947.

Imprégnée de gandhisme, Vandana Shiva cherchait un symbole fort pour exprimer toute la gravité de ce qui se tramait dans le huitième round du GATT, pour permettre aux gens les plus simples de saisir les enjeux et de résister. Ce fut la « *satyagraha* des semences » : c'est aujourd'hui le nouveau combat, indispensable pour faire barrage à l'impérialisme génétique que les firmes biotechnologiques prétendent imposer à travers d'obscurs accords de commerce. L'enjeu, c'est tout simplement le droit à la survie, le maintien du droit ancestral de conserver des graines pour les prochaines semailles, de les échanger gratuitement selon une obligation morale qui s'est transmise de siècle en siècle.

Au printemps 1992, prenant véritablement son bâton de pèlerin, Vandana Shiva, en un épuisant voyage, fait le tour de la plupart des syndicats paysans du pays pour leur transmettre une information qui ne peut leur parvenir : les multinationales veulent breveter les semences, l'article 37.3 de l'accord TRIPs exige de tous les pays le « respect des droits de propriété intellectuelle » sur les semences génétiquement manipulées, les plantes et les animaux transgéniques. Un droit modelé selon le système américain. Les détenteurs de brevets exigeront le paiement de royalties sur chaque génération de semences. Avant d'entamer son périple, parce qu'elle a adoré notre histoire de grand cru du GATT, Vandana me téléphone longuement pour m'expliquer sa décision : « Ils ne sont pas idiots, c'est tout le contraire. Bien sûr qu'ils vont comprendre si on leur explique. »

Courageuse Vandana : six mois d'un voyage harassant, de rencontres passionnantes, aussi, qui lui valurent tout de même un repos obligatoire de trois mois consécutifs. Mais ce ne fut pas en vain.

À Bangalore, capitale de l'État du Karnataka, le syndicat paysan a appelé à une grande manifestation contre le GATT, et plus particulièrement contre l'accord TRIPs. Dans la culture indienne où la tradition orale est encore très prégnante, de bouche à oreille, de village à village, le mot était passé : le GATT exige des brevets sur les semences ! Les multinationales veulent breveter la vie ! Si on les laisse faire, qui sait si elles ne finiront pas par demander des royalties sur les arbres[13] ? Pour les Indiens, cette prétention à la propriété sur la vie constitue un scandale philosophique, voire religieux. Le GATT fut mis en chanson. Nombre de paysans illettrés issus de provinces reculées furent bientôt au courant de ce qui se tramait dans ces accords de commerce international.

Le 2 octobre 1992, 500 000 paysans se rassemblent au cœur de Bangalore. La foule est d'autant plus impressionnante que chacun arbore la très longue écharpe verte emblématique du syndicat : une véritable marée verte. Sur le bûcher dressé au centre de la grande place, le texte de l'accord final du GATT, le DDT, est brûlé au milieu des clameurs. « Au nom du droit de nos enfants à se nourrir demain, nous exigeons le retrait de l'accord agricole et de l'accord sur la propriété intellectuelle du GATT », peut-on lire sur les bannières et entendre dans les déclarations. La « propriété intellectuelle » est renommée « piraterie intellectuelle ». Les paysans et les associations qui les soutiennent savent par ailleurs que la pharmacopée traditionnelle de la médecine ayurvédique, la seule à laquelle la majorité des Indiens ait accès, est aussi menacée : par le biais des brevets, les firmes pharmaceutiques du Nord sont en mesure de s'approprier les plantes médicinales traditionnelles.

Au Parlement indien, le 23 décembre 1992, la séance est tendue. Le député Shri Chitta Basu est éloquent : « Sir, j'implore le gouvernement de rejeter le Dunkel Draft Text [...]. Si nous acceptons les TRIPs, nous serons inexorablement sous la mainmise croissante des firmes multinationales. Ces accords seront néfastes et nous entraîneront dans un système économique désastreux pour l'indépendance de notre pays[14]. » Son collègue Shri Rabi Ray le surpasse en conviction : « Sir, pas un membre du Parlement n'a le courage de dire qu'il n'a pas lu le livre de Dunkel [...]. Chaque mot et chaque phrase du DDT est un symbole de néocolonialisme et d'esclavage économique[15]. »

Le 3 mars 1993, malgré l'interdiction de manifester et la vague d'arrestations quelques mois plus tôt au Karnataka et en Uttar Pradesh, une marée humaine déferle sur Delhi. Les manifestants se regroupent sur le site historique du Fort rouge pour protester à nouveau contre le DDT, demander le retrait total du GATT et le retrait des multinationales de l'agriculture et de l'alimentation en Inde.

Modernisation de la pauvreté

Près d'un an plus tard, de l'autre côté du globe, au Mexique, les zapatistes déclarent l'insurrection dans la province du Chiapas. Indiens et paysans mexicains font alliance dans un mouvement d'un genre nouveau : prise de décision collective, non-violence, mais dans une résistance forcenée.

L'insurrection zapatiste se produit le 1er janvier 1994, le jour même de l'entrée en vigueur de l'Accord de libre-échange nord-américain (ALENA). Léonin, impitoyable, l'ALENA a été « négocié » entre le Canada, les États-Unis et le Mexique. Ratifié par le président Carlos Salinas, il condamne l'agriculture traditionnelle mexicaine. Déjà, les haricots rouges en boîte arrivent dans le pays à un prix inférieur à celui des variétés de *frijoles* vendues par les paysans autochtones sur les marchés locaux. Pour les zapatistes, « l'accord de libre-échange signe l'arrêt de mort des peuples indigènes du Mexique ».

Malgré la répression souvent violente et le manque d'outils de communication, la contestation contre le GATT s'étend dans l'hémisphère Sud. Après l'Inde, la Malaisie, la Corée, les Philippines et la Thaïlande, à leur tour le Brésil, la Colombie, l'Uruguay voient naître des mouvements capables d'articuler les enjeux pour les paysans, les pêcheurs, les peuples indigènes et pour l'environnement. Fait réellement historique, ces mouvements du Sud, bientôt rejoints par les organisateurs de campagnes contre le Fonds monétaire international et la Banque mondiale, sont les premiers à décrypter les accords du GATT et à alerter la communauté internationale.

Guerre contre l'autosuffisance

Si dans la majorité des pays du Nord l'État-providence pallie les injustices les plus criantes du libéralisme, ce n'est pas le cas dans les nations en développement : ceux qui perdent leurs débouchés sur le marché local se retrouvent privés de leurs moyens d'existence. Des hauts plateaux des Andes au Chiapas, pour les pasteurs du Sénégal ou les paysans de l'Inde, le scénario écrit par le GATT est le même : les producteurs locaux non compétitifs seront ruinés par l'arrivée des produits des firmes agroalimentaires. Dans la nouvelle donne mondiale, ils ne pourront plus subvenir à leurs besoins essentiels. Leur demande, non solvable, ne sera pas prise en compte par le marché.

Les liens tissés entre les mouvements du Sud et ceux du Nord dans cette résistance à d'obscurs accords de commerce nous permettent de saisir la signification profonde des tables de lois en gestation. Celles-ci constituent une véritable déclaration de guerre à l'autosuffisance. Rien n'illustre davantage le cynisme de ces règles en chantier que l'option dite « double zéro ».

Proposée par l'administration des États-Unis, l'option « double zéro » stipule que, même en cas de « pénurie nationale », autrement dit de famine, un pays doit satisfaire en priorité l'approvisionnement du marché mondial. L'Europe s'étant tout de même opposée à l'inclusion de cette clause dans les accords, elle fut remplacée par une version à peine plus acceptable indiquant qu'un pays ne peut « favoriser » la demande nationale qu'à condition de démontrer qu'une partie de sa population souffre effectivement de famine. Le gouvernement de ce pays doit alors payer au prix du marché les denrées distribuées[16].

En interdisant aux pays, du moins aux pays pauvres, de constituer des stocks pour parer à d'éventuelles pénuries, l'accord agricole braque l'arme alimentaire sur les producteurs du tiers monde. Une arme commerciale qui ne peut déboucher que sur une course absurde : l'ouverture forcée des marchés agricoles, la primauté de l'import-export sur des choix nationaux raisonnés et adaptés aux besoins des populations entraîneront une intensification de la compétition Sud/Sud. La surproduction d'huile de palme, d'arachide, de riz, de café ou de toute autre denrée fera plonger davantage le cours de ces produits de base. L'hémisphère dans lequel la majeure partie de la population vit encore de l'économie agraire va-t-il être réduit à produire, sur d'immenses plantations, des quantités de « matière première alimentaire » destinées à l'exportation ? Riz, soja, mélasse, légumineuses, huiles, cacao, exportés dans le Nord pour y être transformés et conditionnés, repartiront ensuite vers le Sud sous forme de produits édulcorés et d'une valeur nutritive souvent douteuse. Les géants de l'agroalimentaire, eux – merci, le commerce international –, pourront encaisser la plus-value au passage.

Vers un apartheid planétaire ?

Dans cette mondialisation orchestrée par le GATT, il est incontestable qu'une certaine élite de l'hémisphère Sud s'enrichira. Mais, pour l'immense majorité, la paupérisation gagnera du terrain, affectant toutes les communautés qui dépendent d'une activité vivrière. La malnutrition atteindra probablement une ampleur encore inconnue.

Parallèlement, dans les pays développés, les poches de misère s'étendront. Car s'il y a un « Nord » dans le Sud, il y a un « Sud » dans le Nord. La plupart des États subviendront pour un temps aux besoins les plus élémentaires des victimes de la guerre économique. Chômeurs et personnes en situation précaire bénéficieront de filets d'aide sociale, ou du moins de la distribution de coupons alimentaires. Mais, dans le même temps, le nombre de personnes qui perdront tous leurs droits, y compris celui de bénéficier de prestations sociales, le nombre de sans-logis, de sans-papiers, augmentera dans des proportions effrayantes.

Dicté par les firmes transnationales du Nord, l'accord final du huitième round du GATT mérite bien son sigle de DDT. Les « dégâts collatéraux » de la croissance du commerce international, qu'il impose au-dessus de toute considération, seront incalculables. Mais là n'est pas le problème. Ni pour les négociateurs des pays puissants, ni pour les ministres qui, pour la plupart, ne l'ont pas lu.

Tout comme le redoutable pesticide qui tue les oiseaux et élimine les poissons sans planification préalable, ce DDT commercial sert un seul et unique objectif : l'ouverture forcenée des marchés.

Notes

1. Le groupe de Cairns, constitué en 1986, comprend les grands pays exportateurs de denrées agricoles, dont l'Australie, la Nouvelle-Zélande, l'Argentine et le Brésil.

2. Cnuced : Conférence des Nations unies pour le commerce et le développement.

3. Le groupe des 77 a été créé en 1964 lors de la première réunion de la Cnuced.

4. Cette expression est en particulier utilisée par trois auteurs : Serge Latouche, Edward Goldsmith et Majid Rahnema.

5. Cité par Joseph Rocher dans *Le GATT en pratique*, Lyon, Rongead.

6. D'après un rapport de 1997 de la Confédération internationale des syndicats libres (CISL), 80 % des employés dans les zones de libre-échange sont des femmes.

7. Voir, entre autres, l'ouvrage de Naomi Klein, *No Logo : la tyrannie des marques*, Arles, Actes Sud, 2001.

8. Le livre du professeur d'économie canadien Michel Chossudovsky, intitulé *La Mondialisation de la pauvreté : la conséquence des réformes du FMI et de la Banque mondiale* (Montréal, Écosociété, 1998), est l'un des ouvrages les mieux documentés et les plus poignants sur l'ajustement structurel.

9. Le service de la dette correspond au remboursement des seuls intérêts des dettes contractées.

10. Daniel Amstutz, vice-président de Cargill (1967-1972), puis président du département d'investissement de la firme (1972-1978), devint sous-secrétaire d'État à l'Agriculture pour le commerce international et négociateur en chef pour l'agriculture au GATT de 1987 à 1989. En 1989, il revint chez Cargill en tant que consultant.

11. « L'agriculture américaine, la crise financière asiatique et le FMI », audition devant le comité de l'agriculture, Congrès américain (21 mai 1998).

12. Bombay a enregistré une hausse de plus de 26 % entre décembre 1993 et janvier 1994.

13. À la même époque, le *nem* (margousier), arbre sacré aux nombreuses vertus curatives, traditionnellement planté au centre des villages, fait l'objet de 34 demandes de brevet américaines et d'une demande européenne.

14. Minutes du débat parlementaire du 23 décembre 1992, Parlement indien.

15. *Ibid.*

16. Accord sur l'agriculture, annexe 2, art. 3 et 4.

Chapitre 6

La piraterie au sommet

Après sept ans et demi de négociations, chantages et tractations, l'acte final est signé à Genève le 15 décembre 1993. Il comporte quelques surprises. La mieux gardée d'entre elles est la transformation du GATT en Organisation mondiale du commerce, ou OMC (en anglais World Trade Organization, ou WTO). Ironie suprême, le sigle est déjà pris : WTO, c'est la World Tourism Organization, l'Organisation mondiale du tourisme. Ainsi, l'organisme qui prétend établir la clarté des règles du commerce mondial entre en vigueur par un acte de piraterie intellectuelle !

À peine conclus les accords de Blair House en novembre 1992, les choses s'accélèrent. Une fois les deux géants – États-Unis et Union européenne – d'accord pour boucler le round, rien ne semble pouvoir arrêter le processus. Les pays du tiers monde n'ont pas voix au chapitre. Les séances de négociation se multiplient à Genève, même au beau milieu de l'été. Les accords sectoriels sont peaufinés – exercice dangereux quand il s'applique à des textes juridiques dans lesquels la moindre virgule compte. Tout indique que la signature finale est pour bientôt. Leon Brittan, commissaire européen au Commerce extérieur depuis juin 1993, et Mickey Kantor, qui remplace cette année-là Carla Hills, sont les seuls protagonistes pour cette partie finale qui doit aboutir à une signature qu'il n'est « plus question de remettre ». La date butoir est fixée au 15 décembre 1993. « Il n'y aura pas de 16 décembre », déclare sentencieusement le directeur général du GATT. Quand on lit dans *Libération* le récit de la nuit de l'ultime forcing entre les États-Unis et l'Europe, on est édifié et surtout très bien informé. On y apprend que Leon et Mickey ont fait une pause café à onze heures du soir, qu'à deux heures du matin ils buvaient du Coca-Cola, et qu'à trois heures ils scellaient l'accord. L'article s'intitule : « Brittan : mes folles nuits avec Kantor[1] ».

Mais qu'ont-ils entériné ? Les accords de l'Uruguay Round comportent quelques surprises. La plus grosse et la plus jalousement gardée est la transformation du GATT en Organisation mondiale du commerce, ou OMC. Après sept ans et demi de négociations, chantages et tractations, le butin est considérable ; il s'agit de le protéger. De garantir la pérennité de ces formidables acquis antisociaux. Pour cela, un seul moyen : changer le statut du GATT. L'Accord général sur les tarifs douaniers et le commerce n'a depuis 1947 que le statut ambigu et provisoire de « Comité intérim pour une organisation internationale du commerce ». Il est grand temps d'y remédier. Faute de quoi les pays pourraient un jour se dégager de leurs obligations en tant que « parties contractantes ». C'est ainsi que l'accord les désigne. Ils doivent désormais devenir des membres, ceux d'une organisation permanente, si possible inamovible. D'où l'idée de l'Organisation mondiale du commerce.

Détournement de mandat

La création de l'Organisation mondiale du commerce ne figurait pas, à l'ouverture de l'Uruguay Round, dans le mandat de Punta del Este. C'est Arthur Dunkel lui-même, directeur général du GATT, qui émit l'idée d'instituer une organisation multilatérale du commerce en 1990. Il établit un groupe de négociation séparé pour le « Functioning of the GATT System (FOGS) », ou « Fonctionnement du système du GATT ». Ce comité fit avancer progressivement l'idée sans la soumettre aux gouvernements des pays membres. Le FOGS, comme l'indique son sigle – en anglais, *fog* signifie « brouillard » –, était entouré de brumes épaisses. Il n'avait d'ailleurs aucun mandat pour mener des négociations de cette nature. Dès 1989, dans la plus grande discrétion, des pourparlers avaient été entamés entre le GATT, le FMI et la Banque mondiale.

En décembre 1991, quand les négociateurs se retrouvèrent pour « clore » l'acte final de l'Uruguay Round à Genève, ils découvrirent huit pages, reléguées après les quelque cinq cent cinquante pages de l'accord final, intitulées : « Accord instituant l'Organisation multilatérale du commerce ». Aux ONG inquiètes d'une extension du pouvoir du GATT à travers cette nouvelle organisation, les fonctionnaires de Genève répondirent qu'il ne s'agissait que d'un vague projet, qui de toute façon ne changerait rien au statut des accords[2]. Un an après la rupture des négociations sur le volet agricole à Bruxelles, les pourparlers, houleux et tendus, s'enlisaient de nouveau.

Deux ans plus tard, coup de théâtre : les textes entérinés dans la nuit du 15 décembre 1993 par Leon Brittan pour l'Europe et Mickey Kantor pour les États-Unis n'ont plus rien à voir avec la version de 1991. La partie sur l'OMC figure en ouverture de l'acte final, en quatorze pages d'articles à la teneur extrêmement contraignante. Elle s'intitule : « Traité instituant l'Organisation multilatérale du commerce ». Ce n'est que sur place, à Genève, en décembre 1993, qui plus est lors d'une réunion informelle, que les chefs des délégations en prennent connaissance. Le tout dernier jour, le 15, les négociateurs américains, n'appréciant pas la réciprocité implicite du terme « multilatéral », font changer le nom. L'Organisation multilatérale du commerce devient l'Organisation mondiale du commerce. En anglais : World Trade Organization (WTO). On pourra apprécier l'ironie : WTO est un sigle déposé auprès de l'OMPI ; c'est la World Tourism Organization, l'Organisation mondiale du tourisme. Ainsi, l'organisation chargée notamment de faire respecter les droits de propriété intellectuelle prend naissance par un acte de piraterie intellectuelle !

L'article premier de l'OMC scelle cet acte : « L'Organisation mondiale du commerce est instituée par le présent accord. » L'OMC devient une organisation dotée de pouvoirs exorbitants, avec une structure renforcée. Le GATT était obscur et complexe. Les négociations s'y tenaient à huis clos. L'OMC sera encore plus secrète et fermée. Ni la date ni la procédure de son entrée en vigueur n'ont été clarifiées. Si sa structure est extrêmement floue, ses disciplines sont des plus contraignantes. L'article XVI-4 de l'accord instituant l'OMC donne la mesure de l'autorité de la nouvelle organisation : « Chaque membre assurera la conformité de ses lois, réglementations et procédures administratives avec ses obligations telles qu'elles sont énoncées dans les Accords figurant en annexe. » Si besoin était, l'article XVI-5 vient renforcer ce diktat. Rien n'a été laissé au hasard : « Il ne pourra pas être formulé de réserves en ce qui concerne les dispositions du présent Accord. Il ne pourra être formulé de réserves en ce qui concerne des dispositions des Accords commerciaux multilatéraux qu'en conformité des dispositions énoncées dans lesdits Accords[3]. »

Il nous faut enquêter de nouveau, cette fois pour savoir quand l'OMC entrera en vigueur. Le secrétariat du GATT, qui s'est vu progressivement acculé à répondre aux ONG ayant pignon sur rue, lâche l'information à contrecœur : l'OMC entrera en vigueur… quand une « masse critique » de pays l'aura ratifiée. Nous sommes estomaqués. Une masse critique ? Cela me rappelle l'intervention de la première secrétaire d'ambassade de la Jamaïque, après un exposé que j'avais été invitée à présenter au Parlement européen dans le cadre d'une conférence organisée par le président des Verts, Paul Lannoye. Elle s'était levée et avait déclaré, à ma grande surprise : « Je suis d'accord avec votre présentation des méthodes de négociation du GATT, mais ça va encore plus loin. Mon pays n'a jamais signé le Tokyo Round. Pourtant, la Jamaïque a été comptée parmi les signataires. »

Outre à de simples pressions, l'organisation de Genève a démontré plus d'une fois qu'elle était capable de recourir à l'abus de pouvoir. La signature du huitième round des accords du GATT comportait déjà des conséquences faramineuses. Mais que cette signature soit couplée avec la création d'une institution telle que l'OMC, voilà qui ressemble à un scénario de politique-fiction.

D'un point de vue juridique, la ratification du huitième round du GATT et la création d'une nouvelle organisation internationale auraient dû donner lieu à des signatures séparées puisqu'il s'agit d'actes de nature différente. De plus, toute création d'une organisation internationale fait traditionnellement référence à la Charte des Nations unies. Or il n'est même pas fait mention de l'ONU dans l'acte final. L'idée de coupler la signature de l'Uruguay Round à la transformation du GATT en OMC procède d'une stratégie très habile. Seule façon sans doute de faire entériner, sous la pression et dans la confusion, un acte auquel, sans cela, peu de gouvernements auraient consenti. L'OMC est donc créée en marge des Nations unies et en dépit de ses règles : l'article 57 de la Charte de l'ONU exige que chaque agence des Nations unies se mette en relation avec les autres, en accord avec les dispositions de l'article 63. Les États signataires de l'OMC, en tant que membres des Nations unies, contreviendraient donc à des engagements supérieurs et antérieurs.

Nous sommes tous consternés. L'OMC s'apprête à marginaliser toutes les agences de l'ONU dont les domaines touchent directement ou indirectement au commerce. L'Organisation internationale du travail, l'Organisation mondiale de la santé, l'Unesco, aucune n'échappera aux clauses du tout-commerce.

L'organigramme de l'OMC annonce un fonctionnement hermétique et une autonomie quasi totale. Dès son entrée en vigueur, l'organisation jouira de pouvoirs bien supérieurs à ceux de l'actuel GATT, et aura par ailleurs un caractère permanent.

Il s'agit en réalité d'un transfert quasi intégral de l'autorité des gouvernements sur les questions « liées au commerce » vers la nouvelle institution, qui n'est rien moins qu'un gouvernement économique mondial. L'OMC aura en outre la prérogative d'interpréter les accords. Tandis que jusqu'alors, théoriquement du moins, un consensus était requis, la majorité des quatre cinquièmes sera désormais suffisante pour introduire de nouveaux changements dans les réglementations. Les pays qui voteraient contre ces changements devraient tout de même s'y conformer. L'Organe de règlement des différends (ORD) de l'OMC deviendra aussi plus contraignant et plus expéditif, introduisant notamment une nouveauté redoutable : le droit d'exercer des représailles « croisées », c'est-à-dire dans des secteurs sans rapport avec les intérêts « lésés ».

Vite, il nous faut mettre les bouchées doubles avant que le GATT ne se transforme en OMC. Après des années de travail, ce sigle commençait quand même à avoir mauvaise presse. Un autocollant *GATT, Gangsters Associés Tous Trafics* fleurissait même sur le pare-brise de certaines voitures. En France, ce changement de nom est une catastrophe pour nos campagnes d'information.

Le quartier général de Genève ne perd pas son temps. Moins l'affaire traînera, mieux la future OMC s'en portera. Il lui faut faire signer au plus tôt les gouvernements des 123 pays membres. C'est la condition pour que les accords deviennent traité, car il s'agit bien d'un traité, comme la presse du moment oublie trop souvent de le préciser.

Chez notre ami le roi

Marrakech est la ville retenue pour accueillir la grande cérémonie de signature officielle. Les ministres de l'Économie et des Finances, les chefs d'État ou de gouvernement, selon les pays, sont conviés au royaume d'Hassan II. Le souverain donne l'ordre de nettoyer la ville, d'en chasser les mendiants et de faire démolir les taudis. Les plus belles villas de Marrakech sont réquisitionnées pour héberger ces hôtes exceptionnels. Il est vrai que leurs propriétaires reçoivent de la couronne, ou plutôt des pauvres contribuables marocains, des sommes faramineuses pour transformer leurs demeures en palais. Rien n'est trop beau pour accueillir le GATT. Quelques mois plus tôt, lors d'un Conseil des ministres consacré à ces préparatifs, un ministre « junior » avait demandé : « Mais el-Gatt, c'est un roi ou un empereur ? »

Hassan II fait passer par décret des mesures de sécurité qui entraînent la suspension du droit de circulation. Pendant quinze jours, toutes les personnes soupçonnées de vouloir importuner les étrangers seront immédiatement emprisonnées.

La cérémonie de signature des « Accords de Marrakech », fixée au 15 avril 1994, se déroule dans le grand Palais des Congrès, entouré de prestigieux monuments historiques. Une abondante presse internationale est conviée pour couvrir l'événement. Le président de la Banque mondiale et le directeur du Fonds monétaire international sont les hôtes de marque de ce show très médiatisé. Quant au secrétaire général de l'ONU, Boutros Boutros-Ghali, il est invité en qualité de simple observateur, ce qui donne d'ailleurs lieu à un léger incident diplomatique.

À Marrakech, le 15 avril, au cours d'une cérémonie qui dure des heures, chaque ministre ou Premier ministre vient parapher deux exemplaires de l'accord final instituant l'OMC. Un volume est remis à chacun pour son gouvernement, l'autre sera transporté au siège du GATT. L'organisation, pour cette période intérimaire, s'appelle en effet GATT 94. C'est ainsi qu'elle sera désignée jusqu'à l'entrée en vigueur officielle de l'OMC, prévue au 1er janvier 1995.

Pour la France, c'est Gérard Longuet, alors ministre du Commerce extérieur du gouvernement Balladur, qui appose sa signature. Quelques mois plus tard, il aura des démêlés avec la justice et bénéficiera finalement d'un non-lieu en 1997.

Ratification au pas de course

Malgré la consternation qui s'abat sur tous ceux qui ont lu les accords, il n'est pas question de baisser la garde. Il reste une ultime étape, cruciale, avant l'entrée en vigueur de l'OMC : les accords doivent passer le test de la ratification parlementaire, du moins dans les pays dont les Constitutions l'exigent. En Europe, ce n'est pas le cas de la Grande-Bretagne, par exemple. Il semble que cette ratification empoisonne l'existence des technocrates du GATT. Mais elle est capitale puisqu'elle conditionne l'accès de l'accord au statut de traité international primant sur tout autre engagement antérieur.

Le passage devant les parlements marque une nouvelle étape dans la campagne internationale anti-GATT. Les différentes organisations du mouvement dépensent des fortunes en téléphone. Nous échangeons tous les tuyaux possibles et imaginables sur les façons d'interpeller les parlementaires. L'Alliance paysans-écologistes-consommateurs monte l'opération « Oreillers pour les députés ». Grâce à Emmaüs, qui s'est joint à la campagne, nous disposons de tonnes de plumes pour un prix léger. En un rien de temps, une centaine d'oreillers sont confectionnés qui portent la mention : *Offert par le GATT. Dormez tranquilles, nous ferons le reste*. Le tout est décoré d'un gros ruban rouge qui précise : *Sponsorisé par les transnationales*. Il est interdit de manifester devant les grilles du Palais-Bourbon, mais à cœurs vaillants rien d'impossible. Une bonne cinquantaine d'oreillers sont plantés sur les piques des grilles : un effet superbe au-dessus des dorures de la République. La télévision est là mais, malheureusement, Madonna nous vole la vedette du 20 heures !

Se plaçant au-dessus des instances démocratiques, au-dessus de toutes les agences de l'ONU, les accords de Marrakech impliquent la mise au pas des lois, voire des Constitutions des pays membres. Au nom de la liberté du commerce, ils contiennent des dispositions propres à tordre le cou aux législations de protection sociale, sanitaire, écologique. Les députés pourraient tout de même nous écouter.

En partie à leur décharge, il faut préciser que les votes de ratification dans les divers parlements se déroulent dans des conditions hallucinantes. La fin de l'année approche. Dans la majorité des pays, les textes ne sont distribués qu'au tout dernier moment. À Madrid, au Palais des Cortès, le 13 décembre au soir – il est presque minuit –, le Parlement vote en session d'urgence. Les rares députés informés qui auraient pu voter contre n'ont pas eu le temps de venir. Aux Philippines, le vote est emporté à l'arraché le 14 décembre, à deux voix près. Un cortège impressionnant de paysans, d'ouvriers, d'intellectuels, sans oublier les évêques et les gays, défilent dans les rues de Manille. Au Congrès américain, afin de l'emporter dans ce vote à haut risque, l'administration Clinton ne lésine pas sur les frais pour se rallier les 60 voix manquantes. On promet des faveurs, comme le relatent Lori Wallach et Michelle Sforza[4], et même des ponts à des *congressmen* dont le district est dépourvu de fleuve ! Les faits sont parfaitement établis. En Corée du Sud, le ministre de l'Agriculture avait juré de démissionner s'il ne parvenait pas à maintenir la protection du marché interne du riz : il tient parole. En Belgique, nos homologues de l'Alliance, la Coalition belge pour une agriculture de qualité, organisent une opération « Carton rouge » à l'intérieur du Parlement. Ils sont aussitôt menottés. La ratification est votée.

En France, nous surveillons le calendrier parlementaire. L'annonce est longue à venir. La date est finalement fixée au mercredi 14 décembre. La majorité est de droite, avec Balladur comme Premier ministre et Alain Juppé à l'Économie. Ça sent le roussi. Nous sommes à l'affût depuis des semaines pour pouvoir lire le préambule de la loi, pour savoir quand les élus disposeraient des textes des accords : ce sera moins d'une semaine avant le vote. Avec un week-end pour en prendre connaissance, aucune chance d'en évaluer la teneur. Une semaine d'étude acharnée ne suffirait de toute façon pas à en mesurer la portée.

Une opération ingénieuse a été programmée. L'Alliance doit faire tomber dans l'hémicycle une pluie de chèques ainsi libellés :

Je soussigné ...., député de ......, me démets de mes fonctions au profit du directeur général de l'OMC.
Fait à ...., le .... Signature......

Mais la défaillance du secrétaire général d'un parti pourtant opposé au GATT fait tout échouer. Le décompte des voix est une sentence dure à avaler. L'hémicycle est loin d'être rempli et les votes se comptent comme suit : 91 voix pour et 17 contre.

« *Dollar de la destrucción* »

Malgré l'immense désarroi, l'année 1994 est aussi une période de belles convergences. Nos amis espagnols de l'AEDENAT (première organisation de défense de l'environnement en Espagne) ont mis sur pied une grande coalition pour célébrer un anniversaire très spécial : celui de la

Banque mondiale et du FMI. La cérémonie du cinquantenaire des institutions financières internationales, qui devait se tenir à Madrid, se voulait grandiose. C'est la contestation qui le sera : information, éducation populaire et préparation créative des festivités par des vingtaines d'organisations espagnoles qui, regroupées au sein de la campagne « 50 ans, ça suffit », font un travail étonnant. Elles opèrent de concert avec des coalitions similaires un peu partout dans le monde. Le jour de l'ouverture officielle, devant un nombre impressionnant de caméras du monde entier, le roi Juan Carlos s'apprête à prononcer le discours de bienvenue. Au moment où il va prendre la parole, une pluie de petits papiers tombent en tourbillonnant depuis la voûte de l'immense salle sur l'assistance. Chaque papier est une reproduction retouchée du billet vert sur laquelle on peut lire : *Dollar de la destrucción.* C'est Greenpeace qui a réussi ce coup fumant.

Côté contre-sommet, pendant trois jours l'amphithéâtre qui contient des milliers de personnes ne désemplit pas. Le niveau d'analyse et d'engagement des intervenants du monde entier est énergisant. Chaque soir, avant de nous égailler dans les tavernes de la vieille ville, par groupes de cinquante ou cent, nous allons faire des « accompagnements » sonores sous les fenêtres où ont lieu cocktails et autres banquets officiels. La population madrilène, qui souffre de l'ajustement structurel à l'européenne, se montre plus que sympathisante.

1994 est aussi une année de plomb. De l'autre côté de l'Atlantique, réalisant un vieux rêve de George Bush, le président Clinton convoque à Miami au mois de décembre le premier Sommet des Amériques. Ce sommet vise à mettre sur les rails un projet de libre-échange que les milieux d'affaires qualifient déjà de « traité hémisphérique ». Il a pour but d'établir une zone de libre-échange total de l'Alaska à la Terre de Feu. La « dollarisation » de toute l'Amérique latine est inscrite au programme. À la lecture des déclarations d'intention, il est clair qu'il s'agit d'instaurer la gouvernance par décrets. Sur tout le continent.

C'est une période sombre pour nous tous. Un « nous » qui rassemble de plus en plus de monde. Mais la vérité est opprimée. Souvent davantage par ignorance que par complicité, les médias sont aveugles et sourds. La plupart des syndicats sont encore balbutiants quand ils abordent ces sujets.

Heureusement, il nous reste une petite internationale informelle de résistance intellectuelle qui nous soude encore plus fort les uns aux autres dans cette étape noire. Les relations entre celles et ceux qui partagent les mêmes combats, les mêmes valeurs donnent de l'espoir jusque dans le désespoir.

Chez les peuples indigènes, lors des rencontres importantes, des réunions historiques, on se raconte les histoires des tribus, les histoires des ancêtres. C'est ainsi qu'on transmet la sagesse, les valeurs, la culture. C'est ainsi que l'on crée le lien et que l'on construit la paix. On s'écoute, on apprend et on en sort grandi. Notre tribu anti-GATT de tous les continents va bientôt se rencontrer. Nous ne savons pas encore combien le partage de nos histoires respectives va être fondamental, précieux pour la compréhension, nourrissant pour l'avenir du mouvement. Un moment mérité, et si important pour continuer. C'est Jerry Mander, un écrivain de San Francisco, dissident s'il en est de la culture américaine, qui va nous réunir. Jerry est un guerrier de l'intellect, un philosophe doublé d'un pragmatique. Il a une petite idée derrière la tête.

NOTES

1. *Libération*, 17 décembre 1993.

2. Lors de la conférence conjointe Chambre de commerce internationale/*International Herald Tribune* (Paris, 2 et 3 avril 1992), devant un parterre de PDG et de ministres, Renato Ruggiero a déclaré : « Cette conclusion [celle de l'Uruguay Round] doit être substantielle. Elle doit donner naissance à une organisation commerciale multilatérale. Nous en avons un besoin urgent. » Renato Ruggiero est alors membre du conseil d'administration de Fiat SpA (1991-1995), et deviendra directeur général de l'OMC en 1995.

3. MTNF/FA, p. 10.

4. Lori Wallach et Michelle Sforza, *Whose Trade Organization ?*, Washington, Public Citizen, 1999.

Chapitre 7

Visite guidée de l'OMC

Le système de l'OMC constitue une structure intégrée où les diverses disciplines s'imbriquent et se renforcent mutuellement. C'est pourquoi la nouvelle organisation, à travers les accords qu'elle administre, a des implications sur la vie quotidienne de milliards d'individus. La façon de produire et de consommer, la qualité alimentaire, la protection des milieux naturels ou la protection sanitaire tombent directement ou indirectement sous la coupe de l'OMC. Mais la clé de voûte du système, c'est l'Organe de règlement des différends, ou ORD, le tribunal de l'OMC dont les verdicts font reculer les législations nationales sous peine de représailles économiques.

Quand l'OMC entre en vigueur en ce jour férié du 1er janvier 1995, apparemment rien n'a changé. Après de longues tergiversations sur un éventuel déménagement à Bonn, le building anonyme de Genève occupé par son prédécesseur, le GATT, reste le siège de la nouvelle organisation et de ses quelque cinq cents « fonctionnaires ». Tout juste, pour signaler le changement, une plaque flambant neuve à la place de l'ancienne. Pas de cérémonie spéciale, peu d'évolution dans le personnel. Pourtant le nouveau « système de l'OMC » diffère profondément de celui qu'il vient d'enterrer. Il ne doit plus faire l'objet d'aucune remise en cause. Il s'est octroyé le monopole de l'interprétation des accords. Mieux, il s'est doté d'un « agenda incorporé » ; autrement dit, toute une série d'accords futurs est programmée d'avance.

Système de l'OMC ? Par « système » il faut comprendre la totalité des accords que l'organisation administre et l'ensemble des organes, comités et conseils qui la composent.

La conférence ministérielle est en théorie l'organe décisif de l'OMC. Mais cette instance n'ayant obligation de se réunir que tous les deux ans, c'est le Conseil général, composé des ambassadeurs des pays membres, qui assure en principe l'exécutif. Il est encadré de deux organes majeurs et complémentaires : l'Organe de règlement des différents (ORD) et l'Organe d'évaluation des politiques commerciales (OEPC). Pour l'administration et la mise en œuvre des accords, le Conseil général de l'OMC est assisté de conseils et comités permanents dotés d'une large autonomie. Ces derniers peuvent créer à leur tour des organes subsidiaires qui établiront leurs règlements intérieurs respectifs.

Depuis le Conseil général jusqu'au troisième groupe de travail du énième comité sur les services ou la propriété intellectuelle, nous avons affaire à un tout. Un tout qui est plus que la somme de ses parties. En effet, non seulement les accords se superposent et s'emboîtent, mais les diverses disciplines se renforcent mutuellement.

Le principe de séparation des pouvoirs entre l'exécutif, le législatif et le judiciaire est bafoué par la nouvelle organisation. L'OMC s'octroie en effet simultanément le rôle de législateur en définissant les règles, d'arbitre par le biais des verdicts de ses panels, et de gendarme au moyen des représailles commerciales. Cette concentration des pouvoirs fait de l'Organisation mondiale du commerce une institution sans égale. Un gouvernement économique mondial sans parlement et sans justice indépendante. Un exécutif qui « exécute » par l'entremise de technocrates prenant conseil auprès des lobbies économiques dominants. Si sa structure est totalisante, l'OMC, comme toute organisation totalitaire, a un double code. Elle organise le secret d'un côté pour ce qui est de ses propres tractations et exige de l'autre la « transparence » pour les pays membres, tenus de soumettre leurs politiques économiques internes à son examen régulier[1].

Sous « l'œil de Genève »

Structure d'un côté et contenus de l'autre, mais aussi imbriqués que la double hélice de la chaîne d'ADN : rien n'a été laissé au hasard. Pour s'acquitter des fonctions qu'elle s'est attribuée, l'OMC, qui n'est rien moins que l'organisation commerciale du monde, dispose d'une panoplie très complète de règles, procédures et arbitrages. Sous peine de provoquer un effet d'assommoir fatal qui ne profiterait qu'au gendarme du monde, il est impossible de les éplucher tous. Un petit passage en revue des principaux accords et disciplines est néanmoins salubre si l'on ne veut pas s'en laisser conter par nos experts ès propagande commerciale.

Les quatre nouveaux accords sectoriels introduits par l'Uruguay Round, portant sur l'agriculture, les services, la propriété intellectuelle et l'investissement, sont les principaux piliers du nouvel édifice. Mais il en existe bien d'autres : Accord multifibre, accord sur la viande bovine, accord sur le lait, sur les télécommunications de base, accord sur les aéronefs civils, etc. Des accords transversaux, dont les clauses s'appliquent à tous les domaines, se superposent aux accords sectoriels : accord sur les obstacles techniques au commerce (OTC), accord sur les mesures sanitaires et phytosanitaires (SPS), accord sur les subventions, etc.

Mais le repérage ne serait guère plus instructif que la visite d'un édifice les yeux bandés si l'on omettait d'explorer les labyrinthes secrets qui lient les accords entre eux. Car c'est dans leur interrelation et dans les connexions entre les diverses disciplines qu'émerge la structure globale de l'organisation qui doit « dicter l'environnement propice au commerce pour le XXIe siècle », comme s'en félicite la négociatrice américaine Carla Hills.

Dans la vie réelle, la plupart des domaines d'activité des pays se trouvent pris en sandwich entre deux épaisses tranches d'accords contraignants. Prenons l'exemple de la culture. Par le biais des droits d'auteur, elle est soumise à l'accord sur la propriété intellectuelle (ADPIC en français ou TRIPs en anglais). Mais la quasi-totalité de ses « supports », depuis l'édition jusqu'à la radio et la télévision en passant par le cinéma et bientôt les musées, tombent sous la coupe de l'accord sur le commerce des services (AGCS). L'agriculture et l'alimentation sont, bien entendu, régies par l'accord sur l'agriculture. Mais là, ce n'est plus un sandwich, c'est un mille-feuille réglementaire. Pas moins de quatre autres accords régissent les pratiques des pays en la matière : l'accord sur les mesures sanitaires et phytosanitaires, l'accord sur les obstacles techniques au commerce, l'accord sur les services et l'accord sur la propriété intellectuelle, nouveau pilier juridique pour les biotechnologies.

Voilà pourquoi l'organisation a des implications sur tant d'aspects de la vie quotidienne de chacun des pays membres ; pourquoi la façon de produire et de consommer, la qualité alimentaire, la protection sociale et celle des milieux naturels sont désormais sous « l'œil de Genève ».

Non seulement les règles de l'OMC s'appliquent à l'échelle nationale, mais les accords obligent les pays membres à les faire respecter à tous les niveaux « subterritoriaux[2] ». Ainsi, en France, régions, départements, communes sont tenus de s'aligner sur les « directives » de Genève. Si une municipalité ou un département contrevenaient ne serait-ce qu'à une partie des accords, il incomberait au gouvernement du « pays membre », la France, de les remettre au pas.

Mais, dans l'édifice global de l'OMC, la clé de voûte du système n'est autre que son tribunal, l'Organe de règlement des différends (ORD). Ce sont ses panels qui interprètent les accords, ses verdicts qui imposent soit l'application de sanctions économiques, soit le recul des législations nationales. Il n'est pas de meilleures preuves que celles de l'Histoire. Visitons quelques-uns des litiges sur lesquels cette « cour suprême » du commerce international a déjà statué[3], et notamment sur trois d'entre eux, dont deux concernent directement l'Europe.

Flipper le dauphin va nous sauver

Le litige sur les méthodes de pêche, le cas « Thon contre dauphin », tranché du temps où l'OMC s'appelait encore le GATT, est un cas d'école. En 1972, après de nombreuses années de campagne menée par le mouvement écologiste américain, le Congrès adopte une loi en faveur des sympathiques cétacés, le Marine Mammal Protection Act, ou MMPA (loi sur la protection des mammifères marins). Grâce à elle, la vente aux États-Unis de thon pêché selon les méthodes qui tuent chaque année des milliers de dauphins est désormais interdite.

Mais en 1991 le Mexique porte plainte devant le tribunal du GATT en alléguant que cette loi constitue un « obstacle technique au commerce ». La nouvelle fait rapidement le tour du monde militant : enfin une occasion de faire comprendre au public à quoi sert le tribunal du GATT. Flipper va nous sauver !

Nous sommes nombreux à penser que l'organisation de Genève ne commettra pas une telle bévue, qui serait une vraie bavure. Va-t-elle, contre ses propres règles, statuer sur la légalité du maintien de cette législation plutôt populaire ? Eh bien, non. En août 1992 le verdict tombe : le MMPA est décrété anti-GATT. Les États-Unis sont obligés de faire machine arrière et de mutiler la loi pour cause d'obstacle technique au commerce (OTC). En effet, dans l'accord OTC, il est stipulé que ce genre de mesure extraterritoriale est contraire aux règles du commerce international. Seul le contenu d'un produit peut être mis en cause. Ses conditions de production et de transformation, pas plus que les méthodes de pêche ou de capture, ne peuvent justifier un refus d'importation. Autrement dit, les choix écologiquement responsables sont interdits. La seule logique, obsessionnelle et tautologique, que l'organisation tolère, c'est : « Une marchandise est une marchandise. » Un point c'est tout.

Il faut appeler un chat un chat. L'accord OTC équivaut à une interdiction supranationale du principe de précaution et de protection de la diversité biologique.

Que fait l'OMC dans mon assiette ?

Le litige sur la viande aux hormones entre les États-Unis et l'Europe témoigne d'une bêtise plus crasse encore des règles de l'OMC. Les exportateurs américains de viande vers l'Europe, depuis longtemps excédés par le manque à gagner qu'engendre la phobie des Français pour les hormones de croissance bovine dans leur bifteck, font pression sur le gouvernement américain pour qu'il porte plainte auprès de l'OMC. Celui-ci, estimant remplir son « devoir » envers les firmes, s'exécute en janvier 1996. C'est évidemment le Codex alimentarius qui sert d'autorité de référence pour cette affaire gastronomico-commerciale.

En Europe, où l'administration d'hormones de croissance bovine (RBGH) est interdite depuis 1988, les fraudes sont sévèrement pénalisées. Les risques sanitaires, sans parler des montagnes de surplus de viande dans les frigos communautaires, ont motivé cette interdiction. Tous les consommateurs qui se respectent y sont aussi pour quelque chose. Le boycott du veau aux hormones à l'appel d'une Union fédérale des consommateurs (UFC) courageuse est massivement suivi par la population. Devant cette fronde des consommateurs – une levée de fourchettes plus menaçante qu'une levée de fourches –, la Commission européenne a pris la bonne décision.

En 1998, le tribunal de l'OMC tranche : les Européens sont condamnés au motif qu'ils n'ont pas apporté les preuves scientifiques du caractère cancérigène des hormones en question. L'accord sur les mesures sanitaires et phytosanitaires (SPS) stipule que seules les preuves irréfutables de la dangerosité des substances incriminées peuvent motiver une telle interdiction. Irréfutables, sous-entendu selon les normes établies par l'organisme fétiche de l'OMC, le Codex alimentarius.

Les Européens font appel. Entre-temps, des comités d'experts indépendants, consultés par la Commission, fournissent les dernières preuves scientifiques de la carcinogenèse d'au moins deux des hormones utilisées pour « gonfler » artificiellement le bétail. Trop tard ! D'après le tribunal de l'OMC, les preuves n'ont pas été fournies en temps voulu. Son verdict condamne donc définitivement l'Europe et autorise les États-Unis à exercer des représailles économiques à hauteur de 114 millions de dollars par an sur une liste de produits européens : roquefort, gorgonzola, foie gras, moutarde... Ils pourront bientôt viser d'autres produits grâce à la mesure dite « carrousel », qui permet d'alterner d'une année à l'autre les marchandises touchées par les représailles.

Le trait de génie de José Bové et de ses camarades de la Confédération paysanne, avec le démontage du MacDonald's de Millau, est d'avoir su au bon moment enfoncer le clou comme personne ne l'a fait auparavant. Cette action symbolique en riposte au verdict de l'OMC n'est pas seulement approuvée dans les chaumières ; la nouvelle fait le tour du monde. Bon nombre de Français comprennent soudain ce que signifie la liberté de commerce selon l'OMC. Les consommateurs sont libres de ne pas manger de viande aux hormones, mais cette liberté a un prix. La majorité de nos concitoyens, qui ignoraient à peu près tout de l'OMC, s'indignent. Les discussions vont bon train au café du Commerce. Nos philosophes de comptoir doivent se demander : « Mais que fait l'OMC dans mon assiette ?! »

D'autres méditent un peu plus avant sur les principes directeurs de l'organisation. C'est ça, le principe de traitement national tant vanté ? Continuez à interdire les hormones dans l'élevage chez vous si cela vous chante, mais n'allez pas jusqu'à en faire autant pour les produits d'importation. Le traitement national, c'est dans de nombreux cas un traitement « mieux que national », un régime de faveur pour les transnationales étrangères.

Le verdict inique rendu par l'OMC sur la viande aux hormones était, hélas, prévisible. Les critères « scientifiques » du Codex alimentarius croisés avec les clauses de l'OTC ne pouvaient conduire à une autre conclusion.

Banane Dollar contre banane ACP

Un autre litige significatif parmi la centaine déjà tranchés par le tribunal de l'OMC est celui de la banane. Ironie de l'affaire, les États-Unis, qui ne font pas pousser une seule banane sur leur territoire, figuraient parmi les plaignants.

Dans ce litige, non seulement l'Union européenne a glissé sur une peau de banane, mais elle s'est laissé rouler dans la farine ! Elle avait déposé, et dûment enregistré, à la signature de l'Uruguay Round, une exception pour les accords de Lomé, signés en 1975. Ces accords octroient à ses anciennes colonies d'Afrique, des Caraïbes et du Pacifique – dits « pays ACP » – des tarifs préférentiels pour leurs exportations vers l'Union. La chose était clairement entendue. En vertu de cette exception, les accords de Lomé ne pouvaient être considérés comme enfreignant la clause de la nation la plus favorisée, ou clause NPF, qui interdit les traitements de faveur envers un ou plusieurs pays dans les relations commerciales.

Qu'à cela ne tienne. Les grandes compagnies bananières américaines, Chiquita en tête, qui exploitent l'« indigène » comme bête de somme en Amérique centrale et du Sud, ont fait pression, en prenant soin de graisser la patte au passage[4], sur le département américain du Commerce afin qu'il porte plainte auprès de l'OMC. Verdict, appel et re-verdict : l'Europe est perdante. Surprise, ce n'est pas l'accord agricole, comme toute bonne logique l'eût exigé, qui a servi d'appui à cette condamnation, c'est l'Accord général sur le commerce des services (AGCS), complété par l'accord OTC. Le verdict a invoqué une distorsion aux services de distribution.

Le tribunal de l'OMC

Bien sûr, le tribunal de l'OMC ne s'appelle pas « tribunal ». La novlangue l'a baptisé « Organe de règlement des différends », ou ORD. Ce doux euphémisme est presque un déguisement.

Bien loin d'être des consultations à l'amiable, les « différends » traités par l'ORD sont en réalité les actes d'un conflit commercial sans merci. Les verdicts de ce tribunal de la guerre économique sont destinés à faire jurisprudence. La juridiction de l'ORD est plus étendue que celle d'aucun autre tribunal au monde. Ses procédures sont hermétiques et les délibérations se tiennent à huis clos. Des panels ou « groupes spéciaux » de trois à cinq experts non élus siègent au tribunal de l'OMC, au coup par coup. Ces experts-juges ne sont soumis à aucune obligation d'indépendance par rapport aux intérêts économiques.

De nombreux militants anti-GATT, sans oser l'écrire dans leurs documents de campagne, ont comparé les panels du GATT/OMC aux tribunaux de l'Inquisition. Les parlementaires français, de retour d'une mission d'étude aux États-Unis, n'hésitèrent pas quant à eux à écrire dans leurs rapports sur la question agricole au GATT : « Les procédures du GATT sur la question agricole s'apparentent à des procès en sorcellerie[5]. »

Avec la transformation du GATT en OMC, le système de règlement des conflits commerciaux a été considérablement renforcé. Pour Martin Khor, « l'ORD est la pièce maîtresse du nouveau système, la raison même pour laquelle l'organisation a été choisie comme exécutif du gouvernement mondial en formation[6] ». Aberration supplémentaire, avec le passage à l'OMC un verdict en appel ne pourra être contesté qu'à l'unanimité des pays membres[7]. Or l'unanimité est mathématiquement impossible à obtenir puisqu'il manquera toujours une voix : celle du pays ayant porté la plainte devant l'OMC.

Les quelques litiges relatés ci-dessus en deviennent cocasses et aussi piquants que la moutarde de Dijon. Mais ils illustrent à l'évidence à quel point le système de l'OMC constitue une redoutable machine à faire reculer le droit de l'environnement et la protection des consommateurs. L'écrasement des droits sociaux vient juste derrière, par le plus tortueux des accords, l'Accord général sur le commerce des services (AGCS), redoutable et d'un cynisme à toute épreuve. Sous diverses formes, on retrouve dans l'OMC le principe que l'amie Lori Wallach appelle, paraphrasant le mot d'ordre de l'Allemagne hitlérienne *« Deutschland über alles », le « Trade über alles »*, autrement dit « le commerce par-dessus tout ».

Les coups fourrés des ministérielles

Mais l'OMC, c'est aussi ses assemblées ministérielles, leur mise en scène, leurs pseudo-négociations et leurs traquenards. Entre la date de son entrée en vigueur,

1er janvier 1995, et la conférence de Seattle, l'organisation se réunit deux fois en assemblée ministérielle. Chacune de ces réunions, très différentes, est un modèle en son genre. La première se déroule à Singapour en décembre 1996. C'est à cette occasion que nombre de ministres du tiers monde découvrent le fonctionnement réel de l'organisation. Ils savaient que les négociations au GATT étaient âpres, complexes et biscornues. Mais, à Singapour, ils ont la révélation profonde de la véritable règle du jeu du système.

Martin Khor, qui a réussi à faire accréditer le Réseau tiers monde parmi les ONG invitées[8], rend compte du déroulement de la réunion, et ses propos sont édifiants. La réunion ministérielle a été ouvertement manipulée, comme cela se pratique couramment à Genève, ce que la plupart des pays ignoraient jusqu'ici. Certains orateurs ont été brillants, comme le ministre tanzanien qui a lu le discours commun des onze pays du sud de l'Afrique. Il a exposé les désastres provoqués par l'Uruguay Round : marginalisation, faillites et chômage. Mais on lui a demandé de se rasseoir et il n'y a eu aucun débat. Martin Khor ajoute que, dès l'après-midi du premier jour, le président de séance, un ministre de Singapour et le directeur général de l'OMC, Renato Ruggiero, ont convoqué une réunion informelle. Un petit groupe de trente pays triés sur le volet s'est réuni tous les jours, a fixé l'ordre du jour de la totalité du calendrier des nouveaux thèmes. La déclaration ministérielle finale a été distribuée cinq minutes avant son adoption. Ruggiero a fait valoir que le temps pressait et que le consensus ne devait pas être rompu. Le texte rédigé par le petit groupe des trente a donc été considéré comme adopté.

La deuxième réunion ministérielle de l'OMC se tient à Genève en mai 1998. La capitale helvétique a rapatrié en son sein la quasi-totalité de la police suisse francophone. Le réseau People Global Action (PGA), notamment, a alerté par voie de tracts et d'affiches le ban et l'arrière-ban des contestataires suisses et des pays limitrophes. La ministérielle, qui se déroule dans le grand bâtiment des Nations unies, est protégée par plusieurs rangées de policiers et de grillages, une « protection » militaire appelée à devenir un rituel pour ce genre de sommet. Le discours de Clinton est très attendu. Même Fidel Castro a droit à un discours d'honneur pour donner l'illusion d'une ouverture aux pays qui dénoncent encore l'hégémonie américaine. En grande pompe et à grand renfort de communications, l'OMC fête... son « cinquantième » anniversaire. Cinquantième anniversaire ? d'une organisation qui n'a pas trois ans et demi d'existence ? Voilà un aplomb inégalé dans la récriture de l'Histoire. Cette manipulation vise-t-elle à gonfler la stature historique et, du coup, la légitimité de l'organisation ?

Ça se passe comme ça à l'OMC

Pourquoi prendre des gants quand vous avez tous les pouvoirs ? L'exercice de la démocratie est beaucoup trop long et désordonné. Le respect de l'Histoire n'est qu'un poids encombrant dont l'Organisation du mensonge commercial n'a que faire. Les services de Genève n'avaient-ils pas annoncé solennellement que le 8e round serait le dernier, la « der des ders » ? Grâce à la création de l'OMC, on aurait désormais un forum permanent de négociation reposant sur un système clair et des règles égales pour tous les membres.

Parmi les péripéties internes à l'Organisation mondiale du commerce, il en est une autre qui mérite d'être rappelée. Début 1995, quelque temps avant la fin du mandat de Peter Sutherland à la tête de l'organisation, la proposition américaine pour lui désigner un successeur jeta un certain froid : en effet, le candidat suggéré n'était autre que Carlos Salinas, l'ancien président mexicain. Il était soupçonné de complicité avec son frère Raul dans l'assassinat de Luis Donaldo Colosio, candidat rival au Parti révolutionnaire institutionnel (PRI), peu avant sa dernière élection. Tout aussi inquiétant, Salinas, selon Michael Levine[9], était membre d'un réseau de narcotrafiquants. Un an plus tard, c'est finalement le candidat européen, Renato Ruggiero, ex-ministre des Finances italien[10], qui fut retenu à la direction de Genève.

Trois ans plus tard, la succession de Ruggiero donna lieu à une autre polémique. En effet, les pays de la Quad voulaient imposer leur candidat, le Néo-Zélandais Mike Moore. Les pays du Sud, qui disposent d'une écrasante majorité des voix à l'OMC, avaient quant à eux retenu le Thaïlandais Supachaï Panitchpakdi. Des sessions du Conseil général houleuses se succédèrent à Genève. Les pays du Sud se montrant cette fois intransigeants, la réponse des pays riches fut tranchante : refus catégorique de vote ! Feignant l'indignation, les ambassadeurs des pays développés prétextèrent que l'OMC avait toujours « fonctionné au consensus » et qu'un vote créerait un « grave précédent ». Mais ils furent contraints de céder sur un point : promesse fut faite qu'entre Mike Moore et Supachaï Panitchpakdi le mandat serait partagé – trois ans pour le Néo-Zélandais, puis trois ans pour le Thaïlandais à partir de septembre 2002.

Alors, l'OMC a-t-elle pour mission de réguler ou de déréglementer en série ? En fait, tout comme le huitième round du GATT avait introduit les représailles croisées, l'organisation est fondée sur la déréglementation croisée. Les lois nationales sont pour les trois quarts des obstacles au commerce qu'il faut démanteler. Si une clause ne peut s'appliquer, on en trouvera toujours une autre si ce n'est cet accord, ce sera cet autre. Les appels à la régulation du commerce international pour « humaniser la mondialisation » doivent provoquer bien des rires sarcastiques à Genève et chez les lobbies qui hantent les couloirs de l'organisation. Les « régulationnistes » peuvent prodiguer des discours, écrire des tribunes et des ouvrages entiers. La règle des règles, c'est la déréglementation, et le reste n'est que littérature. En France, le Premier ministre Lionel Jospin ne cesse de déclarer que l'OMC est une instance de régulation. Jacques Attali, quant à lui, ne souscrit pas à cette vision angélique et estime que l'OMC mène « obligatoirement à la dérégulation et à la privatisation de tous les services publics[11] ».

Comme un voleur entré la nuit par effraction dans votre maison s'emparerait de vos objets précieux, ces accords dérobent clandestinement des pans entiers de votre Constitution. Mais au moment où votre plainte passe devant le tribunal, le voleur se retrouve dans le rôle du juge. C'est vous qui n'êtes pas en règle : les instruments démocratiques que vous essayiez de défendre sont en infraction avec des accords que votre gouvernement a ratifiés.

NOTES

1. L'examen des politiques commerciales a lieu tous les deux ans pour les pays développés, tous les quatre ans pour les pays en voie de développement et tous les six ans pour les pays les moins avancés.
2. En vertu de la clause sur la subterritorialité.
3. Les litiges réglés par l'OMC ont été amplement documentés par de nombreuses associations américaines, notamment par Public Citizen.

4. « L'administration Clinton déposa la plainte devant l'OMC quelques jours après le versement de 500 000 dollars au Parti démocrate ». Lori Wallach et Michel Sforza, *Whose Trade Organization ?*, *op. cit.*

5. Rapport de la mission parlementaire sur la question agricole dans les accords du GATT, 1992.

6. Conférence de Martin Khor, directeur du Thirld World Network, San Francisco, International Forum on Globalization, janvier 1997.

7. Mémorandum d'accord concernant le règlement des différends, art. 16-4 (MTN/FA II –A2).

8. Les représentants des ONG présents à Singapour pouvaient assister aux conférences de presse et dialoguer avec les négociateurs dans les couloirs. Ils n'étaient cependant pas admis dans les sessions de négociation.

9. Michael Levine, *Deep Cover*, New York, Delacorte Press, 1990.

10. Ruggiero sera par la suite ministre des Affaires étrangères du gouvernement Berlusconi.

11. Jacques Attali, « Pour en finir avec l'OMC », *Le Monde*, 7 juillet 1999.

Chapitre 8

How big is Big Brother ?

Au cœur du système de l'OMC, un organe particulièrement secret constitue une véritable trinité institutionnelle : l'Organe d'évaluation des politiques commerciales (OEPC). Composé de la Banque mondiale, du Fonds monétaire international et de l'OMC elle-même, l'OEPC, avec sa base de données intégrée, programme les démantèlements successifs des législations « obstacles au commerce ». Ou comment la réalité dépasse la fiction.

À San Francisco, Jerry Mander peste contre les médias. Ce dissident de la culture américaine a d'abord fait carrière comme publicitaire. C'est dire s'il connaît le système de l'intérieur. Mais, prenant la mesure du redoutable pouvoir de l'image, il a un jour décidé qu'il ne voulait plus « collaborer ». Son ouvrage *Quatre raisons pour en finir avec la télévision*[1] a rapidement été traduit en huit langues. Présentement, l'absence de débat sur la globalisation le met hors de lui : « Un phénomène soi-disant révolutionnaire ! Alors pourquoi personne ne pose-t-il la question de savoir s'il s'agit d'une révolution de droite ou de gauche ?! » Pour cet intellectuel doublé d'un pragmatique, il faut passer à l'action. Avec son nouvel ami Teddy (Edward) Goldsmith, il décide de créer un forum international de réflexion sur la globalisation. L'objectif est de réunir les meilleurs analystes, les militants les plus engagés et de faire éclater un débat à la hauteur des enjeux.

La première réunion du Forum international sur la globalisation (en anglais International Forum on Globalization, ou IFG), qui se tient en janvier 1994 dans une grande villa de Russian Hills, sur les hauteurs de San Francisco, est une belle surprise pour chacun des invités. En ce qui me concerne, j'y retrouve d'anciennes connaissances comme Vandana Shiva, Martin Khor, Walden Bello, Lori Wallach, Vicky Corpuz-Tauli, Mika Iba ou Mark Richtie. C'est aussi l'occasion de rencontrer de nouveaux alliés qui n'étaient jusque-là que des noms sur des couvertures de livres ou au bas d'articles, tels Jeremy Rifkin, David Korten, Richard Grossman, John Cavanagh ou Steve Shrybman.

L'atmosphère, humaine et intellectuelle, est des plus toniques. Nous sommes là pour poser les vraies questions : à qui profite la mondialisation ? Qui sont les gagnants ? Qui sont les perdants ? Quelles sont les conséquences pour la démocratie, pour la culture, pour les peuples indigènes, pour le monde naturel ? Nos analyses et nos expertises se complètent : il s'agit maintenant de faire exploser le mythe fallacieux d'un phénomène inéluctable, naturel, dont les conséquences désagréables ne seraient que des accidents de parcours temporaires. « Sommes-nous de nouveaux guerriers du paradigme ? », demande Jerry Mander en faisant référence au légendaire guerrier de l'arc-en-ciel des Indiens Hopis.

Trois minutes de parole pour chacun des quarante participants. Le tour de table est intense. En un temps aussi court, qui veut transmettre le résultat d'années de réflexion et de combats à ses pairs va d'emblée à l'essentiel. Les bavards sont très doucement rappelés à l'impératif de la montre par le tintement de cloches tibétaines.

« Avez-vous remarqué, nous interroge Andrew Kimbrell[2], que l'apologie de la mondialisation s'appuie toujours sur les trois mêmes présupposés, non seulement simplistes mais fallacieux ? La science va permettre de tout comprendre ; la technique va tout résoudre ; grâce au marché on va pouvoir tout acheter. » Il a raison Andrew, explicitement ou tacitement, ce sont les trois axiomes, présentés comme vérités d'Évangile, qui sous-tendent tout l'édifice idéologique. Nous sommes majoritairement entre écologistes autonomes et convaincus. Andrew n'a pas besoin de nous faire le reste du topo. Nous savons que la science ne comprend pas davantage les maladies émergentes qu'elle n'est capable de prédire les conséquences des manipulations génétiques. Que l'utilité de la technique pour lutter contre l'effet de serre ou l'épuisement des sols est au mieux de zéro. Quant au marché capable de vaincre la famine ou d'acheter la paix, qu'on nous épargne ce monstrueux mensonge.

Les autoroutes de l'intox

Pour Helena Norberg-Hodge[3], « l'intimidation idéologique fonctionne à plein. Dénoncer les accords de libre-échange : ALENA, Maastricht, APEC [Asia-Pacific Economic Cooperation, Organisation de coopération économique Asie-Pacifique] ou OMC, c'est être dans le camp des retardataires, des égoïstes, des sectaires, etc. Pis, c'est priver les pauvres des fruits de la croissance ». Ce que mesure la croissance des PNB aujourd'hui, déclare Vandana Shiva, « c'est le rythme auquel les économiquement forts s'approprient les ressources des économiquement faibles ». Les méthodes pour y parvenir peuvent être extrêmes. L'Inde s'est vue menacée six fois au cours de l'année 1993 parce que sa législation ne reconnaissait pas les brevets sur les médicaments. Pour satisfaire les ambitions des firmes pharmaceutiques et biotechnologiques, le gouvernement américain brandissait l'arme du Super 301[4].

Richard Grossman écume : « Comment les transnationales ont-elles accédé à un tel pouvoir ? Vous savez qu'elles étaient à l'origine soumises à des conditions. Souvenons-nous que la mention Inc. provient de Incorporated Charter. La "charte incorporée" concédant aux firmes le droit d'exercer leur imposait simultanément certaines obligations. Cela pouvait être la construction de logements sociaux, l'obligation de réinvestir dans la communauté... » Plus tard, elles se sont débarrassées de leurs obligations et ont accédé au statut de « personne morale ». Il s'agit là d'une fiction juridique, mais c'est grâce à elle, au nom de la liberté d'expression, qu'elles ont le droit d'expression... publicitaire.

Jerry acquiesce et souligne qu'un autre danger des transnationales, c'est d'être si bien entrées dans notre quotidien qu'« à force d'omniprésence elles en deviennent culturellement invisibles ». Vous prenez votre petit déjeuner ? Nestlé est là, sur la table, dans le Nesquick du petit ou le lait écrémé de madame. Vous partez à la campagne ? Que ce soit en voiture ou en TGV, le progrès technologique vous contraindra à acheter votre essence ou votre billet par carte de crédit. Qu'elle soit Visa, Mastercard ou Dinner's Club, peu importe. Dans les trois cas, c'est City Bank qui inscrit votre débit à son actif pour le faire aussitôt repartir dans la bulle financière internationale. Il n'y a plus de pompistes ni personne au guichet ? C'est tant mieux pour la globalisation ! Les machines ne font pas grève. Introduisez votre carte, SVP.

« Il faut regarder la réalité en face : les politiciens sont carrément paumés, largués, ils sont en état avancé de désadaptation cognitive[5]. » C'est Teddy Goldsmith qui s'exprime. Il détend toujours l'atmosphère avec son franc-parler. En effet, le rythme des innovations technologiques dépasse de très loin les capacités d'évaluation des législateurs et des ministres. C'est ainsi que la technologie en arrive à faire office de loi. D'ailleurs, n'est-ce pas IBM qui a en partie rédigé l'accord TRIPs du GATT[6] ?

Nous sommes d'accord pour constater que le « libre » jeu du marché opère dans le sens d'une transformation systématique de toutes les ressources naturelles en devises, des espèces vivantes génétiquement manipulées en marchandises, des rapports sociaux en transactions marchandes. Mais comme ces transformations se font par le biais d'innovations scientifiques et technologiques dans un Occident qui croit dur comme fer à la science, elles passent presque inaperçues. Elles sont insidieuses, progressives, ou parfois si foudroyantes qu'elles vous laissent en état de vertige.

Pourtant, que ce soit en matière de spéculation financière et nouveaux instruments monétaires – brillamment décrits par John Cavanagh –, de nouveaux médias – que Jerry suit à la trace – ou de génie génétique – qui compte de nombreux contre-experts autour de la table –, le processus est le même. De nouveaux monopoles techno-économiques se mettent en place. Ils définissent et dictent à la fois les conditions de la « libre concurrence ». Ils se sont déniché l'organisation sur mesure pour édicter les nouvelles règles : le GATT, et bientôt l'OMC.

« C'est dans ce contexte du tout-marché qu'on nous présente les autoroutes de l'information comme un progrès de civilisation ! » s'indigne Jerry. Les stratèges en marketing de masse, experts en manipulation médiatique, l'ont compris avant les autres : la télévision est aujourd'hui devenue le premier instrument de reproduction culturelle. La globalisation culturelle offre en effet deux « avantages » : elle permet la constitution d'empires médiatiques gigantesques qui sont autant de quasi-monopoles ; la projection d'images et de messages identiques colonise les psychés et paralyse le jugement – une excellente recette pour augmenter le « pool » de consommateurs. Pour Jerry Mander, « l'homogénéisation étant le contraire de la culture, au bout du compte la globalisation de l'information, c'est la marginalisation des cultures ».

Un paradis coté en Bourse

Dans de telles conditions de prétendue « libre concurrence », il importe de se demander qui surveille encore ou évalue vraiment les incidences d'un processus de globalisation multiple et autorenforçateur.

L'assemblée s'accorde pour constater qu'en réalité la globalisation est au moins triple : globalisation technologique, globalisation économique et globalisation financière. Chaque progression de l'une des sphères accélère celle des deux autres. Comme en une trinité circulaire, chacune d'elles renvoie aux deux autres, elles s'amplifient mutuellement. *Exit* le politique, *exit* la culture, *exit* bientôt le social. C'est un très beau monde qu'on nous promet. Mais, pour atteindre ce paradis supersonique, il faut relancer la croissance, dans la discipline financière, s'il vous plaît. Les dépenses improductives des États doivent être réduites. La diminution des déficits et des dépenses sociales est le préalable pour accéder au paradis.

Maude Barlow et Tony Clarke, deux chercheurs et activistes canadiens – leur organisation se nomme Conseil des Canadiens[7] – qui ont mené la bagarre contre l'ALENA dans leur pays, connaissent à fond la question. « Au Canada, la notion même de service public est en train de disparaître. Dans tous les domaines, santé, éducation, culture, il n'est plus question que de partenariats privés-publics (PPP). » Ils nous expliquent comment fonctionnent ces derniers. Nous analysons ensemble de quelle manière, partout, les firmes transnationales tentent d'obtenir la déréglementation des services publics afin d'accéder à de nouveaux marchés, potentiellement colossaux. Maude Barlow est une femme chaleureuse, prompte à s'indigner : « Le gouvernement canadien fait preuve d'un véritable racisme envers les pauvres. Les démunis, pour accéder à l'aide sociale, doivent donner leurs empreintes digitales. »

Nous comparons les discours dominants dans nos divers pays et continents. Pas de doute, ils convergent. Les transnationales devenues culturellement invisibles – qu'elles sponsorisent les bulletins météo ou des programmes scolaires, qu'elles façonnent les loisirs de nos enfants ou le traitement du troisième âge – ont partout la solution. Au fait, quel était le problème ? Peu importe, la réponse, c'est le marché.

Le projet de « civilisation » qui s'avance derrière cette approche pragmatico-commerciale planétaire est-il si enthousiasmant ? Hier aux quatre coins du monde, aujourd'hui tout autour du globe qui se rétrécit sous le maillage des satellites, des empires économiques multiplient alliances et fusions. Ils semblent s'être emparés de la direction de l'évolution. Des OGM aux autoroutes de l'information, de la gestion des ressources marines à la cartographie du génome humain, l'univers du vivant tout entier est sondé, scruté, disséqué, puis redéfini en parts de marché. De la gestion par satellite des stocks des grands supermarchés à la saisie des données informatiques en Asie du Sud-Est, du remplacement programmé d'environ un tiers du personnel des banques et des standardistes (respectivement par des terminaux d'ordinateurs et des appareils de reconnaissance vocale), la spirale globalisante étend son emprise, au mépris des peuples et du bon sens. Jeremy Rifkin, à l'époque en train d'écrire *La Fin du travail*[8], nous annonce les vagues de licenciements d'ores et déjà programmées.

De retour en France, fortement impressionnée par cet échange d'analyses, regonflée par la passion communicatrice de la bande d'IFG, je repense à la « trinité circulaire » – globalisation économique, technologique et financière. Voilà qui en rappelle une autre, encore beaucoup trop occultée : Banque mondiale, FMI, OMC.

Au sein de l'OMC, il reste en effet une composante à étudier de plus près. L'organisation s'est dotée d'un « mécanisme d'évaluation des politiques commerciales », nous le savons tous. C'est très clairement exprimé dans la table des matières de l'acte final. Mais, dans les textes mêmes, une centaine de pages après les articles décrivant le « fonctionnement du mécanisme », est nommé en toutes lettres l'*Organe* d'évaluation des politiques commerciales.

L'OEPC, pierre angulaire du système

Lors de la signature de Marrakech, l'OEPC passa presque inaperçu. La création de cette pièce maîtresse du nouveau système fut quasi clandestine. Pourtant, Luis Fernando Jaramillo, ex-ambassadeur de Colombie auprès des Nations unies et président du groupe des 77, mit en garde contre « la trinité institutionnelle qui dominerait toutes les relations économiques à travers le monde au profit des plus forts ». Le triangle fonctionnel se compose de la Banque mondiale, du Fonds monétaire international et de la nouvelle OMC.

L'organigramme de l'OMC est à peu près explicité, mais la table des matières ne mentionne pas même l'Organe d'évaluation des politiques commerciales. La présentation du « mécanisme d'évaluation des politiques commerciales » précise qu'« il n'est pas destiné à servir de base pour assurer le respect des obligations découlant des accords, ni à imposer aux membres de nouveaux engagements en matière de politique commerciale ». Voilà qui est rassurant. Volontairement minimisé, purement technique, neutre en quelque sorte, le mécanisme n'a guère donné lieu à débat lors des négociations. Pendant longtemps, les projets de texte de la future Organisation multilatérale du commerce se contentèrent de préconiser la coopération avec « les organismes et institutions intergouvernementaux qui ont des fonctions connexes afin d'assurer une coopération efficace ». Lesquels ? Silence radio sur cette question. Jusqu'au dernier moment, l'organisation de Genève se garda de désigner ses futurs partenaires exclusifs, à savoir le Fonds monétaire international et la Banque mondiale. À l'époque, pour justifier cette coopération, on allégua qu'elle visait à éviter que des « consignes contradictoires » ne soient données par les trois institutions.

Avec pour partenaires les deux organisations financières internationales au si triste bilan, l'Organe d'évaluation serait-il plus opératoire qu'il ne prétend l'être ? Depuis la signature de Marrakech, puis l'entrée en vigueur de l'OMC le 1er janvier 1995, de l'eau a coulé sous les ponts. L'organisation a fait bon usage des articles par lesquels elle s'est donné carte blanche sur la nature et les modalités de ce partenariat institutionnel. Mais, depuis lors, aucun accord ne permet de se retrouver dans le labyrinthe. Il faut en passer par l'absorption des rapports d'activité annuels indigestes de l'OMC. Indigestes et coûteux. À 400 francs l'exemplaire, mieux vaut avoir un copain journaliste, qui sera trop content de vous refiler le pavé.

Dans le rapport de 1997[9], on apprend que, lors de la première réunion ministérielle de l'OMC à Singapour en décembre 1996, un accord a été signé entre l'organisation et le FMI, paraphé respectivement par Renato Ruggiero pour l'une et par Michel Camdessus pour l'autre. Quelques mois plus tard, en mars 1997, le président de la Banque mondiale, James Wolfensohn, et le directeur de l'OMC formalisent la collaboration entre « leurs » deux institutions. Aucune ratification parlementaire, pas même de débat au sein des gouvernements pour valider la mise en place de cette puissante triade.

Les pays sous ajustement structurel peuvent témoigner des impitoyables « conditionnalités » auxquelles ils sont soumis : privatisation des secteurs lucratifs, réduction des dépenses publiques dites improductives et dévaluation de leur monnaie. Quant aux penchants de la Banque mondiale pour les projets d'infrastructures destructeurs de l'environnement mais propices à la mainmise sur les ressources, ils ne sont que trop connus : grands barrages, routes et autoroutes, installations portuaires et aéroportuaires, parallèlement au développement d'une agriculture d'exportation…

Décidément, la collaboration de ce trio d'organisations « humanitaires » est prometteuse pour les Terriens. Leurs programmes et modalités de collaboration sont bien explicités dans les deux accords. Chacun compte trois grands éléments essentiels symétriques :

– établissement de « mécanismes de communication pour que les obligations des membres s'intègrent parfaitement dans la logique de chaque organisation » ;

– octroi mutuel du statut d'observateur pour leurs travaux et comités respectifs ;

– collaboration pour une « plus grande cohérence dans *l'élaboration des politiques économiques* au niveau mondial » (souligné par nous).

La fonction crée l'organe

Élaboration des politiques économiques au niveau mondial ?! C'est ici que tout bascule. Il ne s'agit plus de faire le point sur les politiques commerciales, mission par excellence de l'OEPC, mais bien d'élaborer, pour les dicter ensuite, les choix économiques au niveau mondial. Entre « évaluation » et « élaboration », la nuance est de taille. Même si les deux reptiles se ressemblent, ce n'est pas tout à fait pareil de croiser sur son chemin un lézard et un crocodile. Les pratiques commerciales sont du ressort de l'OMC, on l'a bien compris. Mais que les politiques économiques au niveau mondial soient sous sa gouvernance, voilà qui n'est pas admissible. Comment cet organe opère-t-il ? Qui « élabore » ? Au moyen de quels instruments ? Au point où nous en sommes, il faut aller au cœur du système, démonter son anatomie et ses programmes occultes.

Les outils mis en place sont extrêmement puissants. En effet, l'exercice d'examen des politiques commerciales est tout sauf anodin. Il offre un double avantage. Les pays sont tenus d'envoyer au répertoire central de l'OMC la liste de leurs « législations, réglementations et procédures administratives » qui affectent ou pourraient affecter le commerce international. Le travail est donc effectué, aux frais des contribuables, par les fonctionnaires des capitales. Chaque pays contribue à sa surveillance rapprochée, une surveillance presque totale. Puis toutes ces données sont enregistrées et classifiées dans le « répertoire central » de l'OMC. Après quoi il est procédé à leur simplification en huit catégories d'obstacles au commerce. Le rapport annuel de l'OMC, qui se targue du « bon fonctionnement du répertoire », s'abstient cependant de préciser ce que recouvrent ces catégories.

Ce « Big Brother » de l'ombre est doté d'un portefeuille redoutable : la totalité des accords de l'OMC ainsi que son « agenda incorporé », c'est-à-dire la pré-programmation de son calendrier. Grâce à l'examen des politiques commerciales, il a accès non seulement aux données des politiques économiques de tous les pays membres, mais au détail de toutes leurs politiques sociales, culturelles, environnementales, sanitaires, etc. Voilà un examen fort utile.

Dans un deuxième temps, et c'est là que réside le second avantage, le démantèlement des « mesures non conformes » recensées peut être programmé. C'est en réalité le but de l'examen que de parvenir à la mise en conformité des législations et des politiques intérieures avec la totalité des articles de l'OMC et avec ses *accords futurs*. Cela s'appelle le *« roll-back »*, ou démantèlement. L'OMC adore cela. C'est pour ainsi dire sa raison d'être. Or, comme l'organisation, à l'instar de l'Inquisition au Moyen Âge, ne tolère aucune référence externe, son Conseil général a statutairement le monopole de l'interprétation des textes[10]. Le Conseil général seulement, car, si l'Assemblée ministérielle partage en théorie cette prérogative, les ministres, qui n'ont pas le temps de lire, sont juste bons pour signer.

Quant au « statut mutuel d'observation » pour les trois organisations, il ne se réduit naturellement pas à un rôle passif. Se prêter main-forte le cas échéant pour neutraliser les velléités de résistance des pays, voilà le but de l'ouverture mutuelle à leurs assemblées respectives. Le rapport annuel de 1997 est très explicite sur ce point : il se félicite de la participation, en « avril, août et septembre 1997 », de représentants de l'OMC au conseil d'administration du FMI pour « la modification des statuts du FMI concernant les mouvements de capitaux ». De quoi s'agissait-il ? D'inscrire dans ces statuts l'interdiction à l'avenir de toute restriction par les pays sur les mouvements de capitaux spéculatifs et, *a fortiori*, de leur taxation. Monsieur Tobin, qu'en pensez-vous ? Même en cas de déséquilibre de la balance des paiements, seul le Fonds serait habilité à donner le feu vert aux gouvernements pour ce genre de mesure d'urgence. Intéressante démarche, en vérité, en pleine crise financière asiatique, pour une institution censée garantir la stabilité financière au niveau mondial !

« Qui sont ces voyous sous nos fenêtres ? »

La collaboration pour parvenir à des objectifs communs se mène aussi parfois en dehors des enceintes attitrées de notre triade OMC-BM-FMI. En avril 1998 se tient l'Assemblée ministérielle de l'Organisation pour la coopération et le développement économique (OCDE)[11] à Paris sur les négociations de l'Accord multilatéral sur l'investissement (AMI). Les animateurs de la Coordination contre l'AMI (CCAMI), organisatrice de la manifestation internationale devant le siège de l'OCDE, apprennent, stupéfaits, que dans l'enceinte qu'ils encerclent se trouvent en personne les directeurs généraux de l'OMC et du FMI ainsi que le président de la Banque mondiale. Alors qu'ils pensaient n'y débusquer que les ministres des Finances des pays de l'OCDE, les manifestants découvrent le nid de vipères au complet. Lori Wallach et moi-même tombons nez à nez avec Leon Brittan. Bien sûr, le commissaire européen au Commerce extérieur est au rendez-vous. Et dire que nous n'avons pas même une tarte à la crème pour lui souhaiter la bienvenue ! Sa présence est parfaitement logique, au fond : l'Accord multilatéral sur l'investissement, qui peut se résumer à « un traité pour passer des droits des peuples à disposer d'eux-mêmes *au droit des investisseurs à disposer des peuples*[12] », programme entre autres choses l'interdiction pour les pays membres de toute restriction aux mouvements des capitaux spéculatifs. Une affaire cardinale pour la triade.

Fichier central et banque de données intégrée

Mais c'est du troisième grand élément de collaboration de la trinité qu'il faut peut-être le plus se méfier. Pour établir les « mécanismes de communication renforcée » entre eux, OMC, FMI et BM ont décidé la mise en commun de leurs bases de données et la création d'une base centrale de données intégrée. Le FMI a donc accès aux statistiques commerciales de l'OMC, aux listes d'engagements de libéralisation de chacun des membres. L'OMC dispose de son côté des données macroéconomiques du Fonds et se félicite de ce qu'elles lui sont « très utiles, surtout lors de la préparation de l'examen approfondi et régulier des politiques commerciales de chacun des membres[13] ». Elle accède aussi, bien sûr, au Bank's Economic and Social Databank (BESD) et à toutes les autres statistiques de la Banque mondiale.

Sans doute, dès leur origine, aurions-nous dû nous interroger davantage sur ces instruments que sont les banques de données, surtout intégrées, entre les mains d'organisations aussi puissantes qui évoquent Ouroboros, le serpent qui se mord la queue mais avale et digère tout sur son passage. Les réalités humaines les plus variées et tous les écosystèmes sont désormais réduits à leur seule dimension commerciale. L'arme est redoutable pour contrôler et manipuler les politiques internes de chacun des pays.

Aucune catégorie n'est négligée, il est fait flèche de tout bois, de tout chiffre, de toute colonne de données. Or cette obsession pour les statistiques les plus variées dont on fait des listes d'« obstacles au commerce » n'est pas simple hypertrophie d'une manie intellectuelle. Ce « laboratoire » de concentrés d'arithmétique et de logique marchande quitte bien vite le virtuel de l'informatique pour revenir dans le réel. Le but exclusif de l'OMC étant l'accroissement du commerce mondial, les orientations futures sont toutes tracées. Quel avenir réjouissant !... Des bips électroniques à l'alignement de nos législations sanitaires, environnementales et sociales, le transfert peut s'opérer, « grâce » aux bons offices de l'OEPC. Organe de règlement des différends d'un côté, Organe d'évaluation des politiques commerciales de l'autre : voilà l'organisation commerciale du monde bien armée ! Entre les examens et les verdicts des panels, il y a de quoi encadrer très sérieusement tout ce qui se produit, voyage, s'échange, se vend, se mange et se légifère sur notre planète.

Les amis de Big Brother

Le récit de l'examen intérimaire des politiques commerciales[14] de l'Union européenne des 25-26 novembre 1997 est édifiant[15]. Le représentant de l'Union – dont le nom n'est pas mentionné – se défend de l'accusation selon laquelle l'approche « risque zéro » en matière de santé pourrait aboutir à quelque discrimination commerciale. Non, assure-t-il à ses examinateurs, grâce aux accords de reconnaissance mutuelle, les fameux ARM[16], il n'y a pas de risques que l'Europe fasse de la discrimination anti-OGM. En réponse aux critiques selon lesquelles l'Union n'aurait pas les coudées assez franches pour signer des accords et traités de commerce, il s'empresse de rassurer ses examinateurs : le nouvel article 133 du traité de l'Union clarifiera la situation. Vous avez bien lu : deux ans avant la signature du traité d'Amsterdam, la Commission européenne donnait déjà des garanties à l'OMC. L'article 113 du traité de Maastricht laisse encore trop de marge aux États de l'Union ; il sera complété par l'article 133.

Lors de la Conférence intergouvernementale de Nice en décembre 2000, le commissaire européen au Commerce extérieur Pascal Lamy réussit partiellement à faire entériner cette réforme institutionnelle. Il a désormais une latitude accrue pour négocier, entre autres choses, la « libéralisation » des services publics[17].

Technocrates, énarques et autres premiers de la classe qui travaillent à Bruxelles ou à Genève se glorifient de la surpuissance de leurs banques de données. Véritable manne pour les firmes transnationales, celles-ci font office de gigantesques études de marché. Grandeur nature, et à l'œil, s'il vous plaît. Un rêve pour les PDG de transnationales et leurs conseils d'administration. Les opportunités d'investissements lucratifs sont désormais disponibles en ligne. Il ne s'agit pas d'études sur des échantillons de populations, mais de la collecte complète des données sur les dépenses de santé, d'éducation, de construction, d'assainissement, de collecte des ordures..., assortie d'une mise à jour permanente du « cadre réglementaire » de chaque pays membre.

Réification ultime, le processus de codification de ces données revient à déléguer à la machine le soin de planifier l'avenir. La sophistication et l'imbrication des déréglementations imposées par les accords de l'OMC indiquent qu'elles sont déjà élaborées à l'aide de superlogiciels. Décisions et programmations assistées par ordinateurs en lieu et place du politique. Big Brother est bien caché au cœur de l'organe le plus secret de tout le système de l'OMC.

Autrement dit, nous avons affaire à un programme occulte. Sorte de Politburo du commerce mondial, l'OEPC dispose des instruments pour imposer un superplan d'ajustement structurel à l'échelle planétaire. Il est géré par des technocrates non élus qui, dans l'exercice de leurs fonctions, ne sont responsables devant aucune juridiction. Les stratégies sont élaborées et les décisions prises dans des cénacles fonctionnant à huis clos. Présidents, Premiers ministres et parlementaires, à côté de l'OEPC, seriez-vous de pâles figurants de deuxième ou troisième catégorie ?

NOTES

1. Jerry Mander, *Four Reasons for the Elimination of Television*, Brighton, Harvester Press, 1980.

2. Andrew Kimbrell est l'auteur de *The Human Body Shop*, *op. cit.*

3. Helena Norberg-Hodge, philosophe et enseignante suédoise, a vécu près de trente ans au Ladakh, Cachemire. Elle est l'auteur de *Quand le développement crée la pauvreté. L'exemple du Ladakh*, Paris, Fayard, 2002.

4. Voir *supra*, note 6 p. 61.

5. Voir Edward Goldsmith, *Le Défi du XXIe siècle : une vision écologique du monde*, Paris, Éditions du Rocher, 1994, chapitre 48 : « La désadaptation cognitive ».

6. En effet, l'Intellectual Property Committee (IPC) initié par Pfizer et IBM – une coalition de treize grandes firmes, dont Monsanto, Merck, General Electric, Dupont… – a eu une influence déterminante sur le contenu de cet accord. De nombreux diplomates de Genève concèdent volontiers que ce comité en est le principal rédacteur.

7. Le Council of Canadians, très impliqué dans les campagnes sur les traités de libre-échange, compte plus de 100 000 membres. Il est présidé par Maude Barlow.

8. Jeremy Rifkin, *La Fin du travail*, Paris, La Découverte, 1996.

9. *Rapport annuel de l'OMC 1997*, vol. 1. Dossier spécial : « Le commerce et la politique de concurrence ».

10. Article IX-2 de l'acte final instituant l'OMC.

11. L'Organisation pour la coopération et le développement économique (OCDE) rassemble les 29 pays les plus riches de la planète. Selon ses statuts, l'OCDE, organisme d'étude et de prospective sur les questions d'économie internationale, n'a nulle vocation à servir de forum de négociation internationale.

12. Communiqué cosigné en février 1998 par la Société des réalisateurs de films, l'Union des producteurs de films et le Syndicat français des artistes interprètes. Souligné par nous.

13. *Rapport annuel de l'OMC 1997*, vol. 1. Dossier spécial : « Le commerce et la politique de concurrence ».

14. Voir *supra*, note 1 p. 135.

15. *Rapport annuel de l'OMC 1998*.

16. Le sigle ARM remplace progressivement les « mesures d'harmonisation », trop souvent identifiées par les opposants à l'OMC comme des instruments d'harmonisation vers le bas.

17. « Au niveau européen, le fil conducteur du nouvel article 133, modifié par le traité de Nice, est d'aligner le mécanisme décisionnel pour les négociations commerciales dans le domaine des services avec les règles de décision internes pour les directives du marché intérieur. Dans l'un et l'autre cas, désormais, il s'agit de décisions du Conseil à la majorité qualifiée », écrit Pascal Lamy dans sa réponse à *L'Écologiste* publiée dans le vol. 2, n° 4, été 2001.

Chapitre 9

Château de la Muette : silence, on négocie

Les pays du Nord n'ayant pas obtenu satisfaction, avec le huitième round du GATT, sur l'accord sur l'investissement, celui-ci est discrètement renvoyé à l'OCDE. Une enceinte beaucoup plus commode puisque les pays du Sud n'y sont pas représentés. Mais grâce à la « stratégie Dracula », l'AMI est mis en échec. C'est la première victoire remportée par des mouvements de la société civile contre un accord de commerce international. En France, ce succès inespéré redonne l'élan pour la prochaine bagarre qui s'annonce à l'OMC : celle du round du millénaire de Seattle.

Depuis 1995 se négocie en secret au siège de l'OCDE, à Paris – le bien nommé château de la Muette, dans le XVIe arrondissement –, un accord sur les investissements. Grâce à nos amis du Réseau tiers monde, nous en connaissons les grandes lignes. Elles forment la même architecture que l'accord complet sur les investissements que les pays du Nord avaient tenté d'imposer dans le cadre de l'Uruguay Round. Tous les droits pour les investisseurs, toutes les obligations pour les États. Devant des prétentions aussi exorbitantes, les pays du Sud, conscients qu'il s'agit là d'un véritable programme de recolonisation qui ébranlerait l'indépendance conquise par les mouvements de libération, se montrent capables de mobiliser les ressources nécessaires pour résister. Comme le « package final » du 8e round est déjà fort consistant et qu'il ne faut plus permettre que la signature en soit différée, la Quad se fait une raison.

Pour un temps on ne parle plus d'accord sur l'investissement à l'OMC. Il est très discrètement renvoyé dans une enceinte d'autant moins surveillée qu'elle n'a pas vocation à élaborer quelque accord international que ce soit. Le scénario consiste en effet à négocier l'accord sur l'investissement en secret à l'OCDE, club des pays riches de la planète. Une fois abouti et signé, il sera présenté aux pays du tiers monde sans amendements possibles.

Grâce à certaines fuites, parce qu'en marge des réunions officielles, dans les couloirs de l'OMC, certains ambassadeurs du Sud s'indignent de cette grossière manœuvre, les premiers éléments sont peu à peu rassemblés. L'accord en gestation, dénommé Accord multilatéral sur l'investissement (AMI), comporterait des particularités juridiques inédites et des clauses exorbitantes au profit des investisseurs étrangers. La littérature des lobbies est très éclairante sur les intentions : « Nous nous opposerons à toute mesure qui impliquerait pour les entreprises des obligations contraignantes en matière d'environnement ou de travail[1] », lance Abraham Katz, président du US Council for Industry and Business (Conseil américain pour l'industrie et les affaires).

Accord fantôme : l'AMI hante l'OCDE

Les officiels de l'OCDE nient catégoriquement l'existence d'une telle négociation : on nous traite même d'affabulateurs ! Situation désespérante : faute de posséder les textes, nous ne pouvons pas non plus interpeller les politiques ni les journalistes.

Mais, un beau matin du printemps 1997, une volumineuse enveloppe kraft anonyme parvient au bureau du Conseil des Canadiens, l'organisation de Maude Barlow et Tony Clarke. Pour une pochette-surprise, c'en est une : elle contient l'intégralité des textes de l'AMI en négociation, un document de plus de cent cinquante pages estampillé « confidentiel ». Pour protéger leur source, nos amis canadiens demandent à leurs collègues américains de Public Citizen de se charger de « déclassifier » ce document. Il est immédiatement publié sur Internet, passant soudainement de la clandestinité à la lumière du jour. Le réseau international, qui n'a pas baissé la garde malgré l'entrée en vigueur de l'OMC, entre en action. Aux États-Unis, au Canada, en Australie, en Nouvelle-Zélande, en Inde, en Grande-Bretagne, en Belgique, et bien sûr en France, le travail peut commencer.

La lecture du texte s'avère édifiante. La pochette-surprise contient des éléments encore plus détonants que nous ne l'imaginions. Son architecture répond à deux préoccupations : traitement des investisseurs, protection de l'investissement. Loin d'être multilatérale, l'approche que révèle l'examen des clauses est totalement unilatérale. De surcroît, la définition de l'investissement est très large ; elle recouvre les ressources naturelles et les terres agricoles, les entreprises de manufacture ou de services, les actifs financiers en tout genre, sans oublier la propriété intellectuelle et artistique. En redéfinissant la règle du jeu pour l'acquisition de l'ensemble des moyens de production, de distribution, et de création, l'AMI va plus loin que tous les accords de libre-échange existants. Tous les secteurs d'activité sont concernés, à l'exception de la police et de l'armée. Autant dire que l'AMI réduit le rôle de l'État à son squelette répressif.

L'assaut contre la démocratie est frontal. Les clauses du futur accord, quasi finalisé, constituent autant de menaces pour les services publics, le droit du travail, la protection de l'environnement, la culture, la sécurité alimentaire. Il ne s'agit ni plus ni moins que de la « constitution d'une économie mondiale unifiée[2] » au bénéfice des investisseurs. Tout est prévu, et notamment le démantèlement des « mesures non conformes à l'AMI » grâce à un « effet de cliquet » qui gèle les législations en l'état, leur élimination progressive étant programmée dans un second temps. Toutes les législations qui encadrent les investissements étrangers et les soumettent à des conditions d'intérêt public sont visées : emploi de main-d'œuvre ou de matériaux locaux, limites au rapatriement des capitaux, critères environnementaux, plafonds de participation dans des entreprises nationales, obligation de service et de desserte, etc. Une clause de protection contre les troubles prévoit qu'un investisseur qui a subi un préjudice en raison de « troubles civils ou d'autres événements » se verra accorder une restitution ou une indemnisation « prompte, adéquate, effective ». « De quoi encourager les gouvernements, sous couvert des règles de l'AMI, à restreindre les libertés sociales », écrira Lori Wallach. Outrepassant même les règles de l'OMC, l'AMI permet à un investisseur « lésé » de saisir directement un tribunal *ad hoc* et d'exiger soit des compensations pour son manque à gagner, soit l'abrogation des législations nationales ou régionales obstacles.

Véritable « cerise sur le gâteau à la strychnine[3] », l'investisseur plaignant pourra soumettre le conflit à l'arbitrage de la

Chambre de commerce internationale (CCI). Pour couronner le tout, l'État qui souhaiterait se retirer de l'accord devra attendre cinq ans avant de pouvoir notifier son retrait, et l'accord restera « applicable pendant une période de quinze ans à compter de la date de notification du retrait[4] » ! Jamais traité de libre-échange n'avait poussé si loin les prétentions à ligoter les gouvernements signataires.

Démasquer l'AMI devient, à partir de septembre 1997, la priorité d'un groupe indépendant d'intellectuels constitué en Observatoire de la mondialisation[5].

« Le tam-tam et les biscuits »

Chaque communauté a son jargon. Au 40 de la rue de Malte, à Paris, siège d'Ecoropa où opère l'Observatoire de la mondialisation, l'une des expressions les plus employées est « le tam-tam et les biscuits ». Cette formule concise désigne les deux fers de lance de notre bataille : le tam-tam, c'est la propagation d'informations, aussi informelle que le roulement de percussions entre les villages dans la brousse ; les biscuits, qu'on doit toujours avoir dans sa besace, ce sont les analyses et articles de presse, petits morceaux choisis selon l'interlocuteur, histoire de le mettre en appétit. Avec cette formule, la programmation d'une journée ou d'une semaine de travail est souvent sur le gaz le temps d'une pause café.

Trouver les mots capables de percer la carapace mensongère des clauses cyniques de l'AMI, trouver le ton juste pour capter l'attention, éphémère par déformation professionnelle, des journalistes : l'Observatoire est décidément un bon outil. Mais la chance fait que le personnage idoine se présente de lui-même pour le rôle capital. Thierry David veut travailler avec Ecoropa. Nous ne pouvons l'embaucher ? Qu'importe, il se dégote un stage. Animateur et diplomate, d'une exigence intellectuelle et personnelle rare, il a de surcroît le don de l'invention langagière. Les réunions sont traversées d'éclats de rire, les copains et des journalistes prennent l'habitude de passer au bureau.

Pour faire sortir l'OCDE du bois, il va falloir donner l'alerte politique. Une conférence dans un lieu solennel ferait bien l'affaire. Pourquoi pas l'Assemblée nationale ? Les députés Jean-Claude Lefort et Jack Lang, contactés par téléphone, répondent immédiatement présents. Parce qu'il a bien connu le GATT, contre lequel il a « donné », Jack Lang comprend instantanément les enjeux. Très classe, le 4 décembre 1997, jour du colloque, il fait une introduction magistrale à la problématique et s'interroge : « Qui négocie quoi au nom de qui ? Si moi-même, président de la commission des Affaires étrangères de l'Assemblée, n'étais pas au courant de l'existence de cette négociation, vous avouerez que c'est troublant pour la démocratie. »

Lori Wallach est au rendez-vous. Aussi vive physiquement qu'intellectuellement, après un vol de nuit Washington-Paris, elle débarque à l'Assemblée nationale fraîche comme un gardon. Mes amis de l'Observatoire ne sont pas déçus. Son renfort intellectuel est puissant. Mais que ce soit une citoyenne américaine qui dénonce, preuves à l'appui, les manipulations des lobbies de son pays pour l'inscription de disciplines violemment antidémocratiques dans l'Accord multilatéral sur l'investissement, voilà qui fait souffler sur l'auditoire un vent d'internationalisme libérateur.

C'est souvent une grande joie que de présenter l'une à l'autre deux personnes pour qui on a de l'amitié. Entre Christian de Brie et Lori, l'estime mutuelle est immédiate. Christian lui demande aussitôt un article pour *Le Monde diplomatique*, qu'il traduit d'une plume avisée. La page, qui paraît en février 1998 sous le titre « Nouveau manifeste du capitalisme mondial », fait l'effet d'une bombe. Les métaphores « à la Lori » sont d'une efficacité redoutable.

Thierry David a pris sur lui d'interpeller les mouvements sociaux. Quelques contacts bien ciblés, selon sa fameuse théorie de l'« acupuncture sociopolitique », et une réunion élargie est convoquée début février. Entre intellectuels, comme François Chesnais et Christian de Brie, acteurs des luttes, tels Jean-Claude Amara, secrétaire général de Droits Devant !!, ou Claire Villiers d'AC (Agir contre le chômage), et figures du monde culturel, tel le cinéaste Jean-Henri Roger, le mélange est savoureux et explosif. Remontés à bloc par ce cocktail inhabituel et par l'immense intérêt des participants, qui sont décidés à se battre sur-le-champ avec nous contre l'AMI, nous programmons un meeting pour dans dix jours. Sans finance aucune pour imprimer tracts ni affiches... Mais aux innocents les mains pleines : les contacts s'enclenchent comme par magie. Un samedi, à huit heures du soir, Philippe Val, le rédac-chef de *Charlie Hebdo*, appelle notre antenne cévenole : « Il paraît que vous faites un meeting sur l'AMI ? Je veux l'annoncer ! » Il conclut son édito décapant par un appel à se rendre à notre meeting, tenu à la Bourse du travail.

« L'AMI des multinationales, l'ennemi des peuples »

Le 16 février 1998, les représentants du monde culturel, sur le mot d'ordre « L'AMI, c'est l'ennemi », se donnent rendez-vous dans un lieu chargé d'histoire : le théâtre de l'Odéon, à Paris. La mobilisation, extraordinaire, surprend même les organisateurs. Les orateurs, notamment Bertrand Tavernier[6], Cédric Klapisch et Jeanne Moreau, dénoncent en l'AMI bien plus qu'une attaque sur l'exception culturelle. Il s'agit pour eux d'une agression contre la société dans son ensemble. Le ton est donné.

Le lendemain, pour notre meeting « L'AMI des multinationales, l'ennemi des peuples », la salle est archicomble. La qualité d'écoute est telle qu'on entendrait voler une mouche, et la soirée si manifestement dénuée d'arrière-pensée politicarde que l'assemblée, hautement disparate, vibre à l'unisson. À l'issue du meeting, une coordination est née, la Coordination contre l'AMI (CCAMI), qui se trouvera soudée en moins de trois semaines. Mais avant que l'assemblée ne se disperse, Jean-Claude Amara se penche vers moi : « J'appelle à une manif à l'OCDE pour demain ? » J'écarquille les yeux. « Tu ferais ça ? » De sa voix vibrante de chanteur de rue, il invite illico l'auditoire à passer à l'offensive.

Pas mal pour une manifestation programmée à 23 heures pour 11 heures le lendemain matin : nous sommes une soixantaine devant les grilles du château de la Muette, bien décidés à demander des comptes sur les tractations en cours. À l'OCDE, les hauts fonctionnaires sont médusés : jamais encore personne n'avait eu l'outrecuidance de demander à être reçu, sur-le-champ qui plus est, par le directeur général en personne. Ça marche ! Nous sommes cinq, encadrés par la police interne de l'OCDE, à être conduits dans un salon où l'on ne nous lâche pas d'une semelle. Un quart d'heure plus tard, Donald Johnston apparaît, entouré d'une paire de conseillers et d'un duo de secrétaires de direction. Ils prennent des airs hautains mais font quand même des « têtes d'enterrement » : « Nous vous écoutons. » J'ouvre un tir nourri sur nos griefs vis-à-vis de l'AMI dans une synthèse assez générale. Mes amis témoignent de leur indignation, chacun dans son domaine de lutte, qui sur le droit du travail, qui sur la misère et l'émigration forcée. Les cinq prennent des airs pincés. Donald Johnston répond, non sans s'être fait passer auparavant des antisèches, par écrit et même dans le creux de l'oreille. Il nie absolument tout de nos « allégations ». C'en est trop, je sors la batterie technique et énonce des clauses de l'accord. Il est interloqué, on dirait qu'il découvre littéralement le contenu précis de l'AMI. Tandis que l'on nous raccompagne aux grilles, mes nouveaux amis, ravis, s'exclament : « Tu lui as mis la pilée ! – Oui, on a bien réussi notre coup. »

Dès lors, la jeune Coordination contre l'AMI se réunit deux fois par mois dans la salle aimablement prêtée par les Alternatifs. Secrétariat tournant, pas de structure ni de commissaires politiques. Susan George préside souvent les réunions. La CCAMI prépare à sa façon la session ministérielle de printemps à l'OCDE. Les victimes de la mondialisation sont décidément du vif-argent, des groupements comme Droits Devant !!, des associations de chômeurs, des syndicalistes, souvent en électrons libres, font des pas de géant et ont de l'imagination à revendre. La volonté n'est pas en reste : « Puisque l'OCDE est à Paris, on va s'en occuper ! » Ces sessions de travail contribuent à la richesse du combat, combat dans la diversité et le respect des différences. Il arrive qu'après certaines explications juridico-techniques l'un ou l'autre s'écrie : « Mais ils se prennent pour qui ? » Production d'un manifeste ; groupe de travail sur la presse, avec le renfort précieux de Jamila el-Hidrissi ; groupes de rédaction, d'action et d'animation… Qui a dit que l'autogestion en politique, ça ne marchait pas ?

Nous traduisons des masses de documents et rédigeons communiqués de presse sur communiqués de presse. Les contacts avec les artistes (cinéastes, comédiens, plasticiens) deviennent presque quotidiens[7]. Avec le soutien des organisations et personnalités d'un monde de la culture désormais hypermobilisé, cette joyeuse dynamique informelle réussit bientôt à hisser le mauvais AMI à la une des journaux[8].

Sons et lumières au château de la Muette

La réunion ministérielle de l'OCDE sur l'AMI, programmée pour les 27 et 28 avril 1998, approche à grands pas. Un collectif de vingt, puis trente, puis quarante organisations travaille dans une belle synergie. À notre façon nous sommes fin prêts. Jean-Claude Amara, avec la troupe de Droits Devant !! – il semble qu'il mène une compagnie de théâtre –, réalise des prodiges. Ni l'argent ni une organisation rigoureuse ne pourraient accoucher du quart des ressources qui sont en train de se mettre en place. La confiance mutuelle fait que l'on se repose vraiment les uns sur les autres et qu'il est gratifiant d'apporter sa participation au club. Nous préparons un accueil gratiné à ces messieurs de l'OCDE, tant sur le plan intellectuel que ludico-agitateur.

C'est que nous avons la ferme intention de faire la fiesta dans les jardins du Ranelagh, sous les fenêtres de l'OCDE, avec ou sans autorisation – ce serait tout de même mieux avec pour la réussite technique de notre festival de protestation. Arrachée *in extremis* – grâce à Droits Devant !! et au Syndicat français des artistes-interprètes –, cette autorisation va nous permettre de déployer… les haut-parleurs, les prises de parole, les forums thématiques en cercle, les échassiers qui font un véritable ballet sur les pelouses, les chorales, la pièce de théâtre de l'AMI, remarquablement mise en dialogue par l'oncle de Vincent Espagne, interprétée par Marina Vladi et deux autres acteurs de talent, et, clou du spectacle… les tambours de Battala ! Quarante percussionnistes qui frappent des rythmes d'enfer brésiliens et afrocubains, lesquels résonnent avec tant de force que les ministres et négociateurs ne peuvent plus s'entendre. Si elle est plus sonore que lumineuse, la stratégie Dracula est réussie à 150 %.

Presque toute la presse internationale, présente pour couvrir l'« avancée » des négociations, sort de l'OCDE pour nous rejoindre sur les pelouses du Ranelagh. Jamila el-Hidrissi fait un travail stupéfiant. Avec sensibilité et spontanéité, elle accélère les rencontres et aiguille les journalistes pour les interviews… Le résultat, c'est une couverture de presse internationale jamais vue. Nos amis étrangers en sont babas, certains doivent répondre à plusieurs interviews à la fois. Mais c'est surtout l'atmosphère qui les transporte. Ce n'est plus une manifestation, c'est une fête. Elle se termine, chose inédite dans un pays coincé comme le nôtre, par une gigantesque farandole. Les tympans des officiels sont sûrement agacés et meurtris par le son des tambours. Mais les quelque quatre cents manifestants que nous sommes, les pieds ensorcelés par les rythmes magiques, nous mettons à danser ; en chantant et en nous prenant par la main, nous tournons et encerclons – ou presque – l'OCDE.

Le soir même, Lionel Jospin annonce le retrait de la France pour six mois des négociations sur l'Accord multilatéral sur l'investissement.

Sous l'égide de l'Observatoire, et principalement sur les maigres moyens d'Ecoropa, le mouvement fait son chemin. Les contacts en province se multiplient, les échanges avec les coordinations étrangères se font plus assidus. Le nombre d'associations et de syndicats membres de la CCAMI augmente. Beau départ pour un long combat. Il faut maintenant préparer la ministérielle d'automne de l'OCDE, décisive et décrétée date butoir pour la signature de l'AMI. Restons attentifs : la suspension française n'est prévue que pour six mois ; or, ce que nous demandons, c'est le retrait définitif de la France de cet accord, qui doit rester à l'état de funeste projet.

À peine deux mois après notre fête du Ranelagh, en juin, histoire de prendre date avant les vacances d'été, nous invitons une vingtaine d'amis et alliés dans la petite commune de Sauve, au pied des Cévennes. Le continent américain est représenté par Lori Wallach pour les États-Unis et Tony Clarke pour le Canada, la Belgique par Gérard Lambert, la Suisse par le député genevois Alberto Velasco et par Andrienne Soutter. Il y a là des membres de Droits Devant !!, des artistes, des syndicalistes, des écologistes…

Pour nos travaux, le maire de Sauve, Didier Fougerolles, dont le charme est d'incarner l'antipouvoir comme d'autres suintent la suffisance, n'a pas hésité une seconde à nous prêter la grande et belle salle du conseil municipal. Le séminaire a pour titre : « Résistances internationales et alternatives à l'AMI ». Autour de l'immense table du conseil recouverte d'un tapis rouge, entourés d'une douzaine de présidents de la République impassibles dans leurs grands cadres dorés, nous nous livrons à une immersion intellectuelle complète sur la gravité de cet accord et l'impérieuse nécessité de le torpiller.

Il est proposé à la CCAMI française d'organiser un contre-sommet citoyen international sur l'AMI à Paris, juste avant la réunion ministérielle. Forums et réunions plénières, ateliers par thème en mêlant les continents, le tout avec de maigres moyens – la Providence fera le reste. Et, pour mieux marquer le coup, une « semaine internationale d'action contre l'AMI » est envisagée pour septembre, qui réussira au-delà de nos espérances. Mais il nous semble important par ailleurs de désigner les véritables commanditaires de l'accord démocraticide : les firmes transnationales. « Au fait, les amis, savez-vous que le siège de la Chambre du commerce international est à Paris ? – Pas possible ? Mais c'est une aubaine ! » La programmation d'une visite-surprise s'impose d'elle-même[9]. Il est jubilatoire de planifier cet exercice de désobéissance civile pour sauver la République en danger sous le regard impavide de Giscard d'Estaing, de Gaulle, Poincarré, Mitterrand. Mais, prudence, la destination doit rester un secret entre nous.

Après le retrait de la France, d'autres pays commencent à bouder les négociations de l'AMI, et en particulier la Belgique. Quand les vingt-neuf ministres de l'Économie des pays membres de l'OCDE se retrouvent de nouveau à Paris en octobre, l'accord est déjà sous perfusion.

Notre contre-sommet citoyen international contre l'Accord multilatéral sur l'investissement est un beau succès : formidable participation étrangère, accueil et rencontres chaleureux, forums éclairants et chargés de projets d'avenir[10]. C'est encore Jean-Claude Amara qui a fait une prouesse : il a réussi à convaincre Ariane Mnouchkine de nous prêter les théâtres de la Cartoucherie de Vincennes pour l'événement. Ce cadre multiple et mystérieux est un vrai cadeau.

Le tam-tam préalable a déjà porté ses fruits. Confronté à une opinion de plus en plus critique et à des tensions au sein de l'OCDE, le Premier ministre Lionel Jospin a annoncé quelques jours auparavant le retrait définitif de la France de l'accord à l'OCDE. Mais il a ajouté : « L'Organisation mondiale du commerce est un meilleur forum pour une négociation sur l'investissement. » Notre assemblée « multinationale » ne perd donc pas son temps. Martin Khor, empêché de parler en forum par des gens qui aiment accaparer le micro, improvise dans la cantine en bois qui jouxte le théâtre un meeting qui s'avère déterminant. En quelques minutes, la salle est plus bondée que le métro à l'heure de pointe. Tous les pays s'expriment. C'est de cette discussion que sortira l'appel international : « Pas de nouveau round de négociation à l'OMC », ou « No new round, turnaround », le futur appel de Seattle.

L'AMI à l'OCDE est officiellement enterré le 3 décembre 1998. Exposé à la lumière, cet accord, tel un vampire, a dû reculer. C'est la première fois qu'un traité de libre-échange est mis en échec par la société civile. Son transfert à l'OMC, officialisé, offre paradoxalement une opportunité historique : celle de faire éclater au grand jour, en amont de la prochaine réunion ministérielle qui se tiendra à Seattle, le véritable rôle d'une organisation qui a dupé la majorité des politiques.

NOTES

1. USCIB, lettre d'Abraham Katz à Jeffrey Lang, délégué du secrétariat américain au commerce (USTR) (www.cepr.net).

2. Ce sont les propres termes de Renato Ruggiero, directeur général de l'OMC.

3. Selon l'expression de Lori Wallach, la strychnine étant un anabolisant.

4. Dispositions finales, art. « Retrait », alinéa 3.

5. L'Observatoire de la mondialisation, créé en 1996, rassemble une quinzaine d'économistes, chercheurs, responsables syndicaux et associatifs, dont Caroline Dumonteil, engagés dans le suivi critique de la mondialisation de

l'économie. Il sera très actif contre l'AMI et jusqu'à la réunion ministérielle de Seattle.

6. À cette occasion, Bertrand Tavernier compara l'AMI à un nouveau *Titanic* : cette gigantesque machination juridique, élaborée par des experts, ne manquerait pas de nous emporter tous dans son naufrage.

7. Bientôt la revendication de la seule « exception culturelle » fait place à un refus total de l'AMI.

8. L'une de nos grandes victoires du côté de la presse fut la pleine page en une de *Libération* le 16 février 1998, sous le titre : « Cet AMI dont personne ne veut ».

9. Cette action fut parfaitement réussie, avec improvisation d'une conférence de presse dans la plus belle salle de la CCI.

10. Nous avons alors regretté que la jeune association ATTAC ait cru bon de choisir ce week-end-là pour ses premières journées nationales à La Ciotat, ses membres ratant ainsi un important rendez-vous international.

Chapitre 10

La révolte de Seattle

Après Singapour, puis Genève, l'Organisation mondiale du commerce choisit la ville de Seattle pour la tenue de sa dernière grande réunion avant l'an 2000. L'Organisation s'apprête à lancer un ambitieux cycle de négociations : le « round du millénaire », qui doit consacrer sa grandeur. Des armées de lobbyists ont fait le voyage, mais des opposants du monde entier s'y sont aussi donné rendez-vous.

Fin novembre 1999. Située sur la côte nord-ouest des États-Unis, touchant presque la frontière canadienne, la ville de Seattle[1] a été choisie pour héberger l'assemblée ministérielle de l'OMC. Cette troisième ministérielle doit lancer le « grandiose » round du millénaire. Construite sur un ancien site de la tribu des Indiens Duwamish, Seattle est une ville aux belles perspectives ouvertes sur le Pacifique. À quelques kilomètres, au large, on aperçoit de jolies îles. Le bord de mer est accueillant : marché de poisson, échoppes asiatiques en tout genre, flâneurs souriants… On pourrait presque se sentir en vacances.

Pour les écologistes qui ont un petit bagage culturel, le choix de Seattle semble de bon augure. Le signe est un peu crypté, comme les messages de fumée que s'envoient les tribus indiennes pour communiquer entre elles, mais tout de même : Seattle... Prétendent-ils lancer le round du millénaire sur les terres de Big Chief Seattle ? Mais ils ne savent pas où ils mettent les pieds ! La déclaration de Big Chief Seattle[2], un chef-d'œuvre de l'écologie des profondeurs, est en effet une référence depuis plusieurs décennies pour le mouvement international. Il s'agit de la réponse du chef indien au président des États-Unis qui, en 1854, prétendait acheter les terres des Duwamish. Un écrivain américain lui a tenu la plume, dans un texte interprétant avec souffle une philosophie qui va droit au cœur :

Comment peut-on vendre la terre ?
L'idée nous paraît étrange.
La terre n'appartient pas à l'homme,
L'homme appartient à la terre.
Toutes les choses se tiennent.

Bien sûr, ce n'est pas pour Big Chief que Seattle a été retenue. Ni même pour la taille de son Centre de convention, capable d'héberger des événements trois fois plus importants. C'est parce que la ville est le siège de deux firmes aux dimensions planétaires : Boeing et Microsoft. Deux firmes qui ont de surcroît un intérêt objectif dans les nouveaux accords que l'OMC prétend mettre sur orbite. Le forcing pour le round du millénaire, un round qui se veut global, sévit depuis plus de dix-huit mois. La Quad estime qu'il y a pré-accord sur les nouveaux domaines de négociation dont cette assemblée ministérielle doit donner le *la*. Il n'en va pas de même pour les pays du Sud : une demi-douzaine d'entre eux réitèrent obstinément leur refus de tout nouveau sujet à l'OMC. Une autre douzaine[3] demandent l'évaluation des accords passés.

Au menu du round du millénaire

Que contient le round du millénaire ? Il a été étudié de près par les ONG. Certains gouvernements du Sud, pour la première fois, arrivent à la table de négociation techniquement au point sur le contenu des accords.

Le menu du round porte essentiellement sur cinq nouvelles négociations :

– *Un accord sur les marchés publics*. Malgré les tentatives répétées à Singapour, puis à Genève, les précédentes réunions ministérielles ne sont pas parvenues à lancer des négociations à proprement parler, mais seulement un groupe de travail sur les marchés publics. À l'origine, l'OMC prétendait l'intituler « Accord sur la corruption des marchés publics », sous prétexte que leur attribution était souvent biaisée dans les pays du Sud par des favoritismes ou des pratiques de cartel autour des familles au pouvoir. Blessés, les pays du tiers monde rétorquèrent que le Congrès américain était aussi corrompu que bien de leurs gouvernements. Mais surtout, leurs délégués saisirent l'ampleur des enjeux. Si les États se voyaient retirer le pouvoir d'attribuer à des firmes locales la construction, l'équipement, les fournitures de leurs administrations, écoles, routes ou hôpitaux, les conséquences économiques et sociales seraient très lourdes. Dans certains pays de l'hémisphère Sud, les marchés publics représentent jusqu'à 50 % des dépenses de l'État. Permettre aux grandes firmes du Nord de remporter ces marchés aurait des répercussions catastrophiques sur l'emploi et pour les fournisseurs nationaux. Les négociateurs du Nord se retranchèrent sur une position de repli. L'accord fut rebaptisé « Transparence des marchés publics ». Il prévoit l'obligation pour les pays du tiers monde de faire connaître, via Internet notamment, leurs appels d'offre ; et, selon la méthode d'obligation à retardement[4], l'une des favorites de l'OMC, ce n'est que dans un deuxième temps qu'ils seront tenus d'attribuer les marchés aux opérateurs les plus compétitifs.

– *Un accord sur l'investissement*, le clone, à trois détails près, de cet AMI que la société civile vient de mettre en échec à l'OCDE. Le commissaire européen Leon Brittan, puis son successeur Pascal Lamy, s'en sont fait les champions. Plus prudents, les États-Unis préfèrent mettre ce domaine en sourdine pour ne pas risquer d'aller dans le mur. En résumé, l'AMI, sorti par la porte de l'OCDE, emprunte le tunnel de Bruxelles pour s'imposer à l'OMC.

– *Un accord sur les politiques de concurrence*. Contrairement à ce que le bon sens pourrait conclure, il n'est pas question de règles pour empêcher les pratiques de cartels ou les politiques monopolistiques et anticoncurrentielles. Bien au contraire, il s'agit d'interdire à l'avenir aux gouvernements d'avoir leur mot à dire dans les projets de fusion et de mégafusions d'entreprises.

– *Un accord sur les produits de la forêt*. Il prévoit l'élimination des droits de douane résiduels sur le bois et ses produits dérivés. Pour compléter le tableau, les mesures non tarifaires – en clair, celles qui limitent l'exploitation et l'abattage des grandes forêts du monde – sont mises à l'index. Poussé par l'administration Clinton, sous la pression des négociants en bois, ce projet doit être présenté pour signature *pendant* la ministérielle de Seattle. Charlene Barshevsky, négociatrice américaine en chef, l'estime

« facile » et se targue de l'engranger en « récolte précoce ». C'est faire peu de cas d'une mobilisation qui a fait tache d'huile. Rebaptisé « Free Logging Agreement » – Accord pour la libre déforestation –, il a mis les écologistes sur le pied de guerre, en particulier les associations de Californie. Leur présence massive à Seattle est tout spécialement motivée par cet enjeu. En percevant l'OMC comme une tronçonneuse, ils ont rapidement fait des pas de géant dans la compréhension de l'organisation.

– Enfin, *un accord sur la « facilitation commerciale »* prévoit la simplification des douanes, la quasi-élimination des contrôles des marchandises aux frontières et autres « lourdeurs administratives ». Un accord susceptible d'augmenter notamment les risques de commercialisation hors contrôle d'OGM.

Sponsors au sommet

Aussi extraordinaire que cela puisse paraître, les émissaires des blocs qui dominent l'économie mondiale arrivent à Seattle, le 30 novembre 1999, dépourvus du moindre texte ayant reçu l'assentiment préalable des ambassadeurs des pays membres. Ils claironnent pourtant que le grandiose cycle du millénaire démarre sous de bons augures, que l'économie mondiale et chacun des pays membres ont quelque chose à gagner à ces nouveaux accords de libéralisation. Que les quelques petites différences qui subsistent entre certains pays trouveront à Seattle une issue favorable.

Les habitudes ont la peau dure. La vieille méthode du bluff et du chantage est censée avoir raison de l'opposition manifestée par près d'une douzaine de nations. Le renfort du milieu des affaires a-t-il fait oublier l'essentiel aux négociateurs ? La société civile comme de nombreux pays du Sud sont farouchement opposés à un nouveau round, en connaissent le contenu et sont capables de discuter pied à pied des enjeux et conséquences des accords projetés.

Méthode Coué ou simple arrogance ? Probablement un peu des deux. Les représentants à l'OMC n'ont pas pour habitude de lire ceux qui les contestent. Ils les proclament volontiers ignorants ou mal informés. Même si Mike Moore a reçu en de nombreuses occasions des délégations d'ONG critiques, il n'a pas poussé le zèle jusqu'à les écouter ou à s'attarder sur leurs écrits. Il en va de même pour le commissaire européen Pascal Lamy, qui a remplacé Leon Brittan à la Commission en juillet 1999. Cet ex du Crédit Lyonnais, ancien président de la commission prospective du CNPF (actuel Medef), se targue d'appartenir au Parti socialiste. Beaucoup plus doué que son prédécesseur dans l'habillage sémantique, il se fait fort de « vendre » le round. Ses collaborateurs le surnomment « le moine technocrate », « l'Exocet » ou encore « le tueur ». Il n'a pas l'habitude de perdre. Quant à la négociatrice américaine Charlene Barshevsky, elle est redoutable. Incontestablement très intelligente, elle a un don pour désarçonner ses adversaires en affichant un mépris qui prétend les ravaler au rang de fourmis.

À Seattle, les ministres sont en terre américaine. Dans la patrie par excellence du libéralisme, on n'a pas l'habitude de faire des complexes sur la prééminence du privé par rapport au public. Cela fait si bien partie du paysage culturel que çà et là on peut lire des articles sur la privatisation des Nations unies, une mesure qui serait souhaitable pour économiser l'argent des contribuables.

Grande première du round du millénaire, les firmes privées ont reçu des invitations à subventionner la ministérielle. Un comité d'accueil pour Seattle – la Seattle Hosting

Organization, la bien nommée SHO – a été créé pour l'occasion. Exclusivement composé de firmes privées, il classe les sponsors en catégories selon le montant de leurs contributions financières : sponsors de diamant pour les donations entre 150 000 et 250 000 dollars, sponsors d'émeraude au-delà de 250 000, parmi lesquels on compte Boeing, Microsoft, General Motors, Ford et la firme de consultants Deloitte & Touche. Ces derniers ont droit à cinq invitations au dîner ministériel. Il y a aussi les sponsors de platine, d'or et d'argent, à qui l'on offre de nombreuses occasions de rencontrer des ministres. Ne dit-on pas dans les pays anglo-saxons : « Qui paie l'addition commande le menu » ?

Mais il faut le voir pour le croire : à l'intérieur du Centre de convention, deux immenses salles ont été aménagées comme les salons du Ritz. De grandes tables rondes couvertes de tapis rouges sont entourées de fauteuils luxueux. À l'entrée de la première salle, on peut lire « Microsoft » ; la seconde est signalée « Boeing ». C'est donc ici même que les sponsors pourront faire affaire en direct, avec les ministres du tiers monde sans doute ! « Sponsors » ? Quand vous tapez ce mot sur un clavier d'ordinateur, le logiciel de correction vous rappelle que c'est un anglicisme et que le *Journal officiel* propose de le remplacer par « commanditaire ».

Le DAN mène la danse

Jean-Philippe Joseph, jeune professeur agrégé d'économie à Alès, dans le Gard, qui a fait le voyage de son propre chef, déborde de ressources et d'énergie. Avec Étienne Vernet, d'Ecoropa, il parvient à nous faire accréditer *in extremis* pour la conférence officielle, glane des infos auprès de Jean-Marc Sylvestre[5] dans un cocktail où le whisky coule à flots, passe la soirée dans un squatt avec le Direct Action Network, ou DAN[6], participe à un entraînement à l'action non violente... C'est lui qui nous donne rendez-vous pour le lendemain matin 1er décembre, à six heures précises, devant le port. Sous une pluie battante, en moins d'un quart d'heure, deux à trois mille personnes sont bientôt réunies. La moyenne d'âge ne doit pas dépasser dix-huit ans.

Les banderoles, masques, déguisements et pancartes sont délirants : un vrai carnaval de mardi gras. Vers sept heures, le cortège se met en marche. Il semble que Jean-Claude Amara, Étienne Vernet, Jean-Philippe Joseph, Manu Danas-Caillet et moi-même soyons les seuls Français à ce rendez-vous très matinal. L'objectif est d'empêcher la tenue de la ministérielle. Chacun d'entre nous a noté le numéro de téléphone d'un avocat sur son avant-bras. La consigne, en cas d'arrestation, est de refuser de décliner son identité et sa nationalité.

Bloquer la conférence ministérielle de l'OMC ? À vrai dire je n'y crois pas une seconde, et je suis là par solidarité avec ces filles et ces garçons au courage si généreux. Le cortège avance à vive allure, au point de devenir presque une course, une course chantante, dansante même. Une toute jeune fille saute sur le toit d'un camion : « *Come on, you, beautiful people !* Notre manifestation doit être belle : nous allons montrer au monde comment on peut arrêter l'OMC. »

Nous marchons à un tel rythme et dans une telle joie qu'en trois quarts d'heure à peine nous sommes presque au but : le Centre de convention est en vue, à moins d'un kilomètre. Il n'y a toujours pas de barrage policier devant nous. En quelques minutes, nous pouvons l'atteindre.

C'est fait ! Devant le Centre de convention, faisant rempart de nos corps, nous barrons les issues aux officiels. D'autres groupes, qui se sont détachés du cortège à des points précis par paquets de vingt, cinquante et parfois cent, bloquent les sorties des hôtels où sont descendus les délégués. La plus grande partie du cortège fait un sit-in sur une bretelle d'autoroute par laquelle il est prévu que certains ambassadeurs soient véhiculés.

Les minutes passent. Personne ne peut se rendre à la cérémonie officielle d'ouverture. Les minutes, puis les heures… Mais entre-temps des bataillons de policiers sont arrivés. Les robocops, harnachés jusqu'au sommet du crâne, équipés de tous les genres de munitions, sont de plus en plus nerveux. En les voyant, on devine que les consignes ne doivent pas être claires. Brutalités, gaz lacrymogènes en abondance, c'est en tout cas tout à fait insuffisant pour mettre en fuite le Direct Action Network et ses amis. Pendant plus de six heures, nous tenons bon. En début d'après-midi, les charges policières se font plus violentes. De nouveaux renforts munis de grenades arrivant sans cesse, les gaz sont si épais que nous sommes tous littéralement étouffés. Les membres du DAN tiennent bon jusqu'au bout. Enchaînés les uns aux autres, assis par terre, aucune brutalité ne les fait bouger d'un pouce. Pour les détacher un à un, quand ils le peuvent, les policiers doivent se mettre à plusieurs.

Sur le plan symbolique, nous savons que l'événement est déjà une victoire. Le monde entier reçoit la nouvelle : la ministérielle de l'OMC bloquée par de simples citoyens qui se sont donné rendez-vous et sont venus du monde entier ! Les images de ce « round du millénaire », réuni pour libéraliser les échanges, sous protection policière puis militaire parlent davantage qu'aucun discours. Il est beau, le « libre »-échange !

Couvre-feu sur Seattle

La cérémonie d'ouverture, très écourtée, a tout de même lieu. Au Centre de convention, l'atmosphère est tendue. Pour la première fois, de nombreux parlementaires sont venus en observateurs. Le nombre des journalistes qui ont fait le déplacement frôle les trois mille. Les négociations sont en quelque sorte déjà sous surveillance.

Le soir, le couvre-feu militaire est décrété : interdiction absolue de circuler dans une aire de plusieurs kilomètres carrés. La manifestation syndicale, qui a démarré le matin même par un impressionnant meeting dans l'immense stade de Seattle, a été un beau succès. Nous sommes nombreux à ne pas comprendre pourquoi cette marche de 40 000 personnes n'a pas fait la jonction avec notre manifestation alors que nous n'étions qu'à quelques centaines de mètres et avions déjà réussi à bloquer la ministérielle.

Les images, télégéniques, de cette première journée de manifestations, bombardées en continu, nous attirent des renforts de dernière minute : intellectuels, rockers, dockers, Indiens et même businessmen en rupture de ban.

Le deuxième jour, la tension monte au Centre de convention. Tandis qu'à travers Seattle des dizaines de forums sur l'agriculture, les services ou encore les brevets sur le vivant font salle comble, du côté des négociations, « ça coince ».

La Quad tente d'imposer sa méthode habituelle : des réunions informelles de « green rooms » où, en plus des pays dominants, quelques représentants de pays du tiers monde, triés sur le volet, servent de caution à des exercices fondamentalement antidémocratiques. Mais, cette fois, l'écrasante majorité des pays du Sud s'insurge. Leurs négociateurs refusent systématiquement les textes émanant des réunions de « chambre verte » qui leur sont proposés. Ils argumentent point par point, et sur le fond, et sur la méthode. L'ampleur des manifestations de rue leur est d'un puissant secours. Certains auraient déclaré : « Si vous, ici, avez presque une insurrection dans la rue, si nous signons, chez nous ce sera la révolution. » Ou encore : « Vous voulez nous imposer des règles que même vos opinions publiques rejettent. »

Plus le temps passe, plus les communiqués des pays du Sud dénoncent l'OMC, ses méthodes, la teneur des négociations et les pressions insupportables. La situation commence à devenir périlleuse pour l'avenir même de l'organisation. Au soir du troisième jour, la nouvelle éclate comme la foudre à travers Seattle : il n'y aura pas de déclaration finale. L'OMC plie bagage le soir même, le lancement du round du millénaire a échoué.

Dès que j'apprends la nouvelle, je cours et même vole au Centre de convention. Sur les immenses escalators qui mènent au troisième étage, je croise des délégués africains. Le visage ferme, le regard droit, ils ont un port empreint d'une grande dignité. Je n'ose pas même les féliciter de peur de rompre ce moment solennel de fierté enfin retrouvée. Fierté d'avoir dit non, d'avoir su résister. À la porte de l'immense salle de conférence, plus grande que le temple de Salomon, Lori Wallach est là, accrochée à un téléphone dans lequel elle hurle de joie. Quand elle me voit, elle me saute au cou : « Tu sais quel jour on est aujourd'hui ? Le 3 décembre, c'est exactement le jour anniversaire de la victoire sur l'AMI ! » Dans la grande salle, les ambassadeurs sont encore à la tribune. Au milieu d'eux, la négociatrice américaine en chef Charlene Barshevsky. C'en est trop pour elle. Elle craque et pleure de rage.

Quant à nous, inutile de dire que nous débordons de bonheur. Nous savons que cette date va tout changer : le pire a été évité, le meilleur devient possible. Je m'approche de Martin Khor qui sourit discrètement, assis dans un fauteuil. « Alors, Martin, tu vas enfin la prendre, ton année sabbatique ? » Sourire espiègle aux lèvres, les yeux remplis de joie, du tac au tac il rétorque : « Nous avons gagné le No New Round, maintenant il faut réussir le Turnaround ! »

Les livres d'histoire du futur parleront certainement de la bataille de Seattle. Entre le 30 novembre et le 3 décembre 1999, dans l'ébullition sans précédent qui entourait la troisième ministérielle, l'organisation la plus puissante du monde a dû reculer sous la pression populaire. Plus d'un millier d'organisations et de syndicats s'y étaient donné rendez-vous[7]. Ce réseau international d'un type nouveau, qui faisait campagne depuis plus d'un an pour s'opposer à l'extension des pouvoirs de l'OMC, exigeait un moratoire sur toute nouvelle négociation commerciale internationale. Victoire inespérée un an jour pour jour après celle contre l'Accord sur l'investissement à l'OCDE. Expérience partagée inoubliable, émouvante pour ceux qui en sont à l'origine.

Mais la joie n'entame pas notre lucidité. L'OMC reste en place. Sans mandat renouvelé, discréditée auprès d'une partie de l'opinion publique, elle n'en conserve pas moins un pouvoir considérable. Pis, quelques semaines après l'échec cuisant de Seattle, elle s'apprête à poursuivre son programme de déréglementation. Car, à l'OMC, les dérégulations sont programmées d'avance. Dans le jargon inimitable de l'organisation, cela s'appelle l'« agenda incorporé ». Au calendrier, à Genève, ce sont les services, tous les services, y compris les services publics, qui sont la prochaine cible des tractations commerciales.

Ce programme va se jouer à travers la révision d'un des accords de l'OMC les plus redoutables et les plus difficiles à comprendre, qui plus est sans précédent juridique : l'Accord général sur le commerce des services, ou AGCS. Le travail ne sera probablement pas facile, et l'enjeu est de taille.

NOTES

1. Le nom « Seattle » est un nom indien.
2. Lire à ce sujet *Nous sommes peut-être frères : paroles du chef Seattle et de ses fils spirituels*, Bats (Landes), Utovie, 1998.
3. Parmi lesquels le Mozambique, le Kenya, l'Ouganda, la Tanzanie et le Zimbabwe.
4. De même, pour contourner les résistances à l'accord TRIPs, un délai de cinq ans fut octroyé aux pays du tiers monde pour la mise en conformité de leurs législations.
5. « Monsieur marchés financiers » de France Inter.
6. Le DAN est un réseau continental américain qui fédère des groupes locaux autonomes œuvrant par l'action directe non violente contre toute forme d'oppression.
7. L'appel international « No New Round, Turnaround » avait été signé par 1 500 organisations de plus de 60 pays.

Chapitre 11

États-Unis, Union européenne, même combat

Les épisodes de la « guerre commerciale » Europe-États-Unis ne doivent pas occulter l'essentiel : la Commission européenne travaille en parfaite synergie avec ses homologues d'outre-Atlantique pour établir la suprématie du droit des affaires sur le droit des peuples. Les plate-formes de négociations portent des noms aussi cocasses qu'ésotériques : ainsi, le New Transatlantic Market, ou NTM, a été remplacé par le Partenariat économique transatlantique, ou PET !...

Maastricht au diapason du GATT

« Il faut signer le traité de Maastricht pour mieux résister aux Américains dans le cadre des accords du GATT. » Dans la presse et sur les ondes, sur un ton sentencieux et professoral, pendant les mois qui précèdent le référendum sur le traité de Maastricht, l'argument est asséné comme vérité d'Évangile. Faire l'Europe pour mieux défendre nos intérêts ? Ainsi formulé, cela peut paraître une évidence. Mais l'Europe en gestation à travers le nouveau traité de l'Union coïncide-t-elle avec l'intérêt de la majorité des Européens ? Le traité fait-il honneur à sa richesse culturelle et à sa diversité ? L'Europe est une mosaïque de cultures et d'écosystèmes. La diversité de ses héritages culturels, l'extraordinaire variété de ses paysages et de son patrimoine architectural lui donnent sa dimension unique.

En cette dernière décennie du XXe siècle, les jeunes se sentent pour la plupart davantage européens que français, anglais ou allemands. Pourtant, pour promouvoir le nouveau traité qui viendra remplacer le traité de Rome, on fustige les égoïsmes nationaux, mesquins, voire xénophobes. Le message implicite est que la nouvelle Europe sera plus tolérante, plus fraternelle, bref qu'il fera meilleur y vivre.

Les chaînons manquants

Mais, dans la réalité du traité, la solidarité et le respect des diversités sont les grands perdants. C'est l'Europe des grandes entreprises et du « tout-commerce » qui va y trouver son compte. Pour qui a lu les textes, la similitude entre le traité de Maastricht et les accords qui se négocient au sein du huitième round du GATT est troublante : primauté à l'harmonisation, discipline monétaire au mépris de toute autre considération, transfert de souveraineté vers des instances non élues : Commission, technocrates ou représentants à Genève.

L'ensemble des mesures d'« harmonisation commerciale », qu'elles soient promues par l'Acte unique, renforcées par Maastricht ou par le GATT, vise à éliminer tout ce qui constitue des « entraves au commerce ». Faire sauter progressivement les obstacles non tarifaires qui compliquent les transactions pour les grandes entreprises est le souci constant de ces deux versions d'accord de libre-échange, l'une régionale, l'autre mondiale.

Si le traité de Maastricht comporte bien des chapitres sur l'Europe sociale et environnementale, leurs dispositifs ne sont guère contraignants. Le principe de subsidiarité[1] s'applique, en particulier au domaine social. C'est sur lui que se fonde la Grande-Bretagne pour étayer son refus d'un salaire minimum. Le Smig européen, vaguement discuté un temps, passe vite à la trappe, et le Premier ministre britannique John Major se permet de déclarer : « Gardez donc le social, nous gardons les emplois. »

Maastricht, véritable traité de la démission du politique, inscrit le recul du pouvoir législatif de chacun des pays membres de l'Union sans que le Parlement européen voie pour autant ses compétences accrues. Une partie importante des prérogatives des législateurs se volatilisent donc pour ainsi dire. L'opération laisse les mains libres à la Commission européenne pour les décisions concernant les politiques commerciales, la politique énergétique, les transports... La direction générale du Commerce extérieur, la DG1, longtemps conduite par le très libéral Britannique Leon Brittan, se voit octroyer des compétences écrasantes face aux DG des Affaires sociales, de l'Environnement ou encore de la Culture.

Faire l'Europe pour mieux résister aux Américains dans les négociations du GATT ? Mais, au contraire, l'objectif était que Maastricht soit ratifié afin que le commissaire au Commerce extérieur ait un mandat supranational pour négocier les accords du GATT jusqu'à leur signature ! L'article 113 du traité a été taillé sur mesure pour lui donner la latitude de mener ces négociations commerciales par-dessus les populations et en contournant certains gouvernements de l'Union[2].

L'Europe reste cependant assise sur un socle solide de luttes historiques et d'acquis sociaux. Les partisans de Maastricht savent à quel point il sera difficile de les faire reculer. L'attaque, pourtant systémique, est donc indirecte. L'Europe sociale est proclamée haut et fort, mais ses conditions d'exercice se révèlent funambulesques. Car le traité de Maastricht engage l'Europe à suivre une politique économique monétariste. Par la proclamation de l'indépendance de la Banque centrale, chaque pays perd son autonomie monétaire. Les gouvernements nationaux sont tenus d'équilibrer leurs budgets : le déficit budgétaire doit être inférieur à 3 % du PNB. Chaque État se trouve ainsi dans une difficulté croissante pour financer des programmes sociaux. Les pays qui dépassent cette limite entrent dans la zone rouge et sont soumis à des sanctions sévères. C'est ce que nos homologues italiens qualifient de « politiques sado-monétaristes ».

Dans le contexte de compétition exacerbée créé par Maastricht, les gouvernements se voient acculés à consacrer la quasi-totalité de l'investissement à l'accroissement de la productivité. Cela permet aux industries comptant déjà parmi les plus performantes d'empocher des enveloppes budgétaires, autrement dit d'être subventionnées par les contribuables pour mieux réaliser leurs profits privés. C'est l'État-providence pour les firmes transnationales. Le comble, c'est que ce choix politique a été fait dans une Europe à majorité sociale-démocrate !

Qu'elle est exaltante et bénéfique pour les peuples, la promotion du grand commerce ! Prenons le programme autoroutier arrêté par Bruxelles : 12 000 kilomètres supplémentaires d'autoroutes pour un doublement du trafic de poids lourds prévu entre 1992 et 2000. Les 12 milliards d'écus communautaires alloués pour ce bétonnage représentent incontestablement un atout majeur pour les industries en voie de concentration. C'est exactement ce que demandait la Table ronde européenne des industriels (en anglais European Round Table, ou ERT[3]) dans son rapport sur les transports intitulé *Les Chaînons manquants*[4]. Un beau cadeau aux industriels : la gestion des stocks à flux tendus, permettant la livraison juste à temps de pièces détachées manufacturées dans des filiales implantées dans les régions du Sud, et bientôt de l'Est, à main-d'œuvre bon marché. Une Europe sillonnée de poids lourds permettra de transporter les tomates belges en Provence, ou encore de faire éplucher les pommes de terre allemandes en Italie pour les redistribuer sous forme de chips en Belgique.

À la veille du référendum sur le traité de Maastricht, le contrôle idéologique, en France comme ailleurs, est à son paroxysme. Les mouvements écologistes, les défenseurs des droits sociaux, la gauche radicale, qui font campagne contre Maastricht, sont face à un mur. Ils ont lu le traité et en ont compris les implications. C'est alors que les journaux, en particulier ceux qui présentent un fort actionnariat privé, sortent la grosse artillerie. En France, le Front national, ultralibéral et xénophobe, fait campagne pour le « non à Maastricht ». Les titres de la presse sèment la confusion : être « contre l'Europe », c'est être rétrograde et potentiellement fascisant. Le « non » de gauche est occulté par les grands médias. Quant aux analyses du phénomène, elles atteignent parfois des niveaux intellectuels abyssaux. Un prétendu « grand » sociologue français donne son verdict : la France est partagée en deux, les ruraux et les personnes à faible niveau d'étude sont contre Maastricht, les populations urbaines et éduquées pour. Choisissez votre camp !

L'Europe, sa culture, ses acquis sociaux, son patrimoine, tant vantés pendant la campagne pour le « oui à Maastricht », sont les grands sacrifiés de la nouvelle architecture. Loin de faire contrepoids au modèle américain, le traité l'adopte. Comme par mimétisme, pour contrer l'Amérique, il la singe et suit sa règle d'or : le marché comme valeur suprême et pensée unificatrice. Le reste n'est qu'habillage idéologique, dans une improbable mixture sociale-libérale, la décoration de l'emballage sémantique étant proportionnelle à la vacuité du contenu.

Les lobbies votent OUI

Les lobbies d'affaires des deux côtés de l'Atlantique sont parfaitement d'accord sur le sujet : les accords commerciaux sont trop compliqués pour que l'on consulte les électeurs. Le secrétaire général de l'Union des confédérations de l'industrie et des employeurs d'Europe (UNICE), Zygmunt Tyszkiewicz, se plaint d'ailleurs de la lenteur avec laquelle les prérogatives nationales cèdent. « Depuis le début des années 1970, les industriels européens réclament à cor et à cri un marché sans frontières. Il n'a été codifié qu'en 1987, par l'Acte unique. » Et c'est encore insuffisant : « Il demeure des domaines clefs où les progrès ont été bloqués [...]. C'est très frustrant pour les hommes d'affaires »[5]. Quand Maastricht est finalement signé, les milieux d'affaires se congratulent. Enfin, les « grandes » directives européennes n'auront plus besoin d'être décidées à l'unanimité du Conseil des ministres[6] : le vote à la majorité qualifiée, soit 50 % des voix plus une, suffira. C'est un immense avantage : même à supposer que trois gouvernements de l'Union s'opposent à la signature d'accords de commerce, l'Europe pourra y entraîner tous ses États membres. Voilà qui ressemble à un « fast-track » européen, une méthode de ratification express comme celle que les différents présidents américains s'efforcent d'extorquer au Congrès.

Le discours, toujours le discours, autrement dit la langue de bois. Mais, dans les faits, les grandes entreprises européennes déjà mondialisées prescrivent et les grandes lignes, et le détail de la mise en œuvre de la nouvelle architecture européenne. La Table ronde européenne des industriels (ERT), un club discret qui rassemble quarante-sept PDG des plus grandes firmes européennes, a établi des rapports privilégiés avec la Commission. Depuis la présidence de Jacques Delors[7], les meetings sont réguliers. Les membres de l'ERT sont les principaux conseillers en matière de politique de concurrence, de transports, de télécommunications. Les relations entre la Commission et cette Table ronde sont quasi institutionnalisées.

L'ERT produit rapport sur rapport sur les transports, l'éducation, la fiscalité. Ses desiderata sont repris dans le traité, où ils sont transposés en termes juridiques. À l'exception de la date d'entrée en vigueur de la monnaie unique, toutes les demandes des grands lobbies sont adoptées dans le traité de Maastricht. Ce n'est pas là ce que disent ceux qui les dénoncent, ce sont leurs propres déclarations[8].

L'Europe, société anonyme

L'ERT et l'UNICE ne sont pas les seuls lobbies à entourer la Commission d'une sollicitude toute désintéressée. Celle-ci est également sous la haute surveillance d'un lobby américain : le Comité européen de la Chambre américaine du commerce. Établi à Bruxelles depuis les années 1970, il devient de moins en moins discret au fil des ans. Il emploie aujourd'hui plus de 650 personnes et ses 12 sous-comités scrutent l'évolution de la législation européenne, la suivent ou l'anticipent, de concert avec leurs « alliés naturels » L'ERT et l'UNICE. John Russel, directeur européen de la Chambre de commerce américaine, se félicite de l'excellent partage du travail entre ces trois organisations pour influencer la Commission. Dans leur remarquable ouvrage *L'Europe S.A.*[9], les chercheurs du Corporate Europe Observatory (CEO) ont mis en évidence la méthode qui consiste à « faire chorale », autrement dit à émettre le même message par des canaux différents. Cette chorale s'avère beaucoup plus efficace, estiment les trois partenaires, que les communiqués ou documents communs d'analyse auxquels ils ont aussi recours[10].

Renforcer les pouvoirs de la Commission pour tout ce qui touche la politique commerciale est l'obsession des lobbies d'affaires de Bruxelles. Après la signature du traité de Maastricht, excellent départ pour l'accélération de la déréglementation à leur profit, ils s'impatientent néanmoins face à la lenteur des procédures de signature et de mise en œuvre des accords de libre-échange. Pour « défendre les intérêts de l'Europe », rester compétitifs sur la scène mondiale, l'UNICE et l'ERT clament qu'il faut une Europe beaucoup plus offensive en matière de commerce international. Foin de la lenteur et de la timidité : ce sont ces deux lobbies qui proposent de compléter l'article 113 du traité de Maastricht par l'article 133[11]. À travers cette réforme institutionnelle de l'ombre, il est évident que le nouveau périmètre de décisions devient le triangle Bruxelles-Genève-Washington. Le Conseil des ministres est en théorie l'exécutif européen ; dans la pratique, des satellites occultes qui gravitent autour de l'OMC, de la Commission et du Département américain du commerce – les lobbies d'affaires – sont reconnus comme instances d'élaboration des politiques futures.

Du NTM au PET

« Avec le GATT, c'est le pouvoir que l'on délocalise », s'exclamait dès 1992 Paul Lannoye, président des Verts au Parlement européen.

L'entrée en vigueur de l'OMC comme traité supranational surpassant tous les traités de l'Union ouvre une voie express. Le commissaire européen au Commerce extérieur, Leon Brittan, représente les Quinze à la table de négociation. Sir Leon – trop libéral, même pour Margaret Thatcher – ne recule devant rien. Le 18 mars 1998, alors que les négociations sur l'AMI semblent compromises, sans mandat du Conseil des ministres, il propose un accord de libre-échange entre les États-Unis et l'Union européenne. Sous le nom de New Transatlantic Market – dont le sigle cocasse est NTM[12] –, cette initiative suscite des remous. Le 3 mai, elle est dénoncée par le Président Chirac et le Premier ministre Jospin. Selon la presse américaine, la prise de position du président français est exclusivement destinée à l'opinion hexagonale. Trois semaines plus tard, réunis pour le sommet de Londres du 18 mai 1998, MM. Clinton, Blair, Brittan et Santer[13] signent un nouveau texte : le Partenariat économique transatlantique, ou PET. Encore un sigle dans le vent.

Il s'agit d'une série d'accords et d'arrangements visant à instaurer une zone de libre-échange totale entre les États-Unis et l'Union européenne. Toutes les barrières dites techniques doivent disparaître pour les produits manufacturés, les services, les denrées agricoles, OGM compris, le commerce électronique, les droits de propriété intellectuelle, les marchés publics et les investissements. Une batterie de nouveaux concepts abscons est inventée pour parer aux éventuelles réticences politiques : normes de reconnaissance mutuelle, équivalences fonctionnelles, statu quo bilatéral et codes de bonne conduite, bien entendu facultatifs pour les entreprises. Le PET a une double visée :

– parvenir à des accords simplifiés de mise sur le marché des nouveaux produits, notamment issus des biotechnologies. Pour ce faire, les technocrates des deux côtés de l'Atlantique consulteront directement les milieux d'affaires. Les décisions n'auront pas à être ratifiées par les parlements ;

– permettre aux États-Unis et à l'Europe de coopérer pour préparer les travaux à l'OMC, notamment le lancement du « round du millénaire ».

Le Partenariat économique transatlantique comporte aussi un volet politique, dont la lecture ne laisse pas d'inquiéter. Les partenaires s'engagent à « renforcer [leur] coopération pour lutter contre tous ceux qui seraient hostiles à [leurs] projets [...] et à mettre en œuvre tous les moyens pour préempter, empêcher et réagir à de telles attitudes en fonction des besoins[14] ». L'alinéa c) de l'article 1 précise encore le propos : « Nous nous servirons de tous les moyens diplomatiques et politiques pour faire aboutir nos objectifs. »

Business dialogue

Pour accompagner ce partenariat économique au sommet, un Dialogue d'affaires transatlantique (en anglais Trans-Atlantic Business Dialog, ou TABD) est officiellement mis en place. La TABD[15] réunit une centaine de grandes firmes de part et d'autre de l'Atlantique, dont Boeing, Federal Express,

Procter & Gamble, Time Warner, Westinghouse, Monsanto, Suez, Unilever, Danone, Bayer, Bertelsmann, ICI, Philips, Olivetti, Pirelli... Cette institution d'un nouveau genre a été créée en 1995 à l'initiative du gouvernement américain et des commissaires européens Brittan et Bangemann. Depuis sa conférence inaugurale, à Séville, en 1995, des conférences annuelles se sont tenues à Chicago, Rome, Charlotte (Caroline du Nord) et Cincinnati. Ce réseau informel établit la liste des priorités du milieu des affaires à l'intention du gouvernement américain et de la Commission européenne. Ses différents groupes de travail se penchent sur les secteurs où une évolution des législations est requise en priorité : biotechnologies, investissements, culture et audiovisuel...

Plus troublant encore, depuis la première rencontre euro-américaine de 1995, la TABD tient sommet parallèlement aux sommets « politiques » entre les deux grands. À Göteborg, en Suède, lors du sommet euro-américain de juin 2001, le président de la Commission européenne Romano Prodi et le président Bush se sont longuement entretenus avec James J. Shiro, PDG de PriceWaterHouse Coopers, pour les États-Unis et Michael Treschow, PDG d'Electrolux, pour l'Europe. Selon les chercheurs du Corporate Europe Observatory : « Un nombre impressionnant des recommandations de la TABD, jusqu'à 80 % d'après les hauts fonctionnaires américains, sont reprises par les gouvernements européens et états-uniens et transformées en mesures politiques officielles. »

Au printemps 1999, la TABD doit se réunir à Cincinnati. La Coalition américaine contre l'OMC estime qu'il est de son devoir de braquer les projecteurs sur cette enceinte de décision occulte dont l'influence est capitale pour l'avenir des négociations commerciales. Quelque trois cents personnes entourent l'hôtel luxueux qui abrite cette réunion sélecte de près de cent cinquante PDG d'Europe et des États-Unis. La conférence de presse des contestataires, qui se déroule sur le trottoir, en face de l'entrée de l'hôtel, parvient à percer le mur des médias : une publicité dont se seraient bien passées les stars de la Transatlantique.

NOTES

1. Article 3b du traité de Maastricht, signé en février 1992.

2. L'article 113 donne à la Commission la prérogative de négocier des accords de commerce. Elle consultera le Conseil des ministres qui tranchera à la majorité qualifiée.

3. L'ERT regroupe les quarante-sept plus grandes multinationales européennes. Son site web est : www.ert.be

4. ERT, *Missing Links*, 1984.

5. Cité par Brooks Tigner, « Towards the supra state », *Corporate Location Europe*, février 1991.

6. Mais l'unanimité est requise pour les directives en matière environnementale et sociale.

7. Jacques Delors a présidé la Commission européenne de janvier 1985 à janvier 1995.

8. Brooks Tigner, « Towards the supra state », art. cit.

9. Corporate Europe Observatory, *L'Europe S.A.*, Marseille, Agone, 2000. Le Corporate Europe Observatory (CEO) est un groupe de chercheurs hollandais très en pointe sur les liens entre les lobbies et la Commission européenne.

10. Voir l'interview de Zygmunt Tyszkiewicz par O. Hoedeman, Bruxelles, 18 mars 1997, disponible sur le site du Corporate Europe Observatory (www.xs4all.nl/~ceol).

11. Lire, au sujet du « Comité 133 », l'article de Raoul-Marc Jennar, « La Commission européenne, une bastille à prendre », *L'Écologiste*, nº 2, décembre 2000.

12. En bon français : Nique ta mère.

13. Jacques Santer était alors président de la Commission européenne.

14. Déclaration du Partenariat économique transatlantique sur la coopération politique, sommet euro-américain, Londres, 18 mai 1998.

15. La TABD se décrit elle-même comme « un processus informel grâce auquel les firmes américaines et européennes et les associations patronales établissent des recommandations de politique commerciale avec la Commission européenne et l'administration américaine ».

Chapitre 12

Sur la piste de l'AGCS

Malgré le camouflet de Seattle, l'OMC poursuit les négociations à travers « l'agenda incorporé ». L'Accord général sur le commerce des services (AGCS), signé avec les accords de Marrakech, a été conçu pour avoir des effets à retardement. Sa genèse remonte à 1979. Petite histoire du hold-up des services.

> « Sans l'énorme pression exercée par le secteur financier américain, particulièrement des compagnies telles que American Express et Citicorp, il n'y aurait pas eu d'AGCS, et peut-être pas d'Uruguay Round ni d'OMC. »
>
> David Hartridge, directeur de la division du Commerce des services à l'OMC

Un matin de 1979, James D. Robinson III, patron d'American Express, convoque dans son bureau Harry Freeman, chargé de la planification stratégique et des acquisitions. Entre les deux hommes s'engage alors cette étrange conversation.

« Harry, combien de temps vous faut-il pour lancer un nouveau round de négociation au GATT ?

– Je ne sais pas, je ne l'ai jamais fait. Dix ans peut-être…

– OK. Faites-le, le plus vite possible, c'est très important.

– J'ai besoin d'argent.

– Ne vous occupez pas de l'argent. Vous avez un budget illimité. Faites-le, c'est très important[1]. »

Pour Robinson, il ne s'agit pas d'une toquade. Il veut faire d'AmEx un empire mais rencontre certaines difficultés pour s'implanter dans une trentaine de pays. À cette époque, les systèmes bancaires sont largement réglementés et soumis à des législations strictes. Nous sommes en 1979, à la fin du Tokyo Round, et Robinson tire les leçons de l'échec de Hank Greenberg. Le PDG d'AIG, la plus grande firme d'assurances américaine, se heurte aux mêmes « barrières » qu'AmEx. Pour Greenberg, la solution se trouve au GATT, mais celui-ci ne s'occupe que de commerce de marchandises. Il faut donc changer la donne. Se faisant le porte-voix d'AIG, l'administration Carter tente de faire inscrire la question des services à l'ordre du jour des négociations. En vain. Dès lors, Robinson et Greenberg, bientôt rejoints par John Reed, le PDG de Citicorp, décident de prendre les choses en main. Leur cause doit devenir la cause des pouvoirs politiques. Et si la Maison-Blanche est acquise aux thèses du libéralisme, le Congrès, en revanche, est réputé protectionniste[2].

Médias sous influence

Protectionniste, mais largement influençable. Pour convaincre les *congressmen*, il faut des outils. Hank, James et John embauchent de nombreux « experts » et économistes. Ceux-ci sont chargés de produire des études et des statistiques pour transformer les mentalités, mais aussi de construire un vocabulaire spécifique. Désormais, il n'est question que de « services financiers », d'« industries de services », et bien sûr de « commerce de services ». Leur première tâche consiste à trouver des alliés dans d'autres firmes et d'autres secteurs. Cela n'est pas très facile car beaucoup d'entreprises américaines s'inquiètent de voir venir sur leur marché des concurrents étrangers.

Malgré tout, les financiers fondent en 1982 la Coalition des industries de services (en anglais Coalition of Service Industries, ou CSI). Le travail d'influence peut alors commencer. Campagne médiatique et campagne auprès des politiques sont menées de front. Les « experts » sont chargés de diffuser dans la presse de très nombreux articles porteurs d'un message simple :

– les services sont importants pour l'économie ;

– les entreprises de services fournissent beaucoup d'emplois qualifiés ;

– les services renforcent l'économie en facilitant l'amélioration technologique et la productivité ;

– les services sont des biens commerciaux et, comme tels, doivent être couverts par les règles internationales.

Point d'orgue de cette campagne : en 1984, *Fortune Magazine* publie la liste des 500 plus grandes « industries de services », faisant écho à celle des 500 plus grandes industries de produits manufacturés.

Depuis le milieu des années 1970, la révolution de l'information et la rapide croissance de certains secteurs de services ont permis de faire émerger le concept de « société postindustrielle ». Les nombreux rapports de la CSI, mais aussi ceux de la Chambre de commerce internationale (CCI) et de l'OCDE, sont abondamment diffusés auprès des politiques. Un seul mot d'ordre : les services sont une industrie, qui plus est une industrie d'exportation, et de leur avenir dépend l'avenir du monde !

La Maison-Blanche établit une agence spéciale sur les services et les négociations commerciales multilatérales, l'InterAgency Task Force on Services and Multilateral Trade Negociations, tandis que le département d'État au Commerce et l'USTR (Secrétariat américain au commerce) établissent chacun un office sur les industries de services. Dans toutes ces agences, les hommes d'affaires sont présents en force qui prodiguent moult conseils et expriment nombre de desiderata.

Conférences, colloques, symposiums s'enchaînent, mêlant politiques, « experts », industriels, plus quelques journalistes triés sur le volet. Les discours sont toujours les mêmes : croissance, richesse, puissance sont garanties... à condition toutefois que l'on se débarrasse de certaines législations qualifiées d'« inefficaces », « contre-productives » et « protectionnistes ».

Aide-toi, le GATT t'aidera

Ce matraquage idéologique porte ses fruits. En 1982, lors de la conférence ministérielle du GATT, l'ambassadeur américain William Brock déclare que, pour les États-Unis, les négociations sur les services sont une priorité. La conférence est censée accoucher d'un programme de travail extrêmement chargé. Réductions tarifaires, bien sûr, mais aussi révision de l'Accord multifibre, discussions sur l'agriculture, les investissements et les services. Sentant venir les difficultés, le ministre canadien qui préside la conférence organise des « consultations informelles » dans les désormais célèbres « green rooms ». Quelques ministres du tiers monde mais aussi de pays occidentaux sont « invités », loin du centre de conférences, dans un luxueux hôtel genevois. Les pressions vont bon train pour convaincre les récalcitrants d'adopter le programme. Raté. La question des investissements et des services provoque un tollé chez les ministres des pays en voie de développement. La controverse est telle que les Américains sont obligés de reculer. *In fine*, investissements et services sont inscrits dans la déclaration ministérielle comme « sujet à débattre de manière informelle et sur une base volontaire ».

Contrairement aux apparences, pour la CSI, il s'agit d'une victoire, car tout sujet à débattre devient invariablement objet de négociations. Ce n'est plus qu'une question de temps et de forcing.

En 1983, à Genève, un groupe de négociateurs commence une série de réunions informelles sous la présidence de Luis Fernando Jaramillo, ambassadeur colombien au GATT. Une fois encore, de nombreux documents circulent, tous produits par les « experts » en commerce et les industriels de services. Leurs conclusions sont évidemment identiques : le « commerce de services » nécessite de nouvelles « règles » qui ne peuvent être obtenues que par de nouvelles négociations.

En parallèle, les États-Unis poursuivent leurs consultations bilatérales, notamment auprès de leurs partenaires commerciaux. Le Japon est le premier pays à rejoindre la cause américaine. Il est rapidement suivi par la Grande-Bretagne, le Canada, la France et la Suisse.

« La mafia des services »

Bien qu'à son apogée, le libéralisme triomphant des années Reagan-Thatcher n'a pas encore totalement contaminé les capitales européennes. Toutefois, en ce qui concerne le GATT, c'est la Commission européenne qui est chargée de négocier au nom des pays membres de l'Union. C'est donc sur celle-ci que l'attention des lobbies se focalise. Si bien que Willy de Clercq, commissaire aux Affaires extérieures, finit par déclarer dans de nombreux discours que l'Union européenne est « le plus grand exportateur mondial de services ». Les ministres européens du Commerce ne tardent pas à faire chorus et, en mars 1985, déclarent solennellement vouloir négocier sur cette question.

De leur côté, les pays en voie de développement sont moins enclins à la béatitude. Conscients de l'imposture intellectuelle orchestrée par les experts et économistes employés par les multinationales, ils se tournent vers la Conférence des Nations unies pour le commerce et le développement, la Cnuced. En 1983, son secrétariat est chargé d'étudier le rôle des services dans le processus de développement. En 1985, le couperet tombe : selon le rapport rendu, « la libéralisation des services profitera essentiellement aux multinationales qui dominent le marché mondial[3] ». Piteuse, « la mafia du commerce des services[4] », ainsi que se baptisent eux-mêmes certains de ses membres, convoque ses experts.

Désormais, discours et analyses doivent servir à établir que la libéralisation des services via le GATT bénéficiera surtout aux pays du tiers monde. Instituts de recherche, cabinets de consultants, lobbies se multiplient. De même, les institutions internationales telles que Banque mondiale, FMI, OCDE… s'emparent de la question, au point que la « nécessité » d'un nouveau round finit par s'imposer.

Durant la session d'automne 1985, les « parties contractantes » au GATT établissent un comité préparatoire pour un nouveau round. Dans le même temps, l'Inde et le Brésil font clairement connaître leur opposition à toute négociation sur les services. Le lancement d'un nouveau round nécessite l'unanimité des pays mais Arthur Dunkel, directeur général du GATT, n'en a cure et invite le « groupe Jaramillo » à poursuivre ses travaux. Pour amadouer les contestataires, promesse leur est faite qu'un traitement spécial leur sera réservé qui tiendra compte de leurs problèmes spécifiques.

Déstabilisation programmée

Toutefois, sous la houlette de l'Inde et du Brésil, le groupe des 77 maintient un refus catégorique. Commence alors un lent processus de déstabilisation.

Car si le GATT se présente lui-même comme une assemblée consensuelle censée mettre en œuvre le doux commerce cher à Montesquieu, c'est en réalité une foire d'empoigne où tous les coups sont permis, surtout les plus bas.

Diviser pour mieux régner : cette vieille tactique fait encore une fois ses preuves. Américains et Européens s'emploient à casser le consensus du G77 en isolant les pays radicaux – le « G10 » –, qui comprennent le Brésil, l'Inde, l'Argentine, Cuba, l'Égypte, le Nicaragua, le Nigeria, le Pérou, la Tanzanie et la Yougoslavie. Les pays jugés influençables subissent une pression sans relâche, au point que certains finissent par douter de leur position[5].

De plus, l'intransigeance des États-Unis est telle que les Européens font figure de modérés et réussissent à rallier l'Inde et le Brésil à leur plate-forme de travail. Mais, surtout, les pays occidentaux cèdent sur la question des investissements et s'engagent à ouvrir leurs marchés aux produits des pays en voie de développement. Dès lors, l'affaire est dans le sac. Le 15 septembre 1986, à Punta del

Este, 1 500 délégués lancent en grande pompe un nouveau round de négociations baptisé « Uruguay Round ».

Robinson, Greenberg et Reed peuvent sabrer le champagne. Pour autant il n'est pas question de relâcher la pression, bien au contraire. La Coalition des industries de services et les négociateurs américains entrent alors dans une « relation symbiotique[6] ». Le gouvernement crée un comité spécial, l'Industry Sectoral Advisory Committee (ISAC) dans lequel il informe la CSI des progrès des négociations et sollicite ses conseils. Négociateurs et industriels organisent régulièrement des « sessions de stratégie ». De son côté, au GATT, le groupe de négociations sur les services entame un long et fastidieux travail.

Repli stratégique

Les difficultés apparaissent dès le début lorsque les négociateurs se rendent compte qu'il est politiquement impossible d'appliquer les principes du traitement national et de la nation la plus favorisée à 160 activités différentes. Certaines font l'objet de monopoles publics ou privés, que les Américains voudraient voir démantelés. Mais, là encore, le sujet est si sensible qu'ils doivent momentanément reculer.

Pour la CSI, la question de la « présence commerciale » est de la plus haute importance. C'est précisément pour pouvoir s'installer où bon leur semble et comme bon leur semble que les multinationales se sont faites les promoteurs de l'AGCS. Les pays du tiers monde ont parfaitement compris que dans ces conditions il leur serait impossible de développer leur propre secteur de services.

Pour contourner la difficulté, les experts trouvent une nouvelle tactique. Celle-ci pourrait s'appeller le « coup de l'avantage comparatif ». Traduction : les pays en développement ne sont pas et, du fait de l'AGCS, ne pourront pas devenir exportateurs de services, toutefois ils disposent d'un avantage comparatif... leur main-d'œuvre ! Celle-ci est abondante, très bon marché, et, qui plus est dans certains pays, bien formée. Le marchandage est simple : « Vous nous autorisez à nous installer chez vous et nous vous autorisons à exporter vos employés. » L'homme-marchandise, de plus exportable, comme aux heures les plus sombres du colonialisme ! Pour les besoins de l'AGCS, on appellera cela pudiquement « mouvement de personnel », ou encore « mode 4 de fourniture ».

Traduire en accord international les théories de la CSI et de ses acolytes se révèle un véritable casse-tête. American Express, sans doute pour les encourager, fait livrer à chaque membre du groupe de négociation une série de livres édités par American Entreprise Institute, vantant les bienfaits du libéralisme. Pourtant les débats s'enlisent, à tel point qu'à la conférence ministérielle de 1988 les technocrates ont peu de choses à présenter aux ministres. Dès lors, pas moins de quatre cents lobbyistes sont dépêchés auprès du gouvernement des États-Unis, du Congrès et des négociateurs. De plus, James D. Robinson III devient le conseiller spécial du président George Bush pour les politiques commerciales et les négociations.

La réunion ministérielle de décembre 1990, à Bruxelles, se déroule dans la plus grande confusion. Les « green rooms » provoquent la colère des pays du tiers monde, du côté de l'accord sur l'agriculture c'est la débâcle et la question de l'« exception culturelle » commence à empoisonner les débats. Au milieu de ce chaos, l'ambassadeur Jaramillo présente de sa propre autorité le texte de l'AGCS. Celui-ci n'est qu'un brouillon, qui comprend encore de nombreux points litigieux. Furieuse, la CSI fait savoir qu'elle rejette l'accord tel qu'il est rédigé. C'est le clash.

L'assaut final

1993 marque un grand tournant. Il faut à tout prix débloquer la situation et parvenir à conclure l'Uruguay Round. La Chambre de commerce internationale (CCI), très active depuis le début des négociations, accentue sa pression. De leur côté, les lobbies européens entrent en scène, bien qu'il n'existe pas encore de groupe de pression spécifique sur les services. Keith Richardson, secrétaire général de la Table ronde européenne des industriels (ERT), concentre ses efforts sur les gouvernements des pays membres de l'Union. Son message est clair : « Quelles que soient les difficultés, le plus important est d'obtenir un accord global. Cela apportera de nombreux bénéfices à toutes les firmes européennes. » L'Union des confédérations de l'industrie et des employeurs d'Europe (UNICE), quant à elle, travaille étroitement avec la Commission européenne, et plus particulièrement avec l'ultralibéral Leon Brittan[7]. Justement, celui-ci vient de changer de poste et se voit confier la direction des négociations au GATT. Totalement dévoué à la cause des industriels, c'est avec enthousiasme qu'il se lance dans la dernière ligne droite du round.

Un événement des plus marquants est sans doute l'arrivée, au mois de juillet 1993, de Peter Sutherland à la direction générale du GATT. Commissaire européen de 1984 à 1989, il fut président de l'Alliance des banques irlandaises, membre de la Fédération des banquiers européens et conseiller d'une des plus grandes banques d'affaires, Goldman Sachs International[8], jusqu'à sa prise de fonction au

GATT. Pour les lobbies, Sutherland est la bonne personne au bon moment. Il met toute son énergie dans la bataille.

Pour autant, la CSI n'est pas satisfaite des avancées dans les discussions sur les services, surtout en ce qui concerne les services financiers. Mais, pour l'heure, l'urgence est d'obtenir un accord cadre, quitte à le finaliser par la suite. En avril 1994, les ministres de 124 pays se rendent à Marrakech pour signer l'acte de naissance de l'Organisation mondiale du commerce (OMC) ainsi que 28 autres accords au milieu desquels figure en bonne place l'Accord général sur le commerce des services : l'AGCS.

NOTES

1. Harry Freeman, *Financial Services and the GATT's 2000 Round. Comments and Discussion, Brooking-Wharton Papers on Financial Services 2000*, Ed. Robert E. Litan & Anthony M. Santomero, The Brooking Institution, 2000.

2. James P. Zumwalt, Col. Lee Blank, Dr. Sandra O'Leary, *Pressure Politics and Free Trade : Influence of the Services Industry on the Uruguay Round*, National Defense University, National War College, décembre 1996.

3. *Trade and Development Report*, UNCTAD/TDR/4/Rev. 1, février 1985.

4. William J. Drake et Kalypso Nicolaidis, « Ideas, interests and institutionalization, trade in services and the Uruguay Round », *in* Peter Haas (éd.), « Knowledge power and international policy coordination », *International Organization*, n° 46 (numéro spécial), hiver 1992.

5. Voir *ibid.*

6. J.P. Zumwalt, Col. L. Blank, Dr. S. O'Leary, *op. cit.*

7. Son mandat à la Commission européenne achevé, Leon Brittan est devenu vice-président de la banque d'affaires Warburg Dillon Read et membre du conseil d'administration du groupe agroalimentaire Unilever.

8. La fortune de Peter Sutherland était estimée à plus de 100 millions de dollars dans l'article de Cyril Hardiman, « Flotation puts Sutherland into league of mega-rich », *Irish Independant*, 16 juin 1998.

Chapitre 13

AGCS, une bombe juridique à fragmentation

La portée de l'AGCS est telle que l'accord s'applique à tous les échelons de décision politique. Les gouvernements mais aussi les conseils régionaux, généraux et les communes sont tenus de se mettre en conformité avec l'accord. Les lobbies d'affaires n'ayant pas obtenu entière satisfaction lors de la signature de l'AGCS en 1994, de nouvelles négociations (ou révisions) sont programmées. La première d'entre elles démarre en février 2000 sous le nom de « AGCS 2000 ». Pour les lobbies d'affaires, « c'est maintenant que les choses sérieuses commencent ».

Un accord démocraticide

Que trouve-t-on dans l'Accord général sur le commerce des services si savamment concocté ? Quels outils recèle-t-il pour capturer tous les services présents et à venir ? L'organisation et l'administration des services essentiels à la vie sociale relèvent de la responsabilité, pour ne pas dire du devoir des États. L'administration du système de soins, les missions d'éducation nationale, l'aménagement du territoire, les services sociaux : autant de domaines fondamentaux pour les populations et l'organisation de la vie publique. Non seulement ils doivent être pris en charge par les États, mais ils constituent les socles de leur légitimité.

Le processus de privatisation-marchandisation de l'AGCS concerne potentiellement tous les services : des bibliothèques à l'école élémentaire, des services financiers aux musées, des services informatiques aux archives nationales, soit au total 160 sous-secteurs regroupés en 11 catégories.

Dans quel langage l'accord a-t-il été transcrit pour avoir réussi à tromper la majorité des parlementaires ? Symptôme révélateur, l'expression « services publics » n'apparaît pas une seule fois dans le texte. Cela ne signifie aucunement que les services publics sont en dehors du champ des règles de l'AGCS. En réalité, cette omission relève du déni d'existence pur et simple.

Les cinq piliers de l'AGCS

Comme l'explique Scott Sinclair, chercheur canadien, « l'AGCS est impressionnant par son ambition et sa complexité[1] ». Son architecture repose sur cinq piliers. Le premier s'intitule « Portée et définition ». La portée de l'accord est telle que les règles s'appliquent à tous les échelons de décision politique. Les gouvernements mais également les conseils régionaux, généraux et les communes sont tenus de se mettre en conformité avec l'accord. L'AGCS couvre tous les secteurs de services, sauf ceux « fournis dans l'exercice du pouvoir gouvernemental ». Pour éclairer cette définition ésotérique, l'alinéa 3c de l'article 1 donne une interprétation hélas guère plus lumineuse : l'expression s'entend de « tout service qui n'est fourni ni sur une base commerciale, ni en concurrence avec un ou plusieurs fournisseurs ». Cette définition laconique aurait-elle pour but de masquer l'un des objectifs inavouables de l'AGCS, à savoir l'ingérence de l'OMC dans l'administration des services publics ? Toujours est-il que l'interprétation de l'article 1 est laissée au pouvoir discrétionnaire de l'OMC et de son tribunal, l'ORD.

La deuxième partie de l'accord, intitulée « Obligations et disciplines générales », n'est pas plus rassurante. L'idéologie en vigueur à l'OMC rend potentiellement suspectes les mesures pour la protection de l'environnement, le droit du travail ou l'accès universel aux services. En effet, l'accord couvre la quasi-totalité des mesures d'ordre gouvernemental, c'est-à-dire non seulement les lois, décrets, règlements et directives, mais aussi les subventions, normes et qualifications, tests de nécessité économiques, etc. La mise au chômage technique des parlementaires semble d'ores et déjà programmée.

Le troisième pilier de l'AGCS a pour titre « Engagements spécifiques ». Ses disciplines s'appliquent aux services que chaque pays a « décidé » de libéraliser. Pour sa part, l'Union européenne s'est montrée très libérale puisque plus de 100 services figuraient dans sa liste d'engagements de 1994. En revanche, au moment du vote de ratification, l'information fournie aux parlementaires fut moins transparente : en France, la liste des services « engagés » ne leur fut pas transmises[2]. Elle comprenait pourtant l'éducation primaire, secondaire, universitaire et la formation professionnelle, mais aussi les services hospitaliers et les services sociaux. Certes, des restrictions étaient posées afin de limiter la portée de ces engagements, mais l'AGCS impose l'obligation de les éliminer à terme.

En effet, dans la quatrième partie, intitulée « Libéralisation progressive », l'article 19 inscrit catégoriquement l'obligation de renégocier périodiquement dans le sens d'une libéralisation accrue : « Les membres engageront des séries de négociations successives [...] en vue d'élever progressivement le niveau de libéralisation. » Les négociations viseront à « éliminer les effets défavorables de certaines mesures » pour « assurer un accès effectif au marché ».

Enfin, la partie « Dispositions institutionnelles » révèle la conception pour le moins singulière qu'a l'OMC de la démocratie. L'article 23.3 constitue une véritable épée de Damoclès. En effet cet article, encore appelé « plainte en cas de non-violation » (*sic*), autorise une firme de services dont les avantages escomptés se trouvent annulés ou diminués par une *réglementation pourtant conforme aux règles de l'AGCS* à porter plainte, via son gouvernement, pour obtenir réparation. En clair, il n'est plus besoin d'être coupable pour être condamnable.

Enfin, pour mettre en œuvre l'AGCS, l'OMC s'est dotée d'un Conseil du commerce des services, qui a le pouvoir d'établir « autant d'organes subsidiaires qu'il jugera approprié ». C'est dans ces organes ou groupes de travail que s'organisent les futures négociations. Les discussions qui se tiennent dans ces cénacles obscurs sont de la plus haute importance. Pourtant, la composition de ces derniers n'est jamais révélée. Pire, l'OMC s'est donné les moyens d'évincer les négociateurs récalcitrants : « Les représentants de tous les membres pourront faire partie des organes subsidiaires, *à moins que le Conseil n'en décide autrement* » (art 24.2, souligné par nous).

Pour mesurer pleinement la portée de l'AGCS, le détour par les documents des groupes de travail à Genève s'impose.

En direct des groupes de travail

Le Comité des engagements spécifiques créé en novembre 1995 est tout particulièrement chargé de la nomenclature des services. L'exercice est loin d'être innocent : nommer, c'est agencer, ordonner, commander. En redéfinissant un secteur on peut littéralement en changer le statut. Ainsi, par exemple, la santé est-elle qualifiée d'« industrie d'exportation » tandis que l'éducation est reléguée au rang d'« article destiné à la consommation publique et privée »[3]. Les lobbies de services se sont fortement mobilisés sur la question de la nomenclature : « Nous avons besoin de flexibilité dans les définitions, nous ne voulons pas être enfermés dans la classification existante [...]. La flexibilité doit permettre d'inclure certains services qui ne peuvent être capturés par les définitions actuelles[4]. » Ces consignes de la Coalition des industries de services (CSI) sont reprises par le Comité des engagements spécifiques, dont la composition reste secrète. Dûment munis de leurs *shopping lists* (« listes d'achat »)[5], les membres travaillent sans relâche. *Shopping lists* ! Sur le même mode, l'Union européenne propose une redéfinition des services d'environnement permettant notamment de livrer les ressources en eau de la planète aux firmes géantes du secteur. De leur côté, les États-Unis demandent la création d'une catégorie couvrant l'intégralité des services liés à l'énergie, « insuffisamment pris en compte lors des négociations de l'Uruguay Round ».

Cet exercice-révision de la nomenclature est essentiel pour préparer le fameux « *trade-off* ».

Le *trade-off*, ou échange d'offres ou de concessions réciproques, n'est pas très différent de ce qui se passe chez les marchands de tapis. Les pays sont « priés » de faire des offres de libéralisation dans un maximum de secteurs de services. Pascal Lamy n'a-t-il pas déclaré peu avant la conférence de Seattle qu'« aucun secteur ne doit *a priori* être exclu » du marchandage ? C'est là que les affaires sérieuses commencent. Phase cardinale, car c'est l'engagement d'un secteur qui permet aux firmes transnationales de s'implanter et d'opérer ensuite comme bon leur semble.

En effet, dès qu'un secteur est engagé, deux règles s'appliquent :

– le traitement national (art. 17) : les entreprises internationales se voient accorder le même traitement que les entreprises locales et les entreprises publiques ;

– l'accès au marché (art. 16) : les pays ne pourront plus prendre de mesures et devront éliminer des réglementations existantes qui limitent le nombre de fournisseurs, leur part de marché, leur participation au capital et le nombre de travailleurs « importés ».

Mais remplir une liste d'engagements n'est pas une sinécure. Le mode d'emploi délivré aux négociateurs en 1993 était si tendancieux que nombre de pays ont ouvert des secteurs alors même qu'ils croyaient les protéger ! En 1999, le Comité présente ses « lignes directrices » pour l'établissement des listes d'engagements spécifiques. Sorte de mode d'emploi du mode d'emploi, il est censé clarifier la règle, à moins qu'il n'y glisse de nouvelles chausse-trappes.

Le préjudice subi en cas d'erreur ne porterait pas à conséquence si les pays avaient la possibilité de faire machine arrière. Mais l'AGCS est un processus à sens unique. Les pays qui souhaitent réviser à la baisse leurs engagements le peuvent, mais cela leur coûtera cher puisqu'ils devront s'acquitter de compensations aux fournisseurs de services qui s'estimeraient lésés.

D'après la propagande de l'OMC, mais aussi de la Commission européenne, les pays sont totalement libres du degré de libéralisation qu'ils souhaitent accorder dans un secteur donné ; ils peuvent inscrire des limitations dans leurs listes d'engagements spécifiques. La réalité n'est pas si simple. Un exemple : le 26 juillet 2001, le Brésil dépose une nouvelle liste sur les services de télécommunications. Il précise toutefois que « l'exécutif conserve la prérogative que lui accorde la loi pour imposer des limites à la participation étrangère au capital des fournisseurs ». Les États-Unis, le Japon et l'Union européenne jugent cette limitation inacceptable. Le Brésil est prié de revoir sa copie. Pour les mêmes motifs, l'Égypte a vu sa liste d'engagements refusée.

Contraventions pour excès de subventions

Un autre groupe de travail, le Groupe de travail sur les règles de l'AGCS, a pour mission de préparer les négociations sur « les mesures de sauvegarde d'urgence, les marchés publics et les subventions[6] ». En 2000, David Hartridge, directeur de la division du Commerce des services à l'OMC, est catégorique : « L'AGCS tel qu'il existe ne contient pas de règles sur les subventions[7]. » Il devrait préciser : pas encore. En effet, ce sujet est au cœur des discussions du Groupe de travail sur les règles de l'AGCS, mis en place en juillet 1995 par M. Hartridge lui-même. Les membres du groupe préconisent une « approche prudente » dans un domaine qualifié de « complexe » et sujet à remous sociaux. C'est ainsi qu'il faut près d'un an à ce groupe de travail pour se mettre... au travail, et pour commencer à élaborer une liste de toutes les subventions accordées dans chaque secteur. À cet effet, un questionnaire technique est envoyé aux ministères des pays membres. On peut y lire : « Prière d'identifier tous les programmes de subvention en rapport avec le commerce des services. Prière d'indiquer pour chaque subvention l'objectif général qui la justifie. Prière d'indiquer la forme de chaque subvention[8]. » Faut-il s'en étonner, seuls deux pays, la Norvège et la Nouvelle-Zélande, s'exécutent.

Dépité, le groupe se tourne vers un fidèle allié : l'OCDE, qui se prononce ainsi : « Un certain nombre de gouvernements subventionnent d'une manière ou d'une autre certains secteurs de transport, ainsi que les services publics de distribution, les services liés aux loisirs [...], les chemins de fer publics [...]. Dans des secteurs comme l'éducation et la santé [...], les subventions dont ils bénéficient peuvent être préoccupantes d'un point de vue commercial[9]. » Éducation ? santé ? Lors de la réunion du 6 octobre 1998, le délégué de Hongkong ne s'embarrasse pas de précautions oratoires et pose la question à brûle-pourpoint : « Peut-on considérer les dépenses publiques d'enseignement et de santé comme une subvention[10] ? » La réponse ne figure dans aucun document, du moins aucun document officiel...

Dans les milieux universitaires canadiens, l'inquiétude grandit. Peu enclines à se laisser endormir par les berceuses de M. Pettigrew, ministre du Commerce international, quatre associations ont commandé une enquête à un grand cabinet d'avocats, Gottlieb & Pearson. Le rapport, rendu en octobre 2001, est sans équivoque : à partir du moment où il existe un système mixte privé-public, les règles de l'AGCS s'appliquent. De plus, lorsqu'un pays a déposé une liste d'engagements spécifiques, il doit accorder le même traitement à tous les fournisseurs, nationaux ou étrangers. Comme le nombre de fournisseurs ne peut plus être limité, la conclusion s'impose d'elle-même. Et elle n'échappe pas aux membres du Groupe de travail sur les règles de l'AGCS, qui s'interrogent : « Étant donné que les fonds destinés aux subventions ne sont pas illimités, comment un membre pourrait-il légitimement faire un choix parmi tous les investisseurs actuels et potentiels ? [...] La question est alors de savoir comment seraient sélectionnés les bénéficiaires[11]. » Gageons que la Générale de Santé, Sylvan Learning Systems et autres « investisseurs potentiels » ont déjà leur idée en la matière.

La pythie de Genève

Le Groupe de travail sur la réglementation intérieure, né en avril 1999, est l'un des derniers laboratoires de la déréglementation mondiale. Son rôle est d'identifier les mesures qui « affectent » le commerce des services (art. 6). Pour endormir l'opinion publique, l'OMC a pris soin de préciser dans le préambule de l'AGCS : « Les membres ont le *droit de réglementer* la fourniture des services sur leurs territoires » (souligné par nous). Mais l'accord faisant obligation de libéraliser progressivement tous les secteurs de services, ce *droit* est en passe de devenir illusoire. Pour accélérer la libéralisation des services (art. 19), ce groupe élabore de nouvelles « disciplines ». Leur but : encadrer le travail des législateurs et des administrations. Les parlementaires et les « serviteurs de l'État » devront à l'avenir veiller à ce que « les prescriptions en matière de qualification, licences et normes techniques[12] » soient claires. Elles devront être fondées sur des critères « objectifs, transparents, et ne pas être plus rigoureuses que nécessaire pour assurer la qualité d'un service ». En revanche, l'accès aux services, ou leur caractère public, reste une notion étrangère à l'AGCS.

De longs mois de palabres sont nécessaires pour clarifier ces concepts flous. Mais comme il s'agit en réalité de baliser une voie à sens unique, la direction est toute tracée. Pour être conforme à l'AGCS, une réglementation devra être reconnue comme « nécessaire » pour atteindre un « objectif politique légitime ». Bien entendu, le concept d'« objectif politique légitime » est laissé à la libre interprétation d'une poignée de négociateurs. Les pays ayant à justifier « sur demande de la raison d'être de leurs mesures réglementaires intérieures[13] », il s'agit d'une véritable mise sous contrôle des politiques gouvernementales.

Le Groupe de travail sur la réglementation intérieure a commencé à dresser un inventaire, non exhaustif, des réglementations « suspectes[14] ». Pour la distribution, par exemple, ce sont les lois concernant les heures d'ouverture des magasins, le zonage et la planification, la fixation des prix et le marché du travail (*sic*) qui sont mis à l'index. En ce qui concerne l'audiovisuel, le groupe de travail se fait pythie : il annonce que les États devront revoir « la structure de leurs réglementations[15] ». Dans le même esprit, dans le « secteur » de la santé, « les prescriptions en matière d'agrément pour les cliniques et les hôpitaux ainsi que les règles et pratiques régissant le remboursement dans les régimes d'assurances obligatoires » risquent d'être revues et corrigées par l'OMC.

Dans les « services d'éducation », faudra-t-il à l'avenir fournir la preuve que les autorisations pour ouvrir un établissement, les normes scolaires – programmes, méthodes d'instruction et d'évaluation – ainsi que les exigences de qualification professionnelle sont *légitimes* et *nécessaires* ?

La décision n'est pas encore prise, mais elle pourrait l'être bientôt. Quant aux services dits d'environnement, le groupe de travail se fait l'écho direct de la Chambre de commerce internationale[16]. Il se plaint que « l'ensemble des réglementations en matière d'environnement risquent d'affecter le commerce de ces services ».

Les grandes firmes de services ont fait de la réglementation intérieure leur cheval de bataille pour les négociations AGCS 2000. Afin de faire avancer les discussions dans la « bonne » direction, les lobbies d'affaires rencontrent régulièrement les négociateurs.

Vers un Codex parlementarius ?

La Chambre de commerce internationale souligne l'urgence de protéger les firmes transnationales contre toute « instabilité législative ». De son côté, l'OCDE propose son expertise pour accompagner les assemblées élues. Pour l'organisation, l'important est de « s'assurer que les coûts de l'intervention gouvernementale sont justifiés par ses avantages ». Elle préconise, en outre, d'évaluer le ratio coût/efficacité d'une législation avant de voter quelque loi que ce soit[17]. Selon les « experts » du château de la Muette, peuvent être considérés comme réglementations : les constitutions, les lois parlementaires, les règlements d'application, les décrets, ordonnances, normes, licences, plans, codes.

Reste à se poser la question suivante : les parlements seront-ils encore longtemps « légitimes et nécessaires » ? Autrement dit, les pays conserveront le droit de voter les lois et d'adopter les réglementations qu'ils souhaitent, à condition toutefois qu'elles soient favorables aux intérêts des grands opérateurs de services. Pour notre amie Lori

Wallach, qui a étudié la question, la clause 6.4 de la réglementation intérieure de l'AGCS équivaut à enfermer les parlements derrière des grilles dont seules les firmes transnationales posséderont les clefs. Pour contenter les grands PDG, le département d'État américain au Commerce et la Commission européenne travaillent de concert à l'élaboration d'un « système d'alerte précoce sur chaque proposition politique qui pourrait avoir un impact négatif pour les fournisseurs de services[18] ».

Mettre les parlementaires sous haute surveillance semble toutefois insuffisant. Il faut également démanteler les législations indésirables. L'AGCS est là pour ça, encore faut-il savoir l'utiliser. Pour réussir les négociations AGCS 2000, une coalition euro-américaine s'avère nécessaire. En 1996, Leon Brittan, commissaire européen au Commerce, décide de prendre les choses en main. Il organise une rencontre entre Renato Ruggiero – alors directeur de l'OMC –, Ken Whipple[19] – président du groupe « services financiers » de la CSI – et Andrew Buxton – PDG de la Barclays' Bank. Au cours de cette réunion naît l'idée de créer un lobby européen des services à l'image de la CSI américaine. Répondant au nom de Forum européen des services (en anglais European Services Forum, ou ESF), ce lobby est officiellement lancé en janvier 1999 à Bruxelles. Le mieux placé pour en parler est encore son directeur, Pascal Kerneis : « ESF travaille étroitement avec les négociateurs européens et s'active à promouvoir la libéralisation des marchés à travers le monde en relation avec les négociations AGCS 2000 [...]. ESF est un lobby pour les questions horizontales de l'AGCS : mesures de sauvegarde d'urgence, marchés publics et subventions [...]. La Commission européenne voulait connaître le point de vue du secteur privé et a fait pression sur certaines compagnies pour travailler sur ces questions. [...] ESF travaille aussi sur d'autres questions horizontales : réglementation intérieure, amélioration des listes d'engagements [...]. À cette fin, nous avons collecté des informations des différents secteurs concernant les barrières commerciales auxquelles ils sont confrontés [...]. Cette liste deviendra un outil habituel pour les négociations. *Cela évitera des pertes de temps et d'énergie pour les négociateurs dans l'achèvement d'une libéralisation rapide des marchés de services en accélérant l'élimination des obstacles au commerce*[20]. »

Plus que tout autre accord de l'OMC, l'AGCS est un véritable outil de neutralisation de la démocratie, laquelle doit être rendue inopérante au nom du droit à commercer. Comme si cela ne suffisait pas, l'AGCS s'attaque aussi, et de manière frontale, aux services publics.

Notes

1. Scott Sinclair, *Comment les nouvelles négociations sur les services à l'OMC menacent la démocratie*, Centre canadien des politiques alternatives, avril 2000.

2. Les listes européennes des services engagés sont disponibles sur le site de la Commission européenne : http://mkaccdb.eu.int

3. Doc. S/C/W/49 et 50.

4. CSI, doc. 98-22279.

5. Il s'agit de l'expression fétiche du négociateur européen pour les services Michel Servoz.

6. Art. 15 de l'AGCS : « Les membres reconnaissent que [...] les subventions peuvent avoir des effets de distorsion sur le commerce des services. Les membres engageront

des négociations en vue d'élaborer les disciplines multilatérales nécessaires pour éviter ces effets de distorsion. »

7. David Hartridge, « AGCS, non il n'y a pas de complot », *L'Humanité*, 26 octobre 2000.

8. Doc. S/WPGR/W/16.

9. Doc. S/WPGR/W/9.

10. Doc. S/WPGR/W/25.

11. Doc. S/WPGR/W/9.

12. Selon l'OMC, les normes techniques concernent les prescriptions qui peuvent s'appliquer à la fois aux caractéristiques ou à la définition du service et à la façon dont il est fourni.

13. Art. 3.3 et 6.2 et doc. S/WPDR/W/14.

14. Doc. S/C/W/96 et 97.

15. Anticipant le résultat des négociations, l'extralucide Jean-Marie Messier annonce ses prédictions le 22 décembre 2001 : « C'est la fin de l'exception culturelle française... »

16. CCI, déclaration de politique générale, 21 juin 1999.

17. Recommandation du Conseil de l'OCDE concernant l'amélioration de la qualité de la réglementation officielle : OCDE/GD (95).

18. Discours de Leon Brittan à la CSI, 24 septembre 1998.

19. Ken Whipple est également membre du bureau des directeurs du Forum de Davos et président de Ford Finance.

20. Discours de Pascal Kerneis, séminaire régional sur les services, Bangkok, 27 juin 2000 (notre traduction, ce qui est souligné l'est par nous).

Chapitre 14

OPA sur des droits sociaux

Les promoteurs de l'AGCS, accord de déréglementation des services, voient dans l'existence même de services publics un obstacle à l'extension de la sphère marchande. Transformer des droits sociaux tels que l'éducation et la santé en biens d'échanges commerciaux traduit un recul politique et social sans précédent depuis deux siècles dans les démocraties occidentales. Pour les pays de l'hémisphère Sud, il s'agit tout bonnement d'empêcher tout devenir contraire aux dogmes du marché.

« Je définirais la mondialisation comme la liberté pour mon groupe d'investir où il veut, le temps qu'il veut, pour produire ce qu'il veut, en s'approvisionnant où il veut et en ayant à supporter le moins de contraintes possible en matière de droit du travail et de conventions sociales. »

Percy Barnevik, PDG d'Asean Brown Boveri

La santé (du commerce) d'abord

En ce matin d'avril 1999, dans notre bureau, l'indignation est à son comble.

« Tu te rends compte ? La Sécu, c'est mauvais pour la santé !

– Mais qu'est-ce que tu racontes ?

– Écoute ça, c'est signé "secrétariat de l'OMC" : "On peut penser en outre que la hausse des prélèvements divers, y compris les contributions aux régimes obligatoires, a sur les individus des répercussions qui ne sont pas bonnes pour la santé." »

Le document de la colère est la note d'information sur les services de santé. Pour préparer les négociations AGCS 2000, le secrétariat de l'OMC distribue de nombreux documents de travail à l'attention des négociateurs. Mais il n'est pas habilité à donner son opinion, et encore moins à orienter les débats. Les fonctionnaires ont pour mission d'élaborer des notes d'information « objectives et impartiales », leurs réflexions doivent avoir « un seul dénominateur commun : la recherche de l'efficience ».

Objectives et impartiales ? Dès les premières lignes, le lecteur est mis en condition. Les experts ès-services de l'OMC considèrent le secteur de la santé comme « un frein à l'expansion économique » car, selon eux, « même dans les pays les plus développés, le secteur ne contribue encore que modestement aux échanges commerciaux. Cela semble dû à l'action conjuguée des réglementations et des contraintes institutionnelles qui découragent la présence commerciale étrangère. Toutefois la situation semble s'améliorer peu à peu. Dans un certain nombre de pays, les réglementations sont davantage orientées vers le marché ».

Insupportable jargon ! Dire que trente-huit pages identiques suivent ! Trente-huit pages multipliées par cent et plus. Quand on étudie l'AGCS en profondeur, le quotidien est habité par cette « littérature » indigeste. Notes d'information du secrétariat, rapports du Conseil du commerce des services, du Comité des engagements spécifiques, du Groupe de travail des règles de l'AGCS, du Groupe de travail sur la réglementation intérieure... Pour l'heure, celui qui nous préoccupe a pour nom de code S/C/W/50.

Malades en stocks

Statistiques à l'appui, l'OMC s'interroge sur l'évolution des exportations de malades ! Le secrétariat constate que de plus en plus de riches habitants des pays en voie de développement se rendent dans les pays occidentaux pour y recevoir des soins haut de gamme. Parallèlement, des pays comme l'Inde se voient gratifiés d'un « potentiel considérable pour attirer les patients de la région d'Asie et du Pacifique ». Les chirurgiens indiens sont très qualifiés et, aubaine, opèrent à des coûts dix fois inférieurs à ceux de leurs homologues occidentaux. Les couches populaires de Sumatra ou de Papouasie sont donc priées d'aller se faire ausculter en Inde[1].

Toutefois ces pratiques, encouragées par l'OMC, se trouvent encore sérieusement limitées par les réglementations en vigueur, sur la sécurité sociale notamment, dans un bon nombre de pays membres de l'organisation de Genève. Durant les années 1993-1994, les négociateurs ont âprement discuté pour savoir si « les règles de l'AGCS s'appliquaient aux mesures se rapportant à la sécurité sociale[2] ». La réponse n'ayant pas été donnée à la fin du cycle de l'Uruguay, le débat technique fut renvoyé aux négociations AGCS 2000. Mais pour les technocrates de l'OMC, l'affaire semble entendue : « Les règles et les pratiques dans les domaines réglementés peuvent être utilisées pour perturber les marchés ouverts ou peuvent avoir cet effet. » Décidément, le document S/C/W/50 se révèle être véritablement redoutable.

Rabais sur les infirmières

Dans l'univers orwellien de l'OMC, la logique commerciale doit aussi s'appliquer aux médecins et aux infirmières. La quête perpétuelle de gains de productivité conduit à la mise en concurrence des salariés, et ce à l'échelle de la planète. Telle est la teneur du message que Renato Ruggiero, alors directeur général de l'OMC, est venu délivrer aux sénateurs français : « Il faudra nous habituer, au siècle prochain, à donner aux mots un contenu nouveau. Ainsi en ira-t-il de la sécurité de l'emploi, synonyme pour la plupart d'entre nous de sédentarité et de maintien des avantages acquis. Demain, au contraire, la conservation d'un emploi sera garantie par la mobilité et la flexibilité[3]. »

Le milieu des affaires veut pouvoir « importer » du personnel bon marché dans le cadre de contrats temporaires si possible non soumis aux règles nationales du droit du travail. Cette exigence est reprise à son compte par le secrétariat de l'OMC, qui a inscrit à l'ordre du jour des négociations AGCS 2000 la question de l'immigration de personnel médical « pour combler les lacunes au niveau de l'offre et réduire la pression au niveau des coûts ». Et d'argumenter : « Il est probable que les avantages les plus significatifs induits par les échanges proviendront moins de la contribution et de la gestion des hôpitaux que de leur dotation en personnel moins coûteux que celui disponible sur le marché national. » D'ailleurs, « la pertinence de la législation en matière de salaire minimum »[4] ne manque pas de figurer au menu des prochaines négociations.

Pour illustrer sa démonstration, le secrétariat nous assène un exemple édifiant. « En 1995, en Jamaïque, à cause notamment des migrations vers les États-Unis et le Canada, 50 % des postes d'infirmières et 30 % des postes de sages-femmes seraient restés vacants ; [cependant], la Jamaïque ferait [*sic*] venir du personnel infirmier du Myanmar, du Nigeria et du Ghana. » Joli programme ! Verra-t-on demain dans le ciel des charters d'infirmières croiser des charters de malades, pour le plus grand profit des firmes transnationales ?

Le secteur hospitalier n'est pas non plus oublié par le secrétariat. Tout comme la Banque mondiale, l'OMC se fait le fervent défenseur du « secteur privé à but lucratif ». Libre marché et concurrence au sein des systèmes de santé seraient bénéfiques pour tous, particulièrement en termes de coût.

Pourtant, des études menées au Canada et aux États-Unis prouvent exactement le contraire. Des enquêtes canadiennes montrent que « le prix moyen par cas est de 20 % supérieur dans les hôpitaux privés. De plus, dans les zones où les services publics ont été privatisés, les dépenses ont augmenté plus rapidement (50 %) que dans les zones où les hôpitaux sont demeurés sous propriété publique[5] ». De même, selon le *New England Journal of Medecine*, « les hôpitaux à but lucratif ont des coûts d'exploitation accrus, facturent des prix plus élevés, dépensent beaucoup plus pour l'administration et offrent souvent des services moins efficaces que les hôpitaux publics[6] ».

L'État au chevet du privé

En France, l'histoire de la clinique du Petit-Colmoulins fait figure d'exemple à ne pas suivre. Le 25 janvier 2001, les employés de cette clinique privée du Havre (Seine-Maritime) sont informés de la fermeture prochaine de la maternité. Motif invoqué : rentabilité insuffisante. Les actionnaires décident qu'il faut recentrer l'activité de la clinique sur des secteurs plus « rentables », notamment la chirurgie. L'hôpital public du Havre, quant à lui, n'a pas la capacité de prendre en charge la totalité des accouchements de l'agglomération. Dès lors la clinique privée négocie âprement, exigeant de l'Agence régionale d'hospitalisation (ARH) des subventions supplémentaires pour maintenir la maternité. Le directeur de l'ARH se trouve dans l'impossibilité d'imposer une décision à cet établissement et ne peut que négocier.

Le Petit-Colmoulins risque de ne pas être un cas isolé. La clinique appartient au groupe Générale de Santé. Avec 157 établissements, dont 137 en France, et un chiffre d'affaires de 885 millions d'euros en 2000, Générale de Santé est le premier groupe d'établissements privés en Europe et en France[7]. Fait inédit dans notre pays, en juin 2001, le groupe fait son entrée en Bourse. Désormais, 12 600 lits d'hospitalisation, garantis par la Sécurité sociale, sont livrés aux spéculateurs. Combien de directeurs d'ARH devront-ils négocier avec des actionnaires, qui ont déjà clairement montré qu'ils choisissaient la Bourse plutôt que la vie ?

Cet événement est d'autant plus important que nous sommes sous le joug de l'AGCS. En effet, en 1993, lors de la conclusion de l'Uruguay Round, l'Union européenne a déposé une liste d'engagements spécifiques concernant les services hospitaliers et sociaux. Ce faisant, elle s'est engagée à libéraliser « progressivement » le secteur de la santé. Combien le savent ?

Alain Juppé, alors ministre des Affaires étrangères, chargé par Édouard Balladur de « vendre » l'OMC aux parlementaires, se garde bien de donner l'alarme. Tout juste relève-t-on une petite phrase, au milieu d'un discours-fleuve : « Ainsi l'éducation et la santé sont couvertes par l'accord [AGCS] lorsqu'elles sont fournies dans le cadre d'une concurrence entre au moins deux prestataires de services. » C'est tout ? C'est tout ! Pas de quoi émouvoir un hémicycle, autrement préoccupé par la préparation des fêtes de fin d'année.

En ratifiant les accords de Marrackech, les législateurs ont pourtant mis, d'une certaine manière, le ministère de la Santé sous la tutelle de l'OMC. Le secrétariat ne dit pas autre chose lorsqu'il précise que « l'AGCS vise toutes les formes de commerce international de services. Puisque ce commerce s'exerce en bonne part au niveau des économies nationales, les prescriptions de l'AGCS influeront forcément d'entrée de jeu sur les lois et règlements nationaux[8] ».

Bien sûr, lorsqu'ils ont déposé leurs listes d'engagement spécifiques concernant les services hospitaliers, les négociateurs européens ont pris soin de poser quelques limites. Mais il est déjà prévu que ces restrictions seront éliminées lors des négociations successives de l'AGCS.

Dans un rapport à l'attention du ministère canadien des Affaires étrangères et du Commerce international, Jake Vellinga[9] ne mâche pas ses mots : « La présence commerciale étrangère dans le secteur de la santé est une question de privatisation. Les règles visant la libéralisation du commerce au moyen de la présence commerciale visent donc la réduction, voire l'élimination des mesures qui restreignent l'accès au marché pour les fournisseurs étrangers. En d'autres termes, cette forme de commerce remet directement en cause les politiques et les mesures intérieures. »

Une disposition de l'AGCS prévoit la suppression du droit de limiter le nombre d'hôpitaux, y compris pour les besoins économiques. Justement des entreprises, américaines pour le moment, se pressent déjà aux portes de l'Europe. En mars 1999, la chambre de commerce de Nashville[10] (États-Unis) a organisé une mission commerciale en Allemagne et au Royaume-Uni. En mars 2000, ce fut le tour de l'Espagne et de la France. Objectif affiché de ces missions : « réunir les leaders de l'industrie de la santé avec les décideurs des services médicaux pour parler des opportunités de commerce et d'autres affaires ». Ces missions furent conduites par le PDG de Columbia HCA, à peine remis de ses démêlés avec le FBI. La devise de Columbia, plus grande chaîne hospitalière privée du monde, est simple : faire de l'argent ! Dans un article paru dans *Le Nouvel Observateur*, Philippe Boulet-Gercourt relate : « Columbia fixe des objectifs annuels de résultat. Lynette Stewart, chef du service de gynécologie-obstétrique d'un hôpital d'Atlanta, doit réaliser 52 interventions chirurgicales, 10 accouchements et 150 consultations par mois. Comme elle ne parvient pas aux 52 interventions mensuelles, elle est menacée de la vente pure et simple de son service[11]. » Ce n'est évidemment pas le sort de Lynette Stewart qui intéresse le FBI, mais les malversations commises par Columbia. Multiplication des examens, prestations fictives, visites imaginaires ou abusives de soins à domicile, fraude sur les nomenclatures des actes pratiqués ont entraîné l'entreprise dans un retentissant procès. Ces démêlés judiciaires ont quelque peu tempéré l'ardeur de la mission commerciale. Pour combien de temps ?

Éducation : le tableau noir[12]

Pour les tenants du libéralisme, « l'éducation est, avec la santé, le dernier bastion à conquérir[13] ». En France, nos dirigeants se veulent rassurants et tentent de nous faire croire que l'enseignement n'est pas à l'ordre du jour des discussions de l'AGCS. Moins hypocrite, le gouvernement canadien passe aux aveux : « Les services d'éducation ont été reconnus par de nombreux pays comme secteur prioritaire en vue des prochaines négociations sur le commerce des services[14]. » Quant à la délégation américaine, elle a depuis longtemps fait connaître ses exigences en la matière.

Du côté des cours de récré, donc, le secrétariat de l'OMC planche à la marchandisation du secteur pédagogique. Première de la classe en sciences et techniques de déréglementation, l'organisation de Genève a déjà engagé deux domaines dans le cercle vicieux de l'AGCS : l'enseignement supérieur et la formation pour adultes. Place au privé, en attendant la suite.

Pour bien comprendre ce qui se trame actuellement à l'OMC, un tour d'horizon s'impose de ce qu'il faut désormais appeler le « marché global de l'éducation ».

Les dollars de l'école

Les dépenses annuelles d'éducation se chiffrent à 2 000 milliards de dollars, soit plus de 5 % du PIB mondial[15]. Pour Glenn R. Jones, PDG de Jones International Ltd, « l'éducation est l'un des marchés à la croissance la plus rapide. La formation privée et l'industrie de l'instruction des adultes devraient connaître un taux de croissance à deux chiffres tout au long de la prochaine décennie[16] ». De quoi attiser bien des convoitises. Dès lors, l'éducation publique devient un concurrent qu'il convient de ramener à la portion congrue. « Une vaste réforme du secteur public éducatif est en cours, orientée vers et par le marché[17]. » Selon *Le Courrier de l'Unesco*, « dans nombre de pays, les règles qui encadrent l'ouverture d'une école sont assouplies et la gestion d'établissements publics passe à des sociétés privées. L'étape suivante est de faire de l'école une entreprise de plein droit[18] ».

En Nouvelle-Zélande, les réformes parlementaires ont abouti au programme de libéralisation de l'éducation le plus audacieux jamais mis en place dans un pays riche. En Grande-Bretagne, ce sont des pans entiers de la gestion des écoles publiques qui sont d'ores et déjà aux mains de firmes privées telles que Procter & Gamble et Shell International. Face à la baisse continue des financements gouvernementaux, de plus en plus d'universités publiques proposent des formations payantes.

Une multinationale de l'éducation

En juin 1999, Sylvan International Universities prend le contrôle de l'université privée de Madrid, Universidad Europea. Cet investissement fait partie d'un programme qui vise à mettre en place un réseau mondial d'universités privées. Sylvan, c'est également plus de 800 écoles en Amérique du Nord, dont 60 au Canada. Les professeurs et instituteurs qui souhaitent travailler chez Sylvan ont tout intérêt à faire leur formation, initiale et continue, chez Cantor Group, leader sur ce « marché ». Edison School Inc., quant à elle, gère déjà 108 écoles aux États-Unis. Chez Edison, les enseignants sont triés sur le volet, c'est-à-dire que ceux affiliés à un syndicat ne sont pas engagés. Les élèves qui entrent au collège se voient proposer des tests préparatoires ; le spécialiste de ce secteur est Ivy West Educational Services Inc. Enfin, dans les Charter Schools[19], conception des programmes scolaires, élaboration des méthodes d'enseignement, contrôle des performances ou administration des écoles sont désormais aux mains d'Edison Project. Ces entreprises ont un point commun : elles sont toutes des filiales d'une firme multinationale : Sylvan Learning Systems.

Douglas L. Becker, le PDG de Sylvan, est un homme optimiste. Confortablement installé sur une capitalisation boursière de 600 millions de dollars, cet « industriel de l'éducation » s'apprête à conquérir les « marchés » sud-américains, européens et asiatiques. Pour cela il suit au plus près les négociations en cours de l'AGCS. « Suivre » n'est pas le mot adéquat, « piloter » est plus exact. Comment ? Par le biais d'un lobby, le Comité national pour le commerce international dans l'éducation (en anglais National Committee for International Trade in Education, ou NCITE). Créé en septembre 1999 à Washington, le NCITE a élaboré pour les négociateurs américains une liste de barrières commerciales qui se retrouve intégralement dans le document de la délégation américaine et constitue la position officielle des États-Unis. Pour satisfaire les exigences de Sylvan et de ses acolytes, les pays qui interdisent l'installation sur leur territoire d'établissements à but lucratif sont priés d'abolir leurs réglementations. Les lois qui obligent à réinvestir sur place les bénéfices dégagés sont jugées intolérables. Si Sylvan réalise de gros profits dans l'université de Madrid, la firme entend pouvoir les rapatrier aux États-Unis, et cela sans « taxes excessives », s'il vous plaît. Les firmes exigent de pouvoir ouvrir autant d'universités ou d'écoles qu'elles le désirent dans un pays donné, sans être contraintes à établir un partenariat avec un « fournisseur local » ou à employer les enseignants et le personnel administratif du pays.

L'Europe se « modernise »

En Europe, les réformes requises pour la privatisation des systèmes d'enseignement publics se mettent progressivement en place. Mais le sujet est hautement sensible et il convient d'avancer prudemment. La Commission européenne, sous la pression de la Table ronde européenne des industriels (ERT), a décidé de prendre les choses en main. Les nouvelles techniques d'information et de communication offrent un prétexte idéal. Sous la houlette du commissaire européen Viviane Reding, les ministres de l'Éducation décident de se « mobiliser pour entrer de plain-pied dans la nouvelle économie[20] ». Avant la fin de l'année 2001, l'ensemble des écoles européennes devront être connectées à Internet. Tandis que l'on diminuera le nombre d'enseignants et que l'on gèlera leurs salaires, une part de plus en plus importante des budgets nationaux de l'Éducation sera consacrée à l'informatisation des écoles[21]. Pour le plus grand bonheur des marchands de logiciels, de produits éducatifs et des fabricants d'ordinateurs. Ce transfert de fonds publics vers les entreprises privées répond au premier objectif de l'ERT. Le deuxième est de fournir à l'économie du XXIe siècle une main-d'œuvre mobile, flexible, adaptable, capable de se former tout au long de la vie – sur son temps libre et à ses frais – bref, mondialisée[22] !

Pour discuter de ses priorités, l'ERT, tous les six mois, rencontre le nouveau président de l'Union européenne. La

Table ronde est dirigée depuis 1999 par Morris Tabaksblat. Président de la firme anglo-néerlandaise Reed-Elsevier, celui-ci affiche son intention de devenir leader mondial du secteur de l'éducation et de l'édition sur Internet. Pour superviser les progrès des négociations à l'OMC, l'ERT s'est dotée d'un groupe de travail sur les relations économiques extérieures. Son président, ce n'est pas un hasard, n'est autre que Peter Sutherland, président de BP Amoco et ancien directeur général du GATT. Pour faire passer ses instructions aux gouvernements, le lobby ne s'embarrasse pas de précautions : « La responsabilité de la formation doit être en définitive assumée par l'industrie. L'éducation doit être considérée comme un service rendu au monde économique[23]... »

Certes, les systèmes d'éducation publique ne seront pas totalement éliminés. Rassurons-nous, les États ont encore un rôle à jouer, dans le registre de l'assistance publique, pour ainsi dire : pour l'OCDE, « les pouvoirs publics n'auront plus qu'à assurer l'accès à l'apprentissage de ceux qui ne constitueront jamais un marché rentable et dont l'exclusion de la société en général s'accentuera à mesure que d'autres vont continuer à progresser[24] ».

Bien entendu, les pays occidentaux ne sont pas les seuls concernés par cette vague de privatisation.

Quand la Banque mondiale prépare le terrain

Durant les années 1980, sous les actions conjuguées du FMI et de la Banque mondiale, les pays du tiers monde endettés – ils le sont tous – furent contraints de réduire drastiquement les dépenses d'État en matière de santé, de prestations sociales et d'éducation. Licenciements d'enseignants, fermetures d'écoles, assèchement financier des universités, la situation devint rapidement catastrophique.

Quelques années plus tard, la même BM, véritablement schizophrénique, se désole de « la qualité médiocre de l'enseignement dans les pays à revenus faibles[25] ». Une médiocrité d'autant plus dommageable que, « l'usage productif de la main-d'œuvre étant la principale ressource du pauvre, l'éducation, surtout au niveau du primaire, contribue à augmenter la productivité du travail des pauvres ». La Banque mondiale « invite » désormais les gouvernements à investir prioritairement dans l'éducation de base. Cette bienveillance apparente masque une stratégie bien particulière. L'objectif est de livrer les secteurs secondaire et universitaire aux industriels de l'éducation. Inutile de dire que, pour avoir accès aux prêts (de la BM), il est conseillé d'obtempérer. « Les pays qui sont disposés à adopter pour l'enseignement supérieur un cadre législatif et réglementaire où le secteur privé interviendra davantage au niveau de l'enseignement et du financement continueront à recevoir la priorité[26]. »

Pour éviter que les législateurs ne s'égarent, la BM agit directement sur les gouvernements. Elle les « aide » à « créer un environnement propice au développement du secteur privé : suppression des obstacles juridiques et réglementaires, accélération de la réforme des entreprises publiques, encouragement de la fourniture de services publics par le secteur privé ».

En Inde, depuis le début des années 1990, les gouvernements successifs se sont résolus à appliquer le calendrier des privatisations dictées par la Banque mondiale. Dans l'État du Kerala, 75 % des universités sont privées, l'anglais devient de plus en plus la langue d'enseignement. En Côte-d'Ivoire, 60 % des établissements secondaires sont désormais privés[27].

Amérique Latine, Afrique, Asie, l'industrie de l'éducation étend sa toile d'autant plus rapidement que des études de marché sont proposées par la banque de données Edinvest, l'un des services de la Banque mondiale. Souhaitez-vous investir dans la gestion d'établissements scolaires ? les programmes d'échanges d'étudiants ? les prêts aux étudiants ? l'éducation indigène (*sic*) ? les tests d'évaluation ? le soutien scolaire ? l'éducation à distance ? Il vous suffit de sélectionner un pays pour avoir accès à « une large gamme d'opportunités d'affaires ». Désireuse d'« offrir une unique opportunité de marchés aux multinationales[28] », la Banque Mondiale s'est dotée d'un outil particulièrement performant : l'Alliance for Global Learning, spécialisée dans l'enseignement à distance ou e-learning. Parmi les sponsors – pardon, les « partenaires et généreux donateurs » de l'Alliance –, on retrouve les habituelles banques d'affaires : JPMorgan et Goldman Sachs, le cabinet de consultants Ernst & Young, et quelques multinationales de l'informatique, totalement désintéressées, telles 3 COM et Sun Microsystem. Cette entreprise y est représentée par John Gage, haut cadre dirigeant qui résume d'une phrase l'esprit maison : « Chez Sun, nous engageons nos employés par ordinateur, ils travaillent sur ordinateur, et ils sont virés par ordinateur[29]. »

Une nouvelle catégorie de pauvres : les étudiants

L'industrialisation de l'enseignement implique sa rentabilité. *Exit* donc le projet d'éducation gratuite pour tous, pourtant inscrit dans l'article 13 du Pacte international relatif aux droits économiques, sociaux et culturels de l'ONU adopté en 1966. L'augmentation continue du coût des études, pour les jeunes et leurs parents, aboutit à la création d'une nouvelle catégorie de pauvres : les étudiants.

Déjà, en 1992, Bertrand Cluzel, PDG d'Educinvest[30], annonçait : « Un grand avenir s'ouvre pour l'éducation marchande. Il faut donc apprendre à faire payer les études. » C'est aussi l'avis de Sandy Godfrey, directrice générale de l'université australienne Deakin : « Je sais que beaucoup d'universitaires estiment que l'éducation devrait être gratuite et universelle, mais la réalité est qu'elle a une valeur marchande. Investir financièrement dans son éducation, c'est se garantir des revenus et assurer son avenir[31]. »

Pourtant, pour des millions d'étudiants, « avenir » signifie « endettement ». De plus en plus, les bourses d'études sont octroyées en fonction des performances et non plus des besoins. À l'université de Columbia, par exemple, les élèves terminent leurs études avec 20 000 à 50 000 dollars de dettes selon la branche et la durée des études. En Afrique, même pour des programmes largement subventionnés, comme ceux de l'université africaine virtuelle, les coûts des diplômes en ligne proposés par les universités étrangères sont prohibitifs. Chaque unité de valeur, dont les cours sont diffusés depuis le Canada, le Royaume-Uni ou les États-Unis, coûte entre 200 et 300 dollars. Qui plus est, dans de nombreux pays, la déréglementation des droits d'inscription permet de faire payer des droits plus élevés aux étrangers. À l'heure actuelle, au Canada, les patrons réunis au sein de la chambre de commerce de Montréal font pression pour libéraliser les droits de scolarité pour les universités.

Dès lors, les pays occidentaux se livrent une concurrence effrénée pour, selon l'agence Édufrance[32], attirer « des étudiants étrangers finançant eux-mêmes leurs études. Ce marché est estimé à 130 milliards de francs pour l'ensemble du monde ». Cette agence en fait un objectif prioritaire. Mais pour étendre ce « marché des étudiants » (*sic*), il faut pouvoir attirer des jeunes n'ayant pas de ressources financières propres. Des systèmes de prêts aux étudiants se mettent en place dans de nombreux pays. Dans le tiers monde, c'est évidemment la Banque mondiale qui, en partenariat avec de grandes banques internationales, telle Citibank, met en œuvre ces projets. Toutefois, l'aventure lui semble risquée. N'ayant décidément honte de rien, la BM s'interroge : « Se posera, bien sûr, le problème du caractère aléatoire du remboursement dans des pays où il n'est pas facile de trouver un emploi même après de bonnes études. Mais la question mérite d'être examinée, quitte à réclamer à l'emprunteur ou à sa famille une garantie réelle ou personnelle[33]. »

De la crèche à la formation pour adultes, l'ensemble du système éducatif est touché par cette vague de privatisation. Mais c'est dans le secteur universitaire et celui de la formation des adultes que l'industrialisation est la plus structurée. C'est la raison pour laquelle les négociations actuelles, à l'OMC, ne portent « que » sur ces deux domaines.

L'OMC, ministre planétaire de l'Éducation ?

La définition des services couverts par l'AGCS inclut les services d'éducation lorsque ceux-ci ne sont pas totalement financés et administrés par l'État. Or la majorité des pays ont des systèmes hybrides où le secteur privé occupe une place plus ou moins importante à côté du secteur public. Dans ces circonstances, « l'existence même du service public pourrait à plus ou moins long terme être remise en cause[34] ».

Les disciplines et obligations générales s'appliquant aux 160 secteurs de services entraînent des conséquences importantes pour l'éducation. Conditions de nationalité pour ouvrir un établissement, réglementations en matière d'accréditation, conditions de nationalité pour les enseignants et les membres des conseils d'administration, monopoles publics et fortes subventions aux établissements nationaux, tout cela est passé au crible[35]. Ces dangers se trouvent aggravés lorsque les pays ont déposé des listes d'engagements spécifiques dont la finalité est l'ouverture totale des marchés.

En 1994, au moment de la signature de l'accord, « seuls » 46 pays ont pris des engagements de libéralisation concernant l'éducation. L'objectif des négociations en cours est d'en conduire le plus grand nombre dans ce véritable traquenard. Le Canada a fait savoir que sa liste d'engagements était prête. Scandalisées, quatre associations[36] ont commandé une étude au cabinet international d'avocats Gottlieb & Pearson. Sur cette base, Tom Booth, président de l'Association canadienne des professeurs d'université, a interpellé le ministre canadien du Commerce international : « Vous ne pouvez ériger un mur coupe-feu entre les systèmes publics et privés. Si vous prenez des engagements pour l'enseignement privé, vous menacez davantage le système public [...]. Le champ d'application de l'AGCS est si vaste qu'il s'étend même aux commissions scolaires. » Au Canada, l'heure du branle-bas de combat a sonné.

Publicité mensongère

Avec l'AGCS, les populations du Nord ont tout à perdre, celles du Sud rien à gagner. Harry Freeman[37] n'a pas oublié à quel point la résistance des pays du Sud a été difficile à briser lors de l'Uruguay Round. Anticipant les problèmes à venir lors de la réunion ministérielle de Seattle, il manque s'étrangler de colère en apprenant que le prochain round de négociations s'appellera : « round du millénaire ». « Ce concept est stupide, je ne lui prédis aucun avenir [...]. Nous avons à convaincre les pays du tiers monde que les services sont essentiels pour leur développement [...], nous gagnerons cette bataille, mais cela prendra du temps [...]. Je suggère d'appeler les nouvelles négociations "round du développement". »

Round du développement ! Il ne s'agit là que d'un boniment de camelot. D'ailleurs, Freeman ne cache pas la réalité : « Pour les pays en développement, il n'y a pas grand-chose à donner dans les services, peut-être encore 10 000 visas pour les ingénieurs informaticiens indiens. Nous n'avons rien de plus à donner... » Pour sa part, John Gage annonce la couleur dès 1995 : « Sun Microsystem emploie 16 000 personnes. Seule une très petite minorité est indispensable. Les autres ne sont que des réserves de rationalisation[38]. »

Mais, au moins, les investisseurs qui s'installent dans les pays du Sud créeront-ils des emplois ? Fin 1999, une délégation de la Fédération nationale des mines et de l'énergie (FNME) s'est rendue dans des filiales d'EDF-GDF en Argentine, en Uruguay et au Brésil. Voici sa conclusion : « La première caractéristique que l'on rencontre dans tous les cas de rachat d'entreprise de production et de distribution d'électricité ou de gaz est la réduction drastique des effectifs. À Gaseba-Uruguay, comme à Light au Brésil, respectivement GDF et EDF ont réduit les effectifs de plus de la moitié des salariés. La situation à Edenor-Argentine n'est guère plus brillante[39]. »

« Stop the GATS attack now »

Si les mouvements de résistance, de concert avec des délégations du Sud, ont gagné la bataille de Seattle, ils n'ont pas gagné la guerre. Sur le front de l'AGCS, le travail est lent et difficile. Traduire en langage clair un accord écrit pour n'être compris que par ses seuls bénéficiaires n'est pas chose aisée. En France, la CCCOMC[40] se met au travail dès septembre 1999 et publie en avril 2000 une brochure intitulée *Alerte générale à la capture des services publics*, qui sera diffusée à 20 000 exemplaires. L'information commence à circuler. Des syndicats, notamment SUD, se mettent de la partie, rejoints plus tard par l'association ATTAC.

De l'autre côté de la Manche, en Grande-Bretagne, l'alerte est lancée par trois ONG : People and Planet, World Development Movement et Christian Aid. Le message est relayé au plan politique par la députée verte européenne Caroline Lucas. La montée en puissance de cette campagne commence à inquiéter les lobbies d'affaires, notamment le Lotis Committee.

En septembre 2001, le Corporate Europe Observatory (CEO) découvre par hasard quatorze documents confidentiels du Lotis Committee. Il s'agit des comptes rendus de réunions entre des hommes d'affaires et des membres du gouvernement britannique. Le rapport du CEO, rédigé par Eric Wessilius, est édifiant : « La Grande-Bretagne abrite un lobby de services particulièrement influent. Le Lotis Committee et son High Level Lotis Group sont bien davantage qu'un groupe de pression. Les structures de Lotis fournissent un forum privé où le gouvernement et les hommes d'affaires discutent régulièrement des stratégies à mettre en place pour les négociations de l'AGCS. » Pour Eric Wessilius, il s'agit là d'un niveau de collusion jamais atteint entre des ministres et des hommes d'affaires. Les comptes rendus des réunions révèlent la façon dont ils envisagent de contrer la campagne anti-AGCS.

Lors de la réunion du 8 décembre 2000, par exemple, Christopher Roberts, de Covington & Burling, a pris la parole : « Nous devons alerter les autres sur la campagne qui monte contre l'AGCS. L'expérience de l'AMI prouve qu'il est très important de contrer cette campagne [...]. Nous devons nous préparer. » Matthew Goodman, de Goldman Sachs International, a fait part de sa perplexité : « Pour quelle raison des secteurs comme la santé, l'éducation, l'eau, l'énergie sont-ils pointés du doigt ? » Réponse d'Elain Drage, du ministère du Commerce et de l'Industrie : « C'est parce qu'ils sont considérés comme des services essentiels qui relèvent des droits des citoyens [...]. Nous devons prendre cette campagne très au sérieux. »

La discussion reprend lors de la réunion du 22 février 2001, au cours de laquelle Matthew Lownds, du Foreign & Commonwealth Office, se félicite de l'aide apportée par le secteur privé pour contrer la campagne anti-AGCS. Malcolm McKinnon, du ministère du Commerce et de l'Industrie, quant à lui, exprime son inquiétude : « Les arguments en faveur de l'AGCS sont vulnérables lorsque les ONG demandent les preuves du bienfait de la libéralisation. » L'assemblée décide alors d'élaborer des documents de propagande. « Ces documents devront être convaincants », insiste John Cooke, de l'Association of British Insurers. Pour Matthew Goodman, ce travail doit être fait « en étroite collaboration avec le secrétariat de l'OMC ».

Le 19 mars 2001, l'OMC distribue à la hâte à toutes les délégations ainsi qu'à ses fonctionnaires un document intitulé : *GATS : Facts and Fiction* (*AGCS : les faits et la fiction*). Il s'agit en réalité d'une tentative pour parer aux risques de contagion d'une critique de plus en plus étayée. En effet, la Coalition de Seattle[41] est réunie ce week-end-là en « session de stratégie » sur l'AGCS à quelque deux cents mètres du siège de l'OMC, et des rencontres d'interpellation avec des ambassadeurs sont programmées. Le document de l'OMC est censé tordre le cou à toutes les critiques portées contre l'AGCS. Raté : moins de quinze jours plus tard, la Coalition produit une réponse pointant les omissions et les contradictions de l'argumentaire officiel. Au mois d'avril, l'appel international « Arrêtons l'attaque de l'AGCS sur les services publics » est lancé. Deux mois plus tard, il est signé par 455 organisations de 55 pays.

La fronde canadienne

Pays où la tradition de service public et de protection sociale est solidement ancrée, le Canada, échaudé par l'ALENA, est spécialement réactif aux projets de libéralisation sauvage. Le mouvement contre l'AMI[42] ayant fait un travail en profondeur auprès des municipalités, de nombreux élus locaux sont immunisés contre la propagande sur les bienfaits de la libéralisation via les accords de libre-échange.

En quelques mois à peine, plus de cinquante conseils municipaux votent des motions contre l'AGCS. Par ces motions, Vancouver, Québec, Toronto, Ottawa… se décrètent « hors AGCS ». Elles exigent une exemption permanente limitant l'application de l'accord au seul échelon fédéral « afin de préserver l'autorité des gouvernements locaux dans la gestion de leurs services publics ». Par ailleurs, ces motions prévoient une consultation de la population et des élus locaux ainsi que des auditions publiques.

En clair, ce front commun d'élus demande une « exception démocratique » : à savoir, le droit d'exercer les fonctions pour lesquelles ils ont été mandatés. La fronde des municipalités canadiennes contre l'AGCS témoigne d'une responsabilité politique d'autant plus remarquable qu'elle se situe en dehors de tout contexte électoral…

NOTES

1. Dans le langage de l'AGCS, cela s'appelle « mode de fourniture n° 2 » ou encore « consommation à l'étranger ».

2. Doc. MTN.GSN/W/211/Rev. 1, PC/SCS/M/5 et PC/SCS/M/6/Rev. 1.

3. Audition de Renato Ruggiero, Sénat, février 1997.

4. Doc. S/C/W/75.

5. Fédération des infirmières et infirmiers du Québec, « L'organisation des services : des modèles à repenser », mémoire présenté à la Commission d'étude sur les services de santé et les services sociaux, 26 octobre 2000.

6. Steffie Woolhandler et David U. Himmelstein, « When money is the mission. The high cost of investor-owned care », *New England Journal of Medecine*, n° 5, août 1999.

7. Le groupe Générale de Santé a été créé en 1987 par la Compagnie générale des eaux (actuel Vivendi). En 1997, il est cédé en partie au fonds d'investissement britannique CINVEN, qui devient actionnaire majoritaire. Au moment de l'introduction en Bourse, l'actionnariat de Générale de Santé est composé comme suit : CINVEN à hauteur de 41 %, autres investisseurs financiers à hauteur de 29 %, Vivendi à hauteur de 20 % et management de Générale de Santé à hauteur de 10 % (source : communiqué de presse de Générale de Santé, 22 mai 2001). Selon Daniel Bour, PDG du groupe, l'objectif est de contrôler à terme 20 % des cliniques privées françaises contre 10 % aujourd'hui (voir l'article « Quand la finance gère la santé, *L'Humanité*, 4 décembre 2001).

8. Secrétariat de l'OMC, *Guide to the Uruguay Round*, La Haye, Kluwer Law International, 1999.

9. Jake Vellinga est haut conseiller auprès du ministère fédéral de la Santé du Canada.

10. Nashville est le siège de l'industrie des services médicaux. Deux cents compagnies y sont basées.

11. Philippe Boulet-Gercourt, « La médecine privée au banc des accusés », *Le Nouvel Observateur*, août 1997.

12. Gérard de Selys et Nico Hirtt, *Tableau noir : résister à la privatisation de l'enseignement*, Anvers, EPO, 1998.

13. Voir Peter Woicke, « Nos nouvelles frontières, l'éducation privée et la santé », *Les Échos*, 30 novembre 2000. Peter Woicke est le président de la SFI, Société financière internationale.

14. *L'industrie des services commerciaux d'éducation et de formation*, document de consultation en vue des pourparlers de l'AGCS à l'OMC, produit par la direction des investissements et des services internationaux, *Industrie Canada (Strategis)*, 16 décembre 1999.

15. Edinvest, bulletin de décembre 2000.

16. Conférence de la Global Alliance for Transnational Education, Paris, 30 septembre 1998.

17. Moyoto Kamiya, citée par Cynthia Guttman *in* « L'éducation, dernière frontière pour le profit », *Le Courrier de l'Unesco*, décembre 2000. Mme Kamiya est responsable du Centre pour la recherche et l'innovation dans l'enseignement de l'OCDE.

18. *Ibid.*

19. Les Charter Schools sont des écoles créées à l'initiative de parents, d'enseignants ou de multinationales. Il s'agit d'écoles publiques au statut particulier qui jouissent d'une grande autonomie administrative et pédagogique mais sont financées par l'État.

20. Conférence européenne de Lisbonne, 17-18 mars 2000.

21. Voir Cynthia Guttman, art. cit.

22. Gérard de Selys et Nico Hirtt, *Tableau noir*, *op. cit.*

23. Cité par Gérard de Selys et Nico Hirtt in *Tableau noir*, *op. cit.*

24. « Adult leasing and technology in OECD countries », OCDE, 1996.

25. « Priorités et stratégies pour l'éducation », rapport de la Banque mondiale, 1995.

26. *Ibid.*

27. Voir Cynthia Guttman, art. cit.

28. www.worldbank.org/worldlinks (sur le programme WorLD, réseau mondial pour le développement).

29. Cité par Hans Peter Martin et Harald Schumann in *Le Piège de la mondialisation*, Arles, Actes Sud, 2000.

30. Educinvest était une filiale de la Compagnie générale des eaux (actuel Vivendi).

31. Allocution à l'École de Paris du management, « De l'éducation marchande », 3 avril 1992.

32. Créée en 1998 par les ministères de l'Éducation et des Affaires étrangères, Édufrance est dirigée par François Blamont, ancien président de Sodeteg, filiale de Thomson CSF.

33. Edinvest, « L'aide financière aux élèves d'établissements privés », bulletin d'octobre 1999.

34. « L'OMC et le cycle du millénaire, les enjeux pour l'éducation publique », Public Services International, 1999.

35. Les exemples cités sont issus des documents de l'OMC : S/C/W/49 et S/C/W/55 et de *L'industrie des services commerciaux d'éducation et de formation*, *op. cit.*

36. La British Columbia Teachers Federation, le Syndicat canadien de la fonction publique, l'Association canadienne des professeurs d'université et la Fédération canadienne des étudiants.

37. Harry Freeman a quitté American Express pour fonder le *think-tank* Mark Twain Institute.

38. Cité *in* H.P. Martin et H. Schumann, *Le Piège de la mondialisation*, *op. cit.*

39. FNME, « International, et le service public ? », *Option*, n° 387, avril 2000.

40. Quelques mois après la victoire contre l'AMI, la CCAMI (Coordination contre l'AMI) s'est transformée en CCCOMC : Coordination pour le contrôle citoyen de l'OMC.

41. La Coalition de Seattle est composée d'une soixantaine de personnes représentant des mouvements de quarante pays.

42. La coalition canadienne contre l'AMI s'appelait Common Front Against the MAI, Front commun contre l'AMI.

Chapitre 15

La privatisation des entrailles de la Terre

L'environnement se trouve au cœur d'un grand marchandage planétaire. Contrairement aux démentis officiels, il s'agit de capturer des services d'environnement encore hors d'atteinte : captage de l'eau, protection des paysages, recherche en écotoxicologie, etc. Du côté européen, les géants de l'eau prétendent à un droit de tirage sans limites sur les nappes phréatiques. Quant aux propositions américaines sur l'énergie, elles visent à la libéralisation du cycle complet de l'énergie depuis la prospection pétrolière jusqu'aux incinérateurs.

Au moment de la création du GATT, en 1947, les préoccupations concernant l'environnement étaient inexistantes. Ce n'est que des décennies plus tard que l'augmentation des pollutions en tout genre, depuis les pluies acides jusqu'à l'eutrophisation des rivières et des lacs, a commencé à interpeller l'opinion publique mondiale. Au démarrage de l'Uruguay Round, aucune attention n'était accordée aux dégâts provoqués par le système industriel et marchand sur notre fragile planète.

En 1990, le seul département du GATT mentionnant l'environnement s'appelle le département des « obstacles techniques au commerce et de l'environnement ». Intitulé révélateur : il s'agit d'élaborer un système de règles garantissant que la protection des milieux n'entravera pas le commerce. Tant l'accord sur les mesures sanitaires et phytosanitaires (SPS) que celui sur les obstacles techniques au commerce (OTC) fixent ainsi de nouveaux plafonds à la protection de la nature. Au-delà de ces seuils, les législations d'un pays peuvent êtres condamnées par un panel du GATT/OMC. Le verdict contre la protection des dauphins, celui condamnant la loi sur la propreté de l'air aux États-Unis, en janvier 1996, montrent quel sort l'OMC réserve aux questions écologiques.

L'OMC, la défense d'une économie suicidaire

Le conflit entre l'idéologie de l'OMC et la préservation de la nature est en réalité plus profond. Au-delà des limites fixées à l'action des gouvernements pour protéger les milieux naturels, la dynamique même de l'organisation va à l'encontre de la préservation de la biosphère. Le but de l'OMC, inscrit dans ses statuts, c'est la *croissance* du commerce mondial. L'usage parcimonieux des ressources est non seulement découragé, il devient interdit. Le prétendu libre-échange, bien souvent imposé, se fonde sur la compétition sans limites. Pour rester compétitives, les firmes rivales intensifient production et exploitation : agriculture industrielle à grand renfort d'engrais et de pesticides, sur-pêche menaçant les ressources halieutiques, accélération du rythme de la déforestation, concentration des usines chimiques, etc.

Produire toujours plus et moins cher entraîne des conséquences irréversibles sur les écosystèmes. Ce productivisme au détriment des richesses naturelles, c'est ce que les économistes désignent par les expressions « externalisation des coûts » ou encore « dumping écologique » : les coûts sont transférés aux générations futures.

Les règles macroéconomiques fixées par l'OMC en connivence avec le Fonds monétaire international et la Banque mondiale condamnent les producteurs les plus respectueux de l'environnement. Leurs produits n'étant pas concurrentiels, ils perdent leurs débouchés locaux. L'agriculteur du Sud qui travaille son lopin de terre peut d'autant moins lutter contre les firmes agroalimentaires que, pour conquérir les marchés, celles-ci n'hésitent pas, en infraction aux règles de l'OMC, à recourir au dumping. Les modes de vie en harmonie avec les écosystèmes, les seuls offrant une alternative à la poursuite de la destruction, sont ainsi condamnés à disparaître. Agressive pour l'environnement, la croissance du commerce international s'avère également fatale pour les pratiques authentiquement durables.

À mesure que les associations écologistes se mobilisaient contre un Uruguay Round menaçant pour les législations environnementales, l'organisation de Genève a adapté son discours. La direction du commerce et de l'environnement a été séparée de celle des obstacles techniques au commerce. Pour tenter de calmer le débat, le GATT a fait des promesses et il a été question d'ajouter des « clauses environnementales » aux accords. Mais, au bouclage du 8e round, il a été décrété que l'on s'occuperait de l'environnement « lors du prochain round ».

En réalité, à travers tout l'Uruguay Round comme aujourd'hui à travers l'OMC, la protection de l'environnement est *a priori* suspecte. Les versions successives des accords de l'OMC ont rajouté quelques touches de « soutenable », « équitable », « équilibré » au fil des pages, mais sans déroger à la priorité : l'accroissement des échanges internationaux. Pour les adeptes du commerce international comme norme suprême de la gouvernance mondiale, la vraie préoccupation est de soumettre l'environnement au fonctionnement du système néolibéral.

Les nouveaux « chars de la pensée »

La méthodologie utilisée par l'organisme chargé d'élaborer les concepts de toute négociation future à l'OMC, l'OCDE, relève du réductionnisme pur et dur. Pour mieux plaider les avantages du marché dans la protection de la nature, l'OCDE a élaboré la théorie du *« win/win »*, le « gagnant/gagnant ». Cette thèse tend à démontrer que le système libéral permet à la fois une « meilleure allocation des ressources » et une croissance économique bénéfique pour tous. L'OCDE transpose la théorie de l'avantage comparatif selon Ricardo (qui préconise la spécialisation des pays dans les domaines où ils ont des atouts et l'abandon de leurs secteurs non rentables) en approche environnementale. Appliquée aux « services d'environnement », elle pourrait donner des concentrations détonantes : concentration des déchets et de la pollution, par exemple, les mégasites étant plus rentables que les petits.

Ces pseudo-concepts et contorsions épistémologiques utilisés par l'OCDE pour faire entrer de force la nature dans les catégories économiques et marchandes seraient risibles si leurs implications n'étaient pas si graves. Ce *think-tank*, « char de la pensée » pour emprunter la lumineuse définition de Régis Castellani[1], est à la hauteur des meilleures divisions de Big Brother. Le ministère *ad hoc* à l'OCDE est un groupe de travail sur le commerce et l'environnement dont les travaux ont commencé en 1995. En préparation de la révision de l'AGCS, de nombreux rapports ont été produits. Parmi les sous-groupes qui planchent sur le développement durable, celui sur la biodiversité est placé sous la présidence intellectuelle d'un dirigeant de Monsanto. Une garantie absolue d'indépendance !

Le filon des déchets

Si la course à la productivité, comme la course aux armements, est sans cesse plus polluante et énergivore, voilà qui n'est pas pour déplaire à tous. La production d'objets « prêts à jeter » se solde par des montagnes de déchets dont le coût écologique est incalculable. Décharges qui polluent les sols et jusqu'aux nappes phréatiques, incinérateurs qui dispersent leurs émanations de dioxines mortifères dans l'atmosphère. Nous croulons sous le poids de nos déchets ? Qu'importe. Pour les industriels de la dépollution, ce sont autant de mannes et de nouveaux créneaux commerciaux. La commercialisation des déchets dangereux et des poisons devrait être interdite, mais elle constitue une activité fort lucrative et « innovante ». Ainsi la directive européenne 96/29 adoptée le 29 juin 1996 légalise-t-elle un recyclage de déchets classés « faiblement radioactifs » : il est désormais possible de les mêler à des objets d'usage courant[2]. Bonjour la radioactivité dans les casseroles et les bassines des cobayes que nous sommes devenus !

Ce genre de méthodes indéfendables a de nombreux partisans. Les grandes filières n'ont aucun intérêt à ce que des règles soient édictées pour diminuer les volumes des déchets.

Au contraire. Autour de la Commission européenne, les lobbies de l'emballage, toutes catégories confondues – carton, plastique, polystyrène –, regroupés dans Europen, produisent rapports sur rapports pour tenter d'établir que la notion de « montagne de déchets » est un mythe et que les volumes des emballages sont même un « signe de forte consommation, donc de bonne santé économique ».

Quant aux « solutions » pour régler les problèmes de pollution, les grandes firmes n'en connaissent qu'une : la dépollution. Il s'agit pour elles de secteurs de services en expansion. Les services dits d'environnement, énergie non comprise, sont censés présenter un taux de croissance de 8 % par an[3]. Selon les pronostics du Conseil du commerce des services de l'OMC, ils totaliseraient un marché de 640 milliards de dollars par an à l'horizon 2010. C'est sans compter le « marché de l'eau » qui, à lui seul, avoisine 400 milliards de dollars[4].

L'environnement : un marchandage planétaire

Sur l'autel de la compétition internationale, après avoir sacrifié la protection de l'emploi, allons-nous laisser l'OMC hypothéquer la protection des milieux et des ressources naturelles et la préservation des biens communs de l'humanité ? Si les propositions actuellement sur la table des négociations à Genève étaient adoptées, nous pourrions bien en prendre le chemin. À travers des négociations aussi secrètes que l'étaient il y a dix ans celles sur la propriété intellectuelle – dont les brevets sur le vivant et les OGM –, de nouveaux territoires de conquête sont sur le point d'être livrés à l'appétit des firmes mondiales : l'eau des nappes phréatiques, et même l'eau de pluie dans certains cas, l'énergie sous toutes ses sources, et les sous-sols géologiques.

Les fumées des gaz lacrymogènes étaient à peine dissipées dans les rues de Seattle que les experts ès-« captation » de marchés faisaient des propositions en matière de privatisation des services d'environnement. Côté américain, les services liés à l'énergie sont le point de mire pour une ouverture sans limites au marché. Les prétentions des gros opérateurs, reprises par le département américain du Commerce, concernent le cycle complet de la filière de l'énergie, depuis l'exploration pétrolière jusqu'à l'incinération. Nous y reviendrons.

Côté européen, les filières les plus convoitées sont celles de l'eau et des déchets. S'il s'agit de marchés potentiellement colossaux, leur accès est toutefois « encombré » d'obstacles de tous ordres : « monopoles ou fournisseurs exclusifs », « restrictions portant sur les formes légales d'activités économiques », « prescriptions en matière de licences et d'agrément », ou encore « restrictions concernant le mouvement du personnel ». Voilà quelques-unes des nuisances à l'essor des industries d'environnement soulignées par la Commission européenne.

Le document « AGCS 2000 : services concernant l'environnement[5] » est édifiant. Non seulement il pointe les barrières indésirables, mais il désigne les secteurs qui doivent à l'avenir s'ouvrir à la concurrence. La révision de la nomenclature des services, qui consiste à ajouter des domaines non marchands à l'actuelle classification de l'AGCS, est un art consommé. La délégation européenne à l'OMC s'y consacre avec un zèle acharné. Impossible de reproduire dans sa totalité la nouvelle liste proposée : elle comporte six pages d'« extension de la nomenclature ». Mais un échantillon suffit pour se faire une idée des prétentions des opérateurs : captage de l'eau, protection de la nature et des paysages, protection des forêts et promotion d'une gestion durable des forêts, études d'impact sur l'environnement, services de recherche-développement, programmes de sensibilisation du public... Reflet parfait des ambitions des grandes firmes comme Vivendi, Suez, Atofina, RWE... Ce n'est pas un hasard si, dans le jargon de l'OMC, cet exercice s'appelle aussi la *shopping list.*

On achète ! Vous ne voulez pas vendre ? Vous avez tort, et d'ailleurs nous avons quelques moyens pour vous convaincre. C'est l'OPA, même s'il n'y a pas de vendeur. L'OPA sans prix de reprise. Les États n'ont qu'à réviser leurs conceptions et les statuts de ces secteurs. L'AGCS est l'accord idoine pour les y contraindre. Car « l'AGCS est le premier accord multilatéral à prévoir des droits ayant juridiquement force exécutoire pour le commerce de l'ensemble des services. Il comporte l'engagement de libéraliser le secteur de façon ininterrompue par des négociations périodiques. Et, au niveau mondial, c'est le premier accord multilatéral sur l'investissement, puisqu'il vise non seulement le commerce transfrontières, mais tous les moyens possibles de fourniture d'un service, y compris le droit d'établir une présence commerciale sur le marché d'exportation ». Caricature ? Ce sont mot pour mot les sept premières lignes de la première version du préambule de l'accord, intitulée : « Conception et principes sous-jacents de l'AGCS ».

Pour préparer le marché global des services, la déclaration du Partenariat économique transatlantique de mai 1998 comporte un paragraphe intitulé « Plus grande convivialité de l'AGCS » (*sic !*). Les fonctionnaires américains et européens y sont priés de développer des techniques de négociation innovantes « afin de parvenir à un engagement général en faveur du traitement national et de *l'accès inconditionnel au marché dans tous les secteurs et pour tous les modes de fournitures* » (souligné par nous). Le PET, comme l'OMC, prône la clarté en matière d'engagements. Comment y parvenir ? Dans le PET, l'exercice est très bien expliqué : les fonctionnaires, en collaboration avec les industriels des deux côtés de l'Atlantique, doivent mettre en place des actions pour « permettre aux prestataires de services américains et européens dans le monde entier de mieux exploiter les possibilités offertes par le GATS [AGCS] 2000 ». C'est bien le grand marchandage : tailler de nouveaux domaines au bénéfice des firmes dominantes.

C'est donc le rôle de l'OMC, turbo de la globalisation économique, que de s'attaquer à ce chantier réglementaire, selon l'expression en vogue depuis une décennie. Ce dernier est si colossal que les lobbies préfèrent aujourd'hui l'appeler « infrastructure réglementaire ». Les autoroutes, ponts et échangeurs de règles supranationales doivent êtres planifiés, construits et rendus opératoires pour garantir l'accès et la bonne circulation des volumes de services que ces titans contemporains sont prêts à nous facturer.

Accès au marché, présence commerciale, fourniture transfrontières, mouvement des personnes physiques, ce sont là les réalités qui comptent. Cela tombe bien, voilà qui correspond aux quatre modes de fourniture de l'AGCS. Entre géants, on peut s'entendre : libéralisation des services de l'énergie au profit des pétroliers américains contre libéralisation des services d'environnement au bénéfice d'une petite poignée de transnationales européennes. L'enjeu est suffisamment motivant pour s'attaquer ensemble au chantier de la nouvelle infrastructure réglementaire.

Le cycle de l'eau et les transnationales

La filière de fourniture d'eau potable ne figurait pas dans la classification de l'AGCS en 1994. Pour la majorité des pays, ce domaine est du ressort des États, qui le considèrent comme relevant des services publics. Quant à l'accès aux nappes phréatiques, donc aux sous-sols des pays, il est soumis à des considérations de tous ordres, notamment géologiques et écologiques, et à des autorisations limitées en volume. Ce sont là des « lacunes » auxquelles il faut à tout prix remédier. En plus de la fourniture d'eau potable, le captage de l'eau est désormais posé sur la table des négociations à Genève. La fourniture d'eau dans le monde constitue l'un des plus grands secteurs. Un service si vital que rien, sauf l'air que nous respirons, ne peut être aussi important.

La Banque mondiale, convaincue de l'importance de ce service, distribue dans des écoles africaines des brochures qui expliquent que l'eau potable est une ressource rare, qu'il faudra apprendre à... payer ! S'appuyant sur la réalité d'une crise mondiale de l'eau, elle déguise son cynisme en leçon de morale aux enfants africains.

Pendant ce temps, des industries particulièrement voraces en eau, comme l'industrie informatique – à l'image d'Intel Corporation, qui a quasiment épuisé les nappes phréatiques de la Silicon Valley –, absorbent des quantités d'eau très pure qu'elles rejettent polluée. Ces industries, tout comme l'industrie chimique ou l'industrie nucléaire, qui bénéficient de tarifs préférentiels, sont servies au détriment des besoins des populations. Car l'eau potable est effectivement une ressource qui se raréfie : de plus en plus polluée dans le Nord, elle manque cruellement dans de nombreux pays du Sud. Pour les titans de l'eau, qui ont récemment accédé à une dimension planétaire, cette situation est paradoxalement une aubaine : la crise leur fournit la possibilité d'étendre leurs empires. Impossible de faire le compte des centaines de milliers de kilomètres de canaux et de tuyaux sous contrôle de l'ex-Générale des eaux. L'approvisionnement de centaines de millions d'individus en dépend aujourd'hui. Dépendance hasardeuse pour les populations, mais véritable mine d'or pour des firmes comme Vivendi.

Eau secours !

L'inclusion du captage et de la fourniture d'eau dans les services à libéraliser sous l'égide de l'AGCS pourrait annoncer une multiplication de litiges devant le tribunal de l'OMC. Quelques précédents dans le tiers monde illustrent la façon dont des compagnies d'eau demandent sans vergogne réparation pour les dommages qu'elles ont fait subir aux populations !

En Argentine, en 1995, une filiale de Vivendi décroche une concession de trente ans pour l'exploitation du système de distribution d'eau dans la province de Tucuman. Le cahier des charges prévoyant de lourds investissements pour la rénovation des canalisations et des puits, la firme est autorisée à doubler le montant des factures. Quelques mois plus tard, subitement, l'eau devient marron. Pour les habitants de Tucuman, la coupe est pleine. Ils s'organisent, décident de cesser de payer leurs factures et réclament la remunicipalisation des services de l'eau. Sous la pression populaire, le gouvernement de la province et Vivendi rompent leur contrat. Mais, en août 1997, volte-face : Vivendi porte plainte contre le gouvernement argentin. La firme réclame 100 millions de dollars de dédommagement. L'affaire est maintenant entre les mains du tribunal de la Banque mondiale : la Cour internationale de résolution des conflits liés aux investissements (International Court of Settlement on Investment Disputes, ou ICSID).

Dans la guerre de l'eau, d'autres firmes s'illustrent par des hauts faits guère plus reluisants. Bechtel, société géante d'engineering de San Francisco, est l'unique pétitionnaire pour le marché de Cochabamba en Bolivie via sa filiale Aguas del Tunari. Dans son ouvrage *Blue Gold*, Maude Barlow relate comment, en décembre 1999, Bechtel a annoncé le doublement du prix de l'eau : « Pour la plupart des Boliviens, l'eau coûte désormais davantage que la nourriture. Par-dessus le marché, le gouvernement bolivien, sous la pression de la Banque mondiale, accorde le monopole absolu au détenteur de la concession et déclare qu'aucun prêt ne devra servir à subventionner les services d'eau pour les pauvres. Toute l'eau, même celle des puits communautaires, est protégée et l'on ne peut y avoir accès qu'avec un permis. Les paysans et les petits fermiers doivent même acheter le droit de recueillir l'eau de pluie sur leurs terres[6]. »

À Cochabamba, une « coordination pour la défense de l'eau et de la vie » se met sur pied. Des dizaines de milliers de Boliviens marchent sur la capitale de la province : violences policières et imposition de la loi martiale en avril 2000. Le bilan pour la *Coordinadora* est très lourd : six morts, dont un garçon de dix-sept ans tué par une balle en plein visage. La pression populaire finit par avoir gain de cause, le gouvernement abroge la loi de privatisation de l'eau et confie la gestion de ce service aux représentants de la *Coordinadora*.

Le comportement de la firme honnie en dit long sur les risques encourus par les populations et les gouvernements qui bradent ce bien public au privé : Bechtel, se considérant comme « exproprié », poursuit actuellement le gouvernement bolivien et réclame 40 millions de dollars de dommages et intérêts. Une autre affaire entre les mains du tribunal de la Banque mondiale...

L'efficacité tant chantée du privé, la concurrence comme facteur de baisse des prix à la consommation s'appliquent-elles à la distribution de l'eau ? Dans la patrie de l'exception culturelle, il est une autre exception dont on ne parle pas suffisamment : seul pays au monde où la distribution de l'eau est privatisée à 80 %, la France connaît des écarts de prix considérables. À travers l'Hexagone, l'eau est « de 13 à 22 % plus chère dans les communes qui l'ont déléguée à une société privée que dans celles qui la gèrent directement[7] ».

En guise de concurrence, sur les marchés des déchets, cette fois – autre « pôle d'excellence » de nos deux magnats nationaux des industries de services, Suez et Vivendi –, la loyauté des pratiques emprunte parfois des chemins tortueux. Pour un contrat de gestion des déchets et de construction d'incinérateurs en Grande-Bretagne, autour de Brighton et Hove City, à l'est du Sussex – contrat sur vingt ans portant sur plusieurs milliards de livres –, deux firmes ont été retenues : Onyx Aurora et Viridor-Tiru. Jusque-là, rien d'étonnant. Mais le hic de cette histoire, c'est que les deux entreprises concurrentes pour l'appel d'offres sont déjà cartellisées : Onyx Aurora, filiale de Vivendi-Environnement, détient 24 % du capital de Viridor.

Hormis la question des coûts pour les usagers, la privatisation des filières de l'eau et des déchets fait peser d'autres menaces sur les populations. « Lorsque l'eau est privatisée, le public perd souvent le droit d'accès à l'information concernant la qualité et les normes qui s'y rapportent. Un scandale a éclaté lorsqu'en été 1998 on a découvert que Sydney, principale source d'approvisionnement en Australie, maintenant contrôlée par Suez, contenait des niveaux élevés de parasites *giardia* et *cryptosporidium*, et que le public n'avait pas été informé du problème dès son apparition[8] », explique Maude Barlow.

Plus grave encore, des tractations entre gouvernements et grandes entreprises sont en cours sur l'exportation de l'eau en vrac. En vertu du chapitre 11 de l'ALENA sur la protection des investissements, le Canada sait désormais ce qu'il en coûte d'interrompre l'exportation d'eau potable. L'État de Colombie-Britannique ayant interrompu l'exportation d'eau en supertankers, la compagnie américaine Sun Belt Water Inc. poursuit aujourd'hui le gouvernement canadien et celui de la Colombie-Britannique et réclame un dédommagement de plus de 500 millions de dollars en remboursement anticipé des bénéfices escomptés.

Si, à travers la révision de l'AGCS, l'OMC parvient à inscrire le captage de l'eau dans les « services d'environnement » à libéraliser, les conséquences pour les populations et les générations futures seront dramatiques. Les pays ne pourront plus fixer de limites aux volumes d'eau que les firmes privées seront en droit d'extraire de leurs nappes phréatiques.

Les dollars de la terreur[9]

Dans ce marchandage planétaire, les firmes américaines ne sont pas en reste. La proposition des États-Unis en matière de « services relatifs à l'énergie[10] » a été soumise au Conseil du commerce des services le 18 décembre 2000. Elle prône l'inclusion de la totalité de la filière – prospection, extraction, production, transport, transmission, distribution, commercialisation, consommation et gestion –, et cela pour tous les combustibles et produits énergétiques, dans la nomenclature des services. L'accès aux approvisionnements transfrontières figure en haut de la liste des priorités stratégiques.

Avec le Texan Bush Jr. au pouvoir, voilà qui ne devrait guère poser de problèmes. Les compagnies pétrolières américaines, grâce auxquelles George Bush lui-même a deux fois fait fortune, ont l'oreille du nouveau président pour ce qui est de l'écriture des nouvelles règles internationales en matière d'énergie. Ces dernières laissent à désirer, se plaint-on auprès des services de Genève. « Il arrive souvent que les cadres réglementaires soient opaques, discriminatoires et arbitraires[11]. » C'est pourquoi la proposition américaine préconise d'« aborder à la fois les questions concernant l'accès au marché et le traitement national ». Le but est de négocier les engagements « ayant la portée la plus vaste possible pour les sous-catégories de services figurant dans la liste des activités dans le domaine de l'énergie ». Il s'agit là, hélas, d'un programme devenu classique de privatisation au profit des grands opérateurs privés et de recul planifié des monopoles nationaux jusqu'à leur démantèlement.

Mais deux nouvelles approches viennent changer la donne en profondeur. Pour renforcer la liberté de prospection, une nouvelle déréglementation est suggérée : la « liberté de circulation des données électroniques, [car] de nombreux services relatifs à l'énergie dépendent actuellement des flux de données et des transactions électroniques, notamment l'analyse des données géologiques ». Traduisons : les pays seront priés – voire obligés sous peine de représailles si une clause à cet effet est introduite avec la révision de l'AGCS – de fournir librement au marché mondial toutes les données permettant de disposer de la cartographie complète de leurs réserves minérales et pétrolières. Les entrailles de la Terre, une fois dûment scrutées, seront soumises aux lois du marché, autrement dit à la loi du plus fort.

Tout aussi inquiétante et éminemment ambiguë, la proposition d'introduire le concept de « neutralité technologique[12] » dans les disciplines de l'accord pose un problème nouveau. En matière d'environnement, c'est là une dérive des plus dangereuses. Les technologies énergétiques sont tout sauf neutres pour la biosphère. L'approvisionnement d'un pays en électricité n'entraîne pas les mêmes conséquences écologiques selon qu'elle est d'origine thermique, hydraulique, nucléaire, solaire ou éolienne.

Au regard des règles de l'AGCS, que donnerait le concept de neutralité technologique s'il était adopté par les négociateurs de Genève ? Il signifierait tout simplement qu'une fois des engagements pris en matière d'accès à leurs marchés, les pays n'auraient plus le droit de choisir entre telle ou telle source d'énergie. « Les engagements en matière d'accès aux marchés devraient être pris sans qu'il soit tenu compte de la technologie utilisée pour fournir les services[13]. »

Mais, sur ce chapitre, l'option du gouvernement américain est dépourvue de toute ambiguïté. Quelques semaines après l'arrivée au pouvoir de George W. Bush, une relance sans précédent du programme énergétique est décidée. Le nouveau programme est confié à une *task force* dirigée par le vice-président Dick Cheney. Jusqu'à sa prise de fonction à la Maison-Blanche, Dick Cheney était PDG de Halliburton Co. Oil Fields Services, société de forage pétrolier opérant dans cent pays et dotée d'un capital de 9 milliards de dollars. Secrétaire d'État à la Défense sous Bush père, le même Dick Cheney dirigea l'invasion du Panama et l'opération « Tempête du désert » pendant la guerre du Golfe[14].

Le nouveau programme énergétique est démentiel. Il comprend : la levée du moratoire sur la construction de centrales nucléaires[15], la construction de 1 300 à 1 900 centrales électriques sur vingt ans, soit une par semaine, des autorisations plus expéditives et moins contraignantes pour leur construction, la révision à la baisse de la loi sur l'air propre, la mise en place de 60 000 kilomètres de pipelines pour transporter du gaz, de nouveaux forages pétroliers, y compris dans la réserve naturelle de l'Alaska, ainsi que la multiplication des incinérateurs[16]. Ainsi, après avoir balayé les accords de Kyoto, le premier pollueur atmosphérique mondial se prépare allègrement à doubler ses émanations de gaz à effet de serre.

Pour le lobby nucléaire français, la relance du programme énergétique américain et le come-back du nucléaire sont une bonne nouvelle. « Topco, futur géant de l'industrie nucléaire française, envisage une acquisition ou une alliance aux États-Unis pour s'engouffrer dans la brèche ouverte par la décision du président George W. Bush[17]. »

Les maîtres faussaires

Prétendre soumettre l'équilibre atmosphérique aux lois du marché par la cotation en Bourse des droits à polluer ; feindre de croire que les lois de la biosphère vont suivre celles de nouveaux instruments spéculatifs : ce pacte, faustien, n'est autre que celui des pétroliers. Emboîtant le pas à son père, qui a toujours soutenu que « le style de vie américain n'est pas négociable », le nouveau président américain dénonce le protocole de Kyoto[18]. Serait-ce à la biosphère de négocier sa survie ? Mais les écosystèmes ne sont pas davantage conviés à la table des négociations que les générations futures ne sont convoquées aux urnes.

L'impudence des grands de ce monde et de leur OMC paraît rarement pour ce qu'elle est : un cynisme décadent qui n'a cure ni du monde ni de ses habitants. Car l'arsenal des clauses et de leurs interprétations successives est sans cesse renouvelé. La logomachie des experts en service commandé intimide, tout simplement, voire paralyse le jugement. Ainsi le discours des « spécialistes » de l'OCDE sur le développement durable relève-t-il d'une reconfiguration sémantique qui consiste à asséner des contre-vérités avec aplomb.

Des semences génétiquement manipulées et brevetées pour vaincre la famine ; la compétition exacerbée pour parvenir à une répartition plus « équitable » des richesses ; la privatisation des services d'environnement aux mains des pollueurs pour sauver l'atmosphère : un chapitre entier ne suffirait pas à énumérer les fausses vérités et les vrais mensonges déclinés par l'OMC et ses satellites. Ces litanies ont un objectif : celui de changer le cadre de pensée, de « régir les manières de penser et d'agir en fonction de ce que l'on aura dogmatiquement défini[19] ».

Dix ans après le sommet de Rio, à l'approche de la conférence des Nations unies sur le développement durable de Johannesburg, prévue pour septembre 2002, les maîtres de l'OMC redoublent d'efforts et décuplent les budgets de relations publiques. Leur obsession de transformer la nature en devises se déguise désormais en croisade pour sauver la Terre.

Créée conjointement par la Chambre de commerce internationale et le Conseil mondial des affaires pour le développement durable (WBCSD), une nouvelle organisation est née : le Groupe d'action mondial des affaires pour le développement durable (BASD). Le BASD entend apporter la contribution des grands industriels au sommet de « Rio + 10 » à Johannesburg. Le monde du business se proclame le plus compétent pour relever les défis de la faim dans le monde, des pollutions et de l'épuisement des ressources naturelles. Il s'est tout de même choisi pour président Sir Mark Moody Stuart, tout récemment encore PDG de Royal Dutch Shell. L'affaire Shell au Nigeria, par exemple, cela ne rappelle rien ? La tribu des Ogonis avait osé s'élever contre de nouvelles explorations pétrolières sur son sol ancestral en élevant des barrages sur le passage des tracteurs et autres engins de la compagnie. Pour satisfaire la Shell, le 10 novembre 1995, le gouvernement du Nigeria avait fait procéder à l'exécution par pendaison du leader de ce mouvement de résistance, Ken Saro-Wiwa, ainsi que de sept de ses compagnons.

Le club d'humanitaires-écologistes du BASD compte par ailleurs des firmes aussi notoirement écologiques que Monsanto, Cargill, Novartis, Nestlé, Bayer, sans oublier Vivendi et Suez. Dans leurs efforts pour « lifter » leurs profils et se repeindre en vert, les membres de cette amicale philanthropique ne lésinent pas sur les moyens. Une série de publicités en double page dans l'*International Herald Tribune* sur la contribution des grandes firmes au développement durable est déjà planifiée. Tenter de contrôler le débat public en amont du sommet mondial sur le développement durable est un enjeu de taille pour ces grandes firmes. Des consultations avec certaines ONG, flattées voire appâtées par de menues concessions, ont déjà eu lieu au printemps 2001 aux États-Unis.

Moins naïfs et plus cohérents, des groupes de jeunes venus de Hollande, du Danemark et de Grande-Bretagne, rejoints par diverses associations françaises[20], ont réservé au BASD, dont la réunion inaugurale devait se tenir le 9 octobre 2001 au siège de la CCI à Paris, un accueil à la hauteur de ses prétentions. Les PDG reçurent les honneurs mérités. Ils ne purent commencer leurs travaux qu'en passant sous les bannières souhaitant la « Bienvenue aux SOUTENEURS du développement », et accompagnés des acclamations de : « Vive le Business action pour la DOMINATION DURABLE ! »

NOTES

1. Régis Castellani est responsable de l'association de recherche sur les transnationales (site : www.transnationale.org).

2. Le décret d'application en France n'a pas encore été adopté. Une campagne est en cours à l'initiative du réseau Sortir du nucléaire et de la CRII-RAD (Commission de recherche et d'information indépendantes sur la radioactivité).

3. Doc. S/C/W/46 de l'OMC.

4. Sur le marché de l'eau, lire, dans Edward Goldsmith, Jerry Mander (dir.), *Le Procès de la mondialisation* (Paris, Fayard, 2001), le chapitre de Jean-Philippe Joseph : « Vivendi, anatomie d'une pieuvre ».

5. Communication des communautés européennes, « AGCS 2000 : services concernant l'environnement », doc. S/CSS/W/38, 22 décembre 2000.

6. Maude Barlow, *Blue Gold*, Toronto, Stoddart, 2002.

7. Rémy Janin, « La concurrence "mise en doute" sur le marché de l'eau », *La Tribune*, 25 mai 2001.

8. Maude Barlow, *Blue Planet Project* (www.canadians.org).

9. Il s'agit du titre de l'ouvrage de Richard Labévière (Paris, Grasset, 1999) consacré à la partie de poker stratégique qui se joue autour des réserves pétrolières de la mer Caspienne.

10. Doc. S/CSC/W/24.

11. *Ibid.*

12. *Ibid.*

13. *Ibid.*

14. « Under the influence », rapport d'information, Center for Public Integrity (www.publicintegrity.org).

15. Le moratoire américain sur la construction de centrales nucléaires fut décrété en 1979 à la suite de l'accident survenu à la centrale de Three Miles Island.

16. Très récemment, George W. Bush a revu son programme à la baisse.

17. Depêche AFP, 23 mai 2001.

18. En mars 2001, quelques mois avant la conférence de Bonn sur le climat, Bush Jr. déclarait : « Le protocole de Kyoto causerait un dommage sérieux à l'économie américaine. »

19. Réponse de Michel Mafésoli à l'article de Jean Bricmont et Diana Johnston, « L'astrologie, la gauche et la science », *Le Monde diplomatique*, octobre 2001 (pages « Courrier »).

20. Ces associations comprenaient notamment la Coordination pour le contrôle citoyen de l'OMC (CCCOMC) de Paris, Droits Devant !!, l'Urfig (Unité de recherche, de formation et d'information sur la globalisation) et Ecoropa.

Chapitre 16

L'OMC n'est pas réformable

Devant la montée de la contestation internationale, l'OMC hésite encore entre séduction et répression. Les ONG dociles sont invitées à des réunions de pseudo-consultation tandis que la répression prend des proportions de plus en plus graves : Washington, Prague, Québec, Göteborg ou Gênes. L'organisation et les ministères de l'Économie des pays membres proclament la transparence et pratiquent l'opacité. L'évaluation promise aux pays du Sud et inscrite dans les obligations de l'OMC n'est toujours pas au rendez-vous. Après l'OMC chez les émirs, à quand une ministérielle dans l'espace ?

À Seattle, les lobbies d'affaires ont eu chaud. Pendant quelques mois, l'émotion a dû être vive dans les conseils d'administration des firmes transnationales. Le message diffusé, dont l'écho porte encore, les images retransmises par les chaînes télévisées du monde entier semblaient se résumer à ces quelques mots : tous au courant, tous d'accord. Écologistes et syndicalistes, sociétés civiles du

Nord et du Sud, paysans, peuples indigènes : ils s'étaient passé le mot, c'était une véritable mutinerie ! Le quartier général de Genève adopta un profil bas : peu de communiqués, peu de documents mis en ligne. Puis des déclarations lénifiantes sur la transparence, voire la démocratisation de l'organisation. Mais oui, l'OMC sera réformée. Elle sera véritablement au service de tous les pays membres et de toutes les populations. Un vrai conte de fée, un happy end digne des comédies musicales hollywoodiennes.

En attendant, les affaires sont les affaires

Dès février 2000, les négociations sur l'Accord général sur le commerce des services reprennent dans la plus grande discrétion. Mais l'année 2000 est principalement consacrée à panser les plaies, à peaufiner un masque de sympathique bienveillance et un beau discours pour une mondialisation à visage humain. Seulement, début 2001, soyons sérieux, il faut quand même parler de nouvelles négociations. « L'OMC est trop précieuse pour la laisser disparaître », comme se plaît à le rappeler la Chambre de commerce internationale. Elle doit servir le but qui lui a été assigné : obtenir une libéralisation accrue dans un nombre toujours plus grand de secteurs. Malgré la défaite cuisante de Seattle, sans mandat renouvelé et en dépit de l'opposition de nombre de pays du tiers monde, l'OMC prétend lancer un nouveau cycle de négociations commerciales multilatérales.

Pour honorer ses promesses de transparence et de dialogue avec la société civile, l'organisation ne trouve rien de mieux que de décider de tenir sa quatrième conférence ministérielle à Doha, capitale de l'émirat du Qatar. Dans le seul pays qui ait accepté de la recevoir, cela tombe bien, les manifestations sont interdites. À l'OMC, les ministres du Commerce extérieur, de l'Économie et des Finances des pays membres se réunissent durant trois à cinq jours, tous les deux ans, en conférence ministérielle. Entre-temps, les technocrates élaborent, en étroite collaboration avec les lobbies d'affaires, les directives de négociation des futurs accords que les ministres n'auront plus qu'à signer. Le mécanisme, bien rodé, a parfaitement fonctionné jusqu'à Seattle, alors pourquoi se laisser démoraliser par une contestation diffuse et brouillonne ?

Doha, novembre 2001 :
une ministérielle pour sauver l'OMC

Par la voix du directeur général de l'OMC Mike Moore, il a été solennellement décrété que, afin de « garantir la transparence du processus de préparation de ce nouveau round », la date butoir pour aboutir au projet de déclaration finale de la ministérielle de Doha était fixée à la fin de juillet 2001. À la mi-octobre, moins d'un mois avant la ministérielle dont personne ne sait plus où ni même quand elle se déroulera, il n'y a toujours pas d'accord sur le texte. Qu'importe ! S'asseyant une fois de plus sur la parole donnée, la vénérable institution tente toujours le forcing. Mini-ministérielle à dix-huit membres à Mexico le dernier week-end d'août, puis à Singapour, à vingt-deux, les 13 et 14 octobre : c'est pour mieux parvenir au consensus ! Quand on ne peut faire avec, on fait sans, sans les pays qui restent opposés au lancement d'un nouveau round. Entre-temps, le commissaire européen Pascal Lamy et son homologue américain Robert Zoellick continuent de parcourir le monde. Les lobbies s'affairent à Genève. Des travaux très sophistiqués sont menés pour transcrire leurs exigences en nouvelles règles de commerce international.

Au dernier trimestre 2001, le menu de la ministérielle qui s'approche se compose toujours des mets réchauffés que les pays du Sud ont repoussés à Seattle. Les récipients ont simplement changé et l'exercice a été rebaptisé. « Round pour démocratiser l'OMC », propose le commissaire Lamy. « Round pour le développement », renchérit le négociateur en chef américain. Après les attentats du 11 septembre 2001, les deux négociateurs en chef des blocs jumeaux États-Unis et Union européenne proclament en chœur : un nouveau round permettra de mieux lutter contre le terrorisme. Qu'on se le dise !

Au programme des nouveaux secteurs de la quatrième ministérielle figurent : l'investissement (retour déguisé de l'AMI) ; les marchés publics, qui, en particulier dans les pays dits en développement, offrent des perspectives alléchantes pour les firmes à dimension mondiale ; un accord sur les politiques de concurrence – réclamé par les firmes géantes, notamment par celles qui sont en voie de cartellisation ; un accord sur la « facilitation commerciale » ; sans oublier la « libre exploitation forestière » et minière. La révision d'accords existants est également à l'ordre du jour : négociations sur l'agriculture et révision très problématique de l'accord TRIPs, dont les États africains, depuis Seattle, demandent unanimement le retrait, et en particulier celui de l'article 27.3 sur la brevetabilité du vivant.

Mais le nouveau cycle, en « chargeant » la table des pourparlers, doit aussi permettre de réussir la révision de l'AGCS. Cette négociation à haut risque passera d'autant mieux inaperçue qu'elle sera noyée parmi de nombreux accords superposés. À travers elle, outre le démantèlement des services vitaux d'intérêt collectif, se prépare la mise en concurrence « transfrontières » de tous les travailleurs du monde.

En effet, la privatisation de tous les secteurs, notamment publics, ne devient lucrative qu'avec l'abaissement du coût du travail. La solution économique prônée par le Conseil des services de l'OMC est d'importer une main-d'œuvre qualifiée, capable de remplacer les chirurgiens, infirmières, informaticiens, etc., pour des salaires très inférieurs. C'est ce qu'on appelle la « mobilité des travailleurs », ou « mode 4 de fourniture des services ». Ce « mode 4 » devrait alerter particulièrement les élus et les organisations syndicales. Dans les négociations de Genève, on parle ouvertement des « visas GATS[1] » : les firmes pourront demander de tels visas, beaucoup plus expéditifs puisque normalisés par Genève, pour le personnel qu'elles souhaitent « importer ». Le visa GATS octroiera un droit de séjour égal à la durée d'un contrat de travail précaire. Le travailleur migrant étant, par définition, de passage, il n'y aura pas lieu de payer pour lui les cotisations sociales exigées pour les travailleurs nationaux. Mieux, on pourra le rétribuer selon une grille de salaire proche de celle de son pays d'origine. Après l'enfer des paradis fiscaux, voici l'enfer des paradis sociaux[2].

Cette mise en concurrence mondiale des « marchés de la main-d'œuvre » sans que les firmes aient besoin de se délocaliser préfigure la dérégulation généralisée des droits du travail : destruction des conventions collectives et bientôt de tous les acquis sociaux. Cette mobilité à la mode OMC ne peut conduire qu'au développement durable du « précariat » pour les pays du Nord.

Pour le Sud, cela signifiera le pillage des compétences des professionnels qualifiés. Quant aux travailleurs migrants en fin de contrat, ils risqueront de se voir envoyer ailleurs, nomades modernes en perpétuelle errance, à moins qu'ils ne rejoignent la cohorte des sans-papiers. Pourtant, dans les négociations de l'AGCS, c'est avec cette carotte du « mode 4 » que l'on tente d'allécher les pays du Sud. Comme ils n'ont rien à gagner à libéraliser leurs services, les négociateurs du Nord font valoir qu'ils pourront ainsi profiter de leur seul avantage comparatif : leur main-d'œuvre bon marché.

Le « putch Moore-Harbinson »

En septembre, dans les semaines précédant la conférence de Doha, un premier projet de déclaration ministérielle est mis en circulation, puis un second début octobre. Ces deux textes comportent quelques maigres concessions aux demandes des pays du Sud. Mais le samedi 27 octobre, à 23 heures 30, coup de théâtre : le président du Conseil général de l'OMC, Stuart Harbinson, fait diffuser *le* projet final de déclaration pour la quatrième ministérielle. Cette version gomme les concessions antérieures. La réaction des pays du Sud ne se fait pas attendre : c'est le tollé. Leur demande d'évaluation des accords passés et la promesse solennelle de l'organisation formulée en novembre 2000 à ce sujet ont été superbement ignorées : le texte engage les pays membres dans un nouveau round comportant les secteurs catégoriquement refusés par la majorité des pays du Sud[3]. Maquillage rédactionnel, les mots « round » ou « cycle » n'y apparaissent cependant pas une seule fois. Le dimanche 29 octobre, le TransAtlantic Business Dialogue (TABD), qui réunit 200 firmes transnationales des deux côtés de l'Atlantique, réitère ses instructions au ministère du Commerce américain et à la Commission européenne : obtenir, coûte que coûte, le lancement d'un nouveau round lors de la ministérielle du Qatar[4].

À la réunion du Conseil général de l'OMC à Genève, le 31 octobre, c'est le clash. La discussion sur le projet de déclaration qui fâche est placée en neuvième point de l'ordre du jour ! Excédés, des ambassadeurs de pays du tiers monde quittent la réunion. Le président du Conseil général, Harbinson, qui est aussi le directeur du tribunal de l'OMC, l'ORD, reste de marbre. La réunion se poursuit le jour suivant. Objections sur objections de vingt-deux délégations du tiers monde : tour à tour, l'Inde, le Pakistan, l'Ouganda, le Zimbabwe, etc., s'efforcent de faire entendre leur voix. Rien n'y fait. En fin de journée, Harbinson impose son texte, décrétant qu'il l'enverra « sous [s]a propre autorité » aux ministres du Commerce des pays membres. Il promet d'y adjoindre une lettre faisant état des divergences, mais refuse par avance de la montrer aux ambassadeurs à Genève ! Autant laisser les ministères dans l'ignorance quant à l'ampleur du vent de fronde qui souffle à Genève.

Pour Chakravarti Raghavan, observateur des négociations du GATT à Genève, c'est « le putch Moore-Harbinson, un coup contre les membres de l'organisation et un coup contre ses règles ». En effet, comment qualifier autrement l'adoption d'un texte qui ne fait pas consensus et qui n'est pas non plus soumis au vote ? Outrepassant son mandat, Harbinson viole la règle du Conseil général qu'il préside. Dans sa conférence de presse du 2 novembre, le directeur général Mike Moore appuie Stuart Harbinson. Il décrète valide le « processus de Genève », ajoutant même qu'il devrait être institutionnalisé.

Pourtant, la veille, par la voix de son ministre du Commerce extérieur Murasoli Maran, l'Inde a menacé de se retirer de l'OMC : « Nous ne savons pas qui a rédigé ce texte [...]. Si nous n'avons pas notre mot à dire dans le programme, à quoi bon rester à l'OMC[5] ? » À la question :

« Ne craignez-vous pas d'être isolés ? », le ministre indien répond, impassible : « Un milliard de personnes ne peuvent pas être isolées. »

Pendant ce temps, pour la Commission européenne, tout va très bien. Sous l'intitulé « Vers un nouveau cycle », Pascal Lamy se félicite de ce que les conditions requises sont réunies pour le lancement d'un nouveau round au Qatar. La Commission et le secrétaire d'État français au Commerce, François Huwart, sont du même avis : « Il y a accord sur le texte à 80 %. »

La méthode Coué a quand même ses limites. Le commissaire Lamy reconnaît le risque de bloquage et déclare qu'une annulation de dernière minute serait un « cas de force majeure, désagréable certes, mais dont personne ne pourrait tirer de conséquences politiques ». En revanche, attention, « si Doha avait lieu et échouait à lancer un round après la débâcle de Seattle, l'organisation et le système commercial mondial souffriraient un grave revers[6] ».

Pendant le week-end des 3-4 novembre 2001, la délégation américaine reçoit des informations des services secrets. Selon des sources sûres, un terroriste spécialiste des attentats au véhicule piégé serait sur le territoire du Qatar. À leur arrivée à Doha, les délégués américains recevront donc des masques à gaz, un kit de médicaments contre les armes biochimiques et des radios pour pouvoir communiquer au cas où ils devraient être mis à l'abri sur un porte-avions américain.

C'est dans une ambiance d'intense paranoïa que les délégations, réduites au strict minimum, s'envolent pour le Qatar. Une fusillade sur une base aérienne, à quarante kilomètres de Doha, quelques minutes avant l'arrivée de la délégation américaine, par un responsable de la défense anti-aérienne qui aurait « pété les boulons » met encore un peu plus d'électricité dans l'air. Le négociateur américain en chef, Robert Zoellick, ne se déplace qu'entouré d'un escadron de marines qui bousculent brutalement tout le monde pour lui ouvrir le passage.

Les fantômes de la chambre verte

Seuls 200 responsables d'ONG ont obtenu une accréditation[7]. Dès le deuxième jour, l'accès aux conférences de presse, qui était normalement acquis, est sévèrement contrôlé. La quatrième ministérielle est inaugurée à Doha dans un climat d'extrême tension. Lors de la cérémonie d'ouverture, l'émir du Qatar, plus imposant qu'un roi médiéval, lit le… projet de déclaration finale ! L'ambiance solennelle ne se prête guère aux objections.

Mais, pour la Quad, impossible de réitérer la pratique des réunions à huis clos entre pays riches – les fameuses « chambres vertes » – qui avait révolté les délégations du Sud à Seattle. Alors, comment faire ? Eh bien, elles seront remplacées par des « hommes verts » ! Six groupes de négociation, ouverts à tous les membres mais présidés par des « amis de la présidence », sont créés[8]. C'est un comité de synthèse – Committee on the Whole, ou COW (qui signifie « vache », encore un sigle déplacé !) – qui « harmonisera » les différentes positions.

Cependant, le soir du 13 novembre, date officielle de sa clôture, la ministérielle du Qatar est toujours dans l'impasse. L'Inde, le Pakistan, l'Indonésie, la Malaisie, le Zimbabwe, Cuba et quelques autres tiennent bon et refusent obstinément les nouveaux secteurs. De nombreux pays du Sud (à qui auraient été offertes des compensations financières pour changer de camp) se sont ralliés à la quatrième version du texte proposée par le Nord. Les ONG présentes à Doha, quant à elles, font un travail colossal ; leurs rapports sont si vivants qu'à les lire on s'y croirait.

S'interdisant l'échec, l'OMC s'accorde une prolongation. Le 14 novembre, alors que plusieurs délégations se sont déjà envolées vers leurs capitales respectives, les sessions de négociation se poursuivent. C'est ce jour-là que s'exerce l'ultime forcing pour imposer les textes voulus par la Quad. Le temps presse et, cette fois, la pratique de la chambre verte est utilisée comme aux plus beaux jours de l'Uruguay Round. Ce qui sert de chambre verte, en l'occurrence, c'est la « suite présidentielle n° 11 ». Seuls vingt pays y sont admis, et encore interdit-on aux ministres d'être accompagnés de leurs négociateurs en poste à Genève[9].

Cette séance de forcing dure de onze heures du soir à cinq heures du matin. Seule l'Inde tient bon jusqu'au bout. Le ministre du Commerce, Musaroli Maran, a été joint par téléphone par son Premier ministre, qui lui demande de souscrire au nouveau round[10]. M. Maran pose néanmoins une condition. Il fait ajouter une « clause de réserve » : un document attaché à la déclaration finale précise que le lancement de négociations sur les « matières de Singapour » ne se fera qu'au consensus. Mais les termes exacts retenus dans le corps de la déclaration ministérielle sont ambigus. Ils se réfèrent au consensus sur les *modalités* de négociation. La bagarre d'interprétation est ouverte jusqu'à la prochaine ministérielle. En toute bonne règle, la position lue et distribuée par le ministre qatari Y.H. Kamal, qui préside la session de clôture de Doha, doit prévaloir : le lancement de négociations sur les nouveaux secteurs à la cinquième ministérielle ne pourra se faire qu'au *consensus explicite*.

Le round de la honte

Mike Moore déclare à l'issue de Doha : « Vous avez sauvé l'OMC. » En effet, l'Union européenne et les États-Unis ont initié le démarrage, bien que différé, de négociations dans les domaines qu'ils souhaitent inscrire dans les prérogatives de l'organisation : l'investissement, les marchés publics, les politiques de concurrence, autant d'immenses secteurs ouverts aux bénéfices de leurs firmes transnationales.

« La déclaration de Doha [...] pourvoit aux besoins du capitalisme global en crise [...] en parachevant la construction d'un ordre mondial dans lequel le capital global peut accroître son champ d'opération, se saisir de nouvelles opportunités d'appropriation et intensifier le rythme de l'exploitation[11] », conclut dans un article poignant S.P. Shukla, ancien ambassadeur de l'Inde au GATT.

De retour dans leurs capitales respectives, les négociateurs américains et européens se déclarent satisfaits. L'Union européenne n'a pratiquement rien consenti en matière d'élimination de ses subventions à l'agriculture, le texte précisant que ses efforts dans ce sens seront engagés « sans préjuger des résultats ». La délégation américaine a promis pour sa part d'examiner les pratiques de dumping qui pourraient être néfastes, mais non de les interdire. La grande presse internationale clame qu'en matière de propriété intellectuelle une grande ouverture a été faite concernant l'accès aux médicaments. Dans la réalité des textes, le succès est nettement plus mitigé. Et ce n'est qu'à partir de la fin de l'année 2002 que l'accès aux médicaments indispensables pour enrayer la pandémie de sida notamment sera exempté de droits de propriété intellectuelle. Les 24 millions de malades du sida que compte l'Afrique n'ont qu'à attendre.

Par ailleurs, la réouverture de l'accord TRIPs est passée sous silence. Seule la question de « l'accès » aux médicaments a fait l'objet de discussions, mais la règle de l'OMC quant aux brevets sur les médicaments et sur le vivant reste inchangée.

Un autre sujet fortement médiatisé a été l'entrée de la Chine à l'OMC, applaudie comme un grand succès du système commercial multilatéral ; on fait l'impasse sur ses conséquences sociales dramatiques. Ainsi, selon une estimation du gouvernement de Pékin, 140 millions de paysans chinois seraient condamnés à l'exode.

Les plus triomphants sont les grands lobbies d'affaires. La Coalition américaine des industries de services (CSI) et le Forum européen des services (ESF) estiment que le lancement de ce nouveau round est extrêmement prometteur pour la privatisation et le commerce des services. Mais si l'OMC, les grands médias et les lobbies se félicitent de leur « prouesse », dans les pays de l'hémisphère Sud et parmi les ONG le récit véritable de ces négociations sous contrainte se propage à vitesse électronique.

Réformer l'OMC ?

Remettre l'OMC à sa place[12] : est-ce là un bon objectif ? L'ennui, c'est que l'OMC occupe une place qu'elle n'aurait jamais dû occuper, qui ne lui appartient pas et à laquelle elle n'a réussi à accéder que par une espèce de coup d'État planétaire. De par son histoire, de par ses méthodes de négociation et ses conditions de ratification, l'OMC est une organisation fondamentalement illégitime. En un mot, elle ne devrait pas exister. Ce n'est pas un hasard si la transformation du GATT en OMC a été un secret jalousement gardé pendant si longtemps. Certains avancent qu'il faut bien des règles pour discipliner le commerce mondial. Que sans l'OMC ce serait bien pire car c'est la loi de la jungle qui régnerait.

Mais les accords de l'OMC ont précisément pour objectif de soumettre les législations nationales, le droit du travail, la protection sociale, le droit environnemental et celui des consommateurs aux impératifs des firmes transnationales. En d'autres termes, aux droits décrétés supérieurs des investisseurs de faire commerce, sans obstacles d'aucune sorte, des activités humaines sur toute la surface de la planète, quelles qu'en soient les conséquences pour les populations.

Un toilettage, quelques injections de transparence et des doses de consultation avec la société civile peuvent-elles changer l'organisation, la rendre démocratique, équitable et véritablement au service de tous ? Est-ce là seulement un but réaliste ? Connaissez-vous la recette pour que le Petit Poucet négocie avec l'ogre ? A-t-on jamais vu un avare distribuer sa fortune ?

Quand on est assis, comme c'est le cas de l'OMC, sur une montagne de règles qui vous donnent tous les pouvoirs, y compris celui d'en écrire de nouvelles à mesure que le besoin s'en fait sentir, pourquoi donc se départir d'un aussi formidable outil ? Rien, si l'on s'en tient aux disciplines et modes de fonctionnement qu'elle s'est attribués, n'oblige l'OMC à renoncer aux privilèges exorbitants qui sont les siens. La problématique est décidément beaucoup plus grave. Rien ne sert de se voiler la face.

C'est le rôle fondamental et institutionnel de l'OMC qu'il faut aujourd'hui contester. Les firmes transnationales ont pour devoir de réaliser les profits maximaux pour leurs actionnaires. L'obligation leur en est faite par leur charte d'incorporation[13]. Quand elles s'en écartent, elles risquent d'encourir des OPA hostiles, à savoir qu'une firme, démonstration faite qu'elle obtiendrait de meilleurs résultats pour les actionnaires, se porte candidate pour la reprise. Ce sont les statuts mêmes des firmes commerciales qui inscrivent la rapacité et le cynisme dans leur code génétique.

De même l'OMC, dont le but suprême, hiérarchiquement supérieur à tous les autres, est l'augmentation du commerce mondial, souffre d'une tare congénitale. L'Unesco a (ou, devrait-on dire, avait) pour but l'avancement de la connaissance, de la science et de la culture pour tous les humains. L'Organisation mondiale de la santé a pour mission l'amélioration des conditions de santé et d'accès aux soins pour toutes les populations. La mission de l'OMC, inscrite dans le préambule de ses statuts, c'est l'augmentation du commerce mondial.

Cet aspect fondamental et constitutif se prête d'autant moins à une approche réformiste que toutes les règles de l'organisation en découlent. Elles en découlent et contraignent les pays membres à démontrer que leurs mesures de protection de l'emploi, des droits ou de l'environnement sont « le moins restrictives possible » pour le commerce.

Ces règles sont par essence démocraticides. Elles placent les gouvernements sous tutelle, voire sous scellés. Grâce aux principes de « cliquet » et de « démantèlement »[14], toute mesure de libéralisation est consolidée à tout jamais. L'ensemble des limitations à la libéralisation complète doivent progressivement être éliminées. C'est la fonction de chaque nouveau round que de donner des tours de vis supplémentaires. Plus longtemps ces règles seront en vigueur, plus difficile il sera d'obliger l'organisation à faire machine arrière, voire d'en abroger les éléments les plus scandaleux et les plus pathogènes.

L'OMC, la soumettre ou la supprimer

Approche réformiste ou approche radicale ? Le problème, avant tout, c'est que les règles de l'OMC demeurent encore relativement méconnues du grand public. Même après Seattle il reste un immense travail à faire pour les exposer et les vulgariser. De plus, il n'est pas certain qu'une division précoce entre les partisans de l'approche réformiste et les tenants de l'approche radicale soit le meilleur moyen de faire avancer le mouvement. D'aucuns risqueraient de se servir de ces clivages pour discréditer les radicaux, voire les criminaliser et sélectionner des représentants « raisonnables » et « coopératifs » de la société civile pour cautionner un toilettage de façade qui ne changerait rien quant au fond. Un créneau à saisir pour les opportunistes ou arrivistes (sans doute en faut-il, au nom du pluralisme !), mais un risque majeur pour un mouvement international qui a fait des pas de géant ces cinq dernières années.

Alors que l'opinion publique s'éveille tout juste à la conscience qu'il y a « quelque chose de pourri dans le royaume de l'OMC », voilà qui reviendrait à encourir le discrédit des meilleurs critiques et des franges les plus avancées dans la compréhension des arcanes de l'organisation. C'est une tactique banale, élémentaire même, employée depuis des années par les technocrates de Bruxelles, Genève et Washington. Elle comporte en fait deux volets :

– les ONG dociles sont invitées à des réunions dites « de consultation » sur les accords, voire sur telle ou telle partie des accords. Leurs représentants sont entendus en même temps que ceux d'organisations bien différentes et néanmoins classées « non gouvernementales » : les lobbies industriels et les coalitions patronales ;

– les autres ONG sont tout simplement tenues à l'écart des consultations, quand elles ne sont pas discréditées à travers la littérature officielle.

Trois mois après Seattle, une soixantaine de représentants de mouvements du réseau international réunis à Boston se sont attelés à la tâche de produire un nouvel appel international. L'appel de Boston réussit une synthèse apparemment impossible : appeler à une réforme si « radicale » de l'OMC que, si elle venait à être menée à bien, l'OMC ne serait tout simplement plus l'OMC. Sous le titre « WTO : fix it or nix it[15] », Lori Wallach fait circuler une première ébauche. Lors de la discussion de Boston, Vandana Shiva remarque que, si ce titre sonne très bien, il est intraduisible dans toute langue vernaculaire qui se respecte. Autrement dit, l'américain n'est pas une langue ! À force de remue-méninges, l'assemblée parvient à trouver un intitulé plus traduisible. Nous optons pour : « WTO : shrink it or sink it », soit : « L'OMC, la soumettre ou la supprimer[16] ». En quelques mois, cet appel est signé par plus de 1 500 organisations réparties dans 80 pays.

Du contrôle à la répression

Devant la montée de la contestation internationale, l'OMC manie tour à tour séduction et répression[17]. Les ONG dociles continuent d'être invitées à des réunions de pseudo-consultation tandis que la répression prend des proportions de plus en plus dramatiques à Washington, Prague, Québec, Göteborg et Gênes. L'organisation et les ministères de l'Économie des pays membres proclament la nécessité du dialogue et pratiquent la brutalité. L'évaluation promise aux pays du Sud à l'issue de Seattle et inscrite dans les obligations de l'OMC n'est toujours pas au rendez-vous. Chacune des grandes réunions économiques internationales se tient désormais dans des citadelles retranchées. Après l'OMC chez les émirs du Qatar aux confins du désert, faut-il s'attendre à une ministérielle dans une navette spatiale ?

Que l'OMC, au nom de la liberté du commerce, viole les libertés publiques, cela est aujourd'hui devenu évident. On peut constater qu'elle nie de manière fondamentale les quatre libertés essentielles qui ont présidé à la création des Nations unies. Roosevelt les avait énoncées en 1942 dans son discours sur l'état de l'Union : *« Freedom of speech, freedom of religion, freedom from want, freedom of fear »*, que l'on peut traduire par : « Liberté de parole, liberté de religion, libération de la misère, libération de la peur. »

Pour l'espèce humaine en général, le règne de l'OMC met en danger la survie de millions de paysans dans l'hémisphère Sud et banalise la précarisation et le chômage dans le Nord. Son ordre froid contribue à augmenter la peur et la misère. La liberté de parole devient à son tour précaire. L'époque des grands empires médiatiques, dont les intérêts se confondent avec ceux de la déréglementation généralisée, tend à contrôler le discours critique : il est réduit à la portion congrue, caricaturé voire assimilé à des explosions de violence, au hooliganisme, quand ce n'est pas, du moins par insinuation, au terrorisme.

Plus graves que ces bavures policières et infractions inacceptables aux droits civiques, il existe des signes clairs que, sauf sursaut démocratique, le contrôle de l'information va encore se resserrer. Une directive européenne en gestation prévoit l'interdiction des sites dits « terroristes ». Parmi les terroristes on inclut aujourd'hui nombre de mouvements antimondialisation. La chasse aux sorcières a déjà commencé dans plusieurs pays d'Europe qui ont passé des lois dans ce sens. À Genève, pendant la tenue de la deuxième ministérielle de l'OMC, la police a fait irruption sans mandat de perquisition aux domiciles d'activistes de People Global Action. Elle a saisi carnets d'adresses, documents et même ordinateurs. En Belgique, les personnes dont les écrits ou conférences peuvent être interprétés comme un appel à la subversion peuvent désormais être soumis à de lourdes amendes.

Quant aux événements de Gênes lors du sommet du G8 en juillet 2001, ils ont offert le sinistre spectacle d'une violence policière inédite et gratuite, qui a culminé lors de l'attaque du Centre de convergence[18]. En pleine nuit, les manifestants furent réveillés et bastonnés. Bras cassés, mâchoire démise ou plaies ouvertes, c'est dans cet état qu'ils furent traînés hors du Centre de convergence pour être emmenés dans divers lieux d'incarcération. Derrière les murs des commissariats, ils subirent parfois des pratiques fascisantes, tortures morales et physiques, durant soixante-douze heures. Le bilan des violences policières de Gênes est, officiellement, d'un mort.

OMC : Oppression mondiale par le commerce

La liberté de manifester et la liberté de parole semblent décidément devenir les ennemies publiques de l'Organisation mondiale du commerce et de ses satellites. « La liberté ne peut être détaillée ni débitée en tranches : elle est vivante. » Or « la liberté de parole se voit partout mise en échec par des censures officielles ou commerciales, la misère règne, la police règne et les vainqueurs eux-mêmes vivent dans la peur les uns des autres[19] ». Ces lignes de Denis de Rougemont, écrites en 1945 à propos de l'équilibre de la terreur, ne s'appliquent-elles pas mot pour mot au libéralisme triomphant ?

Quant à la liberté de religion, ou de culte, elle est aujourd'hui remplacée par le fondamentalisme contemporain dominant : celui du libre-échange, seule grille d'interprétation de la réalité dont l'hégémonie, grâce à un arsenal de règles, de verdicts coercitifs et d'une machine de propagande pléthorique – sans compter un arsenal nucléaire toujours prêt à l'emploi –, est capable de s'imposer au monde entier.

Des règles contraignantes sur le commerce mondial ? Oui, elles sont plus nécessaires que jamais. Des règles claires, identiques pour tous, du point de vue de la survie de la biosphère et de ses habitants, sont devenues impératives. Seulement l'OMC, championne de l'Oppression mondiale par le commerce, ne peut remplir cette fonction. Elle a été créée précisément pour démanteler les obstacles au grand commerce. Parce qu'à travers son tribunal ses décisions ont force exécutoire, l'OMC constitue la principale entrave à l'établissement de nouvelles règles qui seraient non plus prédatrices mais réparatrices de l'environnement, justes pour les populations et réellement favorables à l'emploi.

La marginalisation, voire la mise au pas des agences des Nations unies démontre par ailleurs que l'OMC s'acharne à torpiller toute possibilité de démocratisation et d'humanisation du système économique international. La capacité des agences spécialisées de l'ONU à œuvrer pour la santé, le droit des enfants, la protection de l'environnement, l'éducation et la culture est réduite à la portion congrue et cantonnée à des périmètres d'action qui, loin d'agir sur les causes, ne sont que des services après vente du libéralisme dominant.

Doit-on donner la gazelle à garder au tigre ?

Imposture intellectuelle suprême, l'OMC se targue aujourd'hui d'être l'enceinte où peuvent être pris en compte les problèmes d'environnement et de droits sociaux. Est-ce à l'aune de ses règles du « tout-commerce » que la légitimité de la protection de l'environnement ou des travailleurs doit être examinée, interprétée et jugée ? L'organisation n'a jamais eu ni compétence ni préoccupation en ces domaines. Lui reconnaître une légitimité sur ces terrains est donc un jeu dangereux. Tout le débat sur les clauses écologiques et sociales à l'OMC est en réalité vicié dès l'origine. Les organisations de la société civile tout comme certains gouvernements du Sud l'ont bien compris : l'OMC est inapte à dire le droit social et environnemental. Mais de nombreux syndicats, certains environnementalistes et d'importantes associations de consommateurs se laissent encore appâter par des promesses creuses.

Le débat sur les clauses environnementales et sociales remonte en réalité à 1994. L'administration Clinton, confrontée à une marée montante de campagnes citoyennes contre la transformation du GATT en OMC, avait trouvé ce stratagème pour diviser et les écologistes, et les syndicalistes. Il s'agissait d'une proposition fallacieuse. En fin de course, l'OMC déclara qu'on s'occuperait des clauses sociales et environnementales… au prochain round. Dès cette époque, des ONG de tous les continents, en particulier au sein du Forum international sur la globalisation (IFG), prirent le temps de s'écouter mutuellement et de réfléchir ensemble sur la question de ces clauses, pour conclure qu'il s'agissait d'une fausse piste, voire d'un instrument dangereux qui serait utilisé contre les économies du Sud.

En fait, ce débat complexe peut se résumer à la question suivante : doit-on donner la gazelle à garder au tigre ? Nul besoin de faire la rétrospective des verdicts de l'Organe de règlement des différends pour aboutir à cette conclusion : les règles de l'OMC, en favorisant les transnationales, jouent, et ont toujours joué, contre le social et contre la protection de l'environnement. L'adjonction de prétendues clauses dans ces domaines ne pourrait que casser la solidarité Nord-Sud en dressant les travailleurs du Nord contre ceux du Sud.

Le politique sous ajustement structurel

S'il est une organisation qui pratique aujourd'hui le terrorisme intellectuel, le chantage et le secret, c'est bien l'Organisation mondiale du commerce. Les appels à réhabiliter le politique sont certes fondés ; il n'empêche que le rôle des gouvernements et parlements est déjà gravement érodé. En un sens, ces appels ont tardé à venir. Il aurait mieux valu qu'ils se fassent entendre avant la transformation du GATT en OMC. Le paradoxe est le suivant : maintenant que l'organisation est en place, les gouvernements qui s'écarteraient de la voie libérale se retrouveraient eux-mêmes dans l'illégalité, et contraints d'abroger leurs lois ou leurs réglementations ou de payer des compensations. La reconfiguration, ou plutôt la restructuration du rôle des gouvernements sous l'égide de l'OMC et sous la férule de son tribunal établit une situation nouvelle à laquelle les mouvements antiglobalisation sont obligés de réfléchir pour relever le défi. Réhabiliter le politique ? Mais, dans le contexte de guerre économique, il est devenu presque impossible aux États de faire machine arrière. C'est aux peuples et à eux seuls d'ouvrir des voies alternatives.

De toute façon, même sur le terrain miné des élections, ce sont les peuples qui feront la différence, car seule une pression populaire peut pousser les dirigeants à résister aux diktats de l'OMC. Le mouvement antiglobalisation, encore embryonnaire avant Seattle mais définitivement sorti de l'œuf aujourd'hui, s'accorde sur ce constat : les règles de l'OMC ont été édictées par et pour les firmes transnationales. Remettre l'OMC sous contrôle exige donc parallèlement un travail international pour remettre sous contrôle des firmes transnationales et des castes politiques qui leur sont associées. Vaste programme, immense défi, mais qui est peut-être la seule voie réaliste à l'aube du XXIe siècle.

NOTES

1. Ces visas sont réclamés depuis 1999 par les grands lobbies de services, notamment l'ESF (European Services Forum, Forum européen des services).

2. La société Vegamax est déjà spécialisée dans les contrats de travail « off-shore » (*La Tribune*, 21 mai 1999). Quant à Alstom-Chantiers de l'Atlantique, elle fait appel à un « montage exotique » pour l'apport de main-d'œuvre en provenance de pays à faible coût (*Le Canard enchaîné*, « Les chantiers de l'Atlantique importent des galériens », 19 décembre 2001).

3. Ces secteurs sont notamment l'investissement, les marchés publics et les règles de concurrence.

4. http://www.tabd.com

5. « India threatens to walk out of WTO », Times News Network, 1er novembre 2001.

6. « Lamy says cancelling Doha would be no disaster », *Financial Times*, 31 octobre 2001.

7. En réalité, à peine 80 d'entre eux représentent des ONG de la société civile, les autres étant, syndicats mis à part, des porte-paroles de « *front organizations* », c'est-à-dire d'associations de circonstance émanant du monde des affaires.

8. « Les amis de la présidence » est l'expression par laquelle on désigne les pays favorables au lancement d'un nouveau round de négociations.

9. Lire en particulier *La guerre contre le Sud continue*, de Raoul-Marc Jennar (www.urfig.org).

10. Le Premier ministre indien aurait lui-même reçu un appel de Tony Blair lui « conseillant » de régler cette affaire.

11. S.P. Shukla, « The Doha debacle », *Frontline*, n° 1824, novembre 2001. S.P. Shukla a été ambassadeur indien au GATT et secrétaire d'État au ministère du Commerce et des Finances.

12. Voir à ce sujet ATTAC, *Remettre l'OMC à sa place*, Paris, Mille et Une Nuits, 2001.

13. Voir à ce sujet Richard Grossman et Franck Adams, *Taking Care of Business. Citizenship and the Charter of Incorporation*, New York, POCLAD, Éd. Charter, 1993.

14. Le principe de cliquet, ou *stand still*, interdit aux pays de revenir sur une mesure de libéralisation. Le démantèlement, en anglais *rollback*, est un principe inscrit dans de nombreux accords de l'OMC engageant les pays à éliminer progressivement tout obstacle à la libéralisation.

15. Qu'il faut traduire par : « L'OMC, l'amender ou l'anéantir ».

16. Le texte de l'appel peut être consulté sur www.publiccitizen.org.

17. Voir Raoul-Marc Jennar, « L'OMC, répression et séduction », *L'Écologiste*, n° 3, printemps 2001.

18. Il s'agit du bâtiment où les mouvements italiens contre la mondialisation hébergeaient le secrétariat et de nombreux hôtes étrangers.

19. Denis de Rougemont, *Lettres sur la bombe atomique*, Paris, La Différence, 1991.

Chapitre 17

Le mouvement n'est pas à vendre

Depuis la victoire de la société civile à Seattle, le thème de la mondialisation est à la mode. Confusion et opportunisme. Les tentatives de récupération ne manquent pas pour faire de ces combats de la société civile de nouveaux marchepieds pour accéder au pouvoir. Tentation vaine. Les mouvements antiglobalisation sont par essence très divers et autonomes. Leurs analyses convergent cependant sur un constat : aujourd'hui, ce sont les firmes transnationales qui exercent le pouvoir à travers les politiques. Le combat le plus important consistera à les remettre sous contrôle.

Comment le mouvement international embryonnaire a-t-il pu tenir si longtemps contre vents et marées ? Comment a-t-il pu se développer avec des bouts de ficelle et les moyens du bord ? C'était avant Internet, ne l'oublions pas, et l'intox officielle fustigeait le « protectionnisme » comme une dangereuse dérive réactionnaire, voire potentiellement fascisante.

Comment ? Parce que c'était grave. Parce qu'il le fallait. Parce que chacun était soulevé d'indignation, des doigts de pieds à la racine des cheveux. En même temps, la qualité humaine des premiers contacts et des premières alliances fut déterminante. « On ne peut construire un mouvement que sur les principes qui vont lui permettre de se développer », aime à rappeler Vandana Shiva. Puisque les cinq continents étaient représentés, il s'agissait déjà d'un exercice de démocratie internationale. L'autonomie des diverses ramifications ne fut pas même théorisée. Comme une valeur tacite partagée, elle allait de soi. Les nouveaux le sentaient et, se voyant accueillis, apportaient le meilleur d'eux-mêmes. Chacun s'enrichissait intellectuellement et humainement. L'écologiste britannique Diana Schumacher aime décrire cette dynamique comme celle du « cercle de cercles ». Cette petite internationale en marche fit en quelques années des progrès gigantesques dans la connaissance des accords, de leurs implications politiques, de leurs conséquences pour les populations, et aussi dans la surveillance des lobbies qui menaient la danse. Le nombre des coalitions nationales, la plupart du temps informelles, augmentait à vive allure, chacune singulière et enrichissante pour les autres. Une petite internationale grandissait, souverainement méprisée par les milieux d'affaires et ignorée des politiques au pouvoir comme des grands partis d'opposition.

Or, depuis bientôt trois ans, tout a changé. Le nombre de ceux qui comprennent qu'ils sont directement affectés par la mondialisation ne cesse d'augmenter. Voilà qui rend le « risque social » d'autant plus digne d'attention pour les firmes transnationales, mais aussi le « créneau » d'autant plus attractif pour ceux qui sont habités d'une volonté de pouvoir. C'est pourquoi les pièges de la récupération en tout genre sont déjà tendus. Le phénomène ne pourra que s'amplifier. Il faut donc l'analyser pour s'en prémunir.

Récupération et tri sélectif

Pour le monde des affaires et ses alliés au pouvoir, des ONG qui internationalisent leurs combats, qui deviennent de plus en plus compétentes sur le contenu de dossiers censés rester occultes : inacceptable ! Victoire contre l'AMI, déraillement du round du millénaire, montée en puissance des campagnes contre des firmes spécifiques – Nike, GAP, Cargill, Monsanto, Total-Fina, Nestlé : insupportable ! Dans le camp des partisans de la globalisation, la parade pragmatique se met en place peu à peu, à tâtons, et non sans cafouillages. L'arsenal institutionnel se solidifie progressivement en un corps de doctrine étayé, avec une méthodologie prête à l'emploi. Désormais le credo pour les États, la Commission européenne et l'OMC, c'est qu'il faut faire le tri entre les ONG représentatives et les autres. Ce tri préalable permet de marginaliser, voire de criminaliser, les radicaux du mouvement et d'adopter au passage des législations violemment antidémocratiques.

Dans le nouveau contexte décrit par la Commission européenne dans son livre blanc de juillet 2001 sur la « Gouvernance globale », ce système d'encadrement est très clairement programmé. Déjà, dans l'un des rapports de Cotonou[1], il est écrit que les ONG doivent contribuer à la défense les intérêts des pays du Nord dans le tiers monde. En France, la réforme en cours des associations loi de 1901, qui prône – comme le demande l'OMC – la transparence des ONG mais aussi leur professionnalisation, révèle l'intention de limiter leur rôle de force sociale vivante.

Du côté des milieux d'affaires, les filets de la récupération se resserrent tandis qu'on assortit le maillage de propositions attractives. Le mécénat des grandes entreprises s'est formidablement développé ces dernières années. Une partie de ces soutiens est indéniablement désintéressée, ne serait-ce que parce que, dans un certain nombre de fondations d'entreprises, des « dissidents de l'intérieur » entendent mettre à contribution des profits excessifs pour de meilleures causes. Mais c'est de plus en plus la politique des grandes entreprises que de financer à long terme des associations dans le but de les instrumentaliser. Au bout de deux ou trois années, des conditions sont posées au renouvellement du soutien financier. Ainsi, aux États-Unis, l'association Environmental Defense Fund (EDF), sous l'impulsion des principales fondations dont elle dépendait, a changé de camp et a fait campagne, au grand dam de ses partenaires de coalition, pour la signature de l'Accord de libre-échange nord-américain (ALENA). L'organisation de la dépendance est une méthode classique utilisée par des firmes polluantes ou en infraction avec les droits de l'homme pour tenter de se racheter une bonne image à moindres frais. Le mécénat pratiqué par Vivendi, des microprojets de protection de l'environnement aux initiatives pour la création d'emplois en milieu rural, n'est qu'une infime restitution par rapport aux profits démentiels réalisés sur la distribution de l'eau. Économique, bonne pour l'image, cette politique peut poursuivre des objectifs plus stratégiques : par exemple, financer des ONG à but caritatif pour qu'elles viennent pallier les carences de services publics eux-mêmes entamés et progressivement privatisés au bénéfice des mêmes firmes. Pour ce qui est des droits sociaux, les conséquences sont graves : ce qui relevait du devoir de l'État et du droit des personnes est progressivement délégué au secteur de la charité.

Au sein même des lobbies d'affaires, on discute intensément aujourd'hui de la meilleure façon d'aborder le problème de la prolifération d'associations qui remettent en cause les pratiques et mènent campagne auprès de l'opinion publique pour dévoiler la face cachée de nombre de grands trusts. Une firme de relations publiques, et non des moindres puisqu'il s'agit d'Edelman Public Relations, s'est même spécialisée dans un nouveau créneau : la formation des industriels pour leur apprendre à traiter avec les ONG, lesquelles soutenir et lesquelles éviter. Edelman PR se targue par ailleurs de sa capacité à créer des « coalitions de terrain » pour la défense des industriels. Sa publicité précise qu'elle compte parmi ses employés « de nombreux anciens fonctionnaires, des juristes, des journalistes, des professionnels de la communication politique et autres spécialistes dans des domaines très variés ». Elle pourrait ajouter d'anciens responsables d'association cooptés, comme l'ex-responsable de communication de Greenpeace International, Jonathan Wootliff. Elle rappelle fièrement l'un de ses exploits : l'organisation du 50e anniversaire de l'Otan à Washington, du 23 au 25 avril 1999, « l'événement le plus couru et le plus commenté de l'année » qui réunit de nombreux maires et autres élus, fonctionnaires et hauts fonctionnaires, et pas moins de 4 000 journalistes-reporters.

La stratégie préconisée par Edelman est de sélectionner les ONG qui acceptent d'accompagner un aspect positif du travail de la firme – recyclage des sacs plastique, réduction du gaspillage de papier, voire label écologique – et renoncent ainsi à mettre en cause le reste des activités. Les grandes entreprises peuvent aussi utilement opter pour un financement conséquent d'un des projets d'une ONG particulière – préservation de la faune marine, gestion d'une réserve naturelle, par exemple –, en échange de quoi les bénéficiaires sont tenus d'abandonner toute campagne ou participation à des coalitions hostiles à l'encontre des donateurs. Le partenariat WWF-Unilever est cité par Edelman comme un exemple à suivre dans ce genre de mécénat-sponsoring.

Reste à gérer les ONG « hostiles ». Pour ce faire, un programme particulier est proposé. Edelman préconise l'utilisation offensive des nouveaux médias tout en manifestant constamment une volonté de dialogue. La firme conseille de toujours allier « la réponse technique experte » à une bienveillance affichée, sans oublier parallèlement d'intensifier « les relations avec les ONG centristes » afin de mieux marginaliser les radicaux.

Ni taxe ni bénéfice politique

Quant au risque de récupération politicienne des mouvements antiglobalisation, le piège pourrait s'avérer presque aussi dommageable à la dynamique du mouvement que celui d'une récupération par les milieux d'affaires. Sans vouloir donner trop d'importance aux différends qui traversent le mouvement en France – épiphénomène négligeable, espérons-le, dans le mouvement international –, il faut néanmoins affirmer clairement que toute volonté hégémonique vis-à-vis des coordinations, souvent informelles, et des mouvements précurseurs dans ces luttes est inacceptable. Version modernisée du paternalisme et de l'impérialisme culturel, elle étoufferait ce qu'elle prétend organiser et développer. Cela ne pourrait aboutir, pour paraphraser Ivan Illich, qu'à une distorsion parallèle du message, de la dynamique et des finalités. De toute façon, on ne saurait apporter de crédit moral à ceux qui voudraient à tout prix labelliser les campagnes des autres. Si l'on allait trop loin dans ce genre de merchandising militant, le message final se réduirait à : « Une autre marchandisation est possible ».

À l'opposé de toute tentative centralisatrice et hégémoniste, le réseau informel international se veut ouvert et participatif : peuples indigènes, jeunes, mouvements de femmes, intellectuels, chômeurs, artistes, économistes, bien sûr syndicalistes, et certains mouvements d'Églises[2] y ont déjà leur place. La démocratie directe dans l'écoute mutuelle, c'est là sa formidable école. En un tour de table d'une assemblée de cinquante personnes, on récolte davantage d'informations et de meilleures analyses que dans un quelconque symposium ficelé d'avance à visée promotionnelle. Quand la parole est partagée, c'est la communication, la vraie, qui devient la vedette. La marée de l'intelligence monte alors. Quel que soit son bagage, chacun s'enrichit. Il ne s'agit pas de décréter tout le monde beau, intelligent et gentil, mais d'avoir la simplicité de se livrer ensemble à une recherche de vérité et d'action. Ce genre de motivation est contagieux, et comme la prise de conscience n'obéit pas aux lois du marché, plus elle est partagée, plus elle s'amplifie.

Elle est autrement plus fructueuse que les magouilles de groupuscules seulement préoccupés de faire avancer leurs pions vers un illusoire « bénéfice politique ». Avec de telles visées ou dans un tel état d'esprit, on en vient vite à chercher les recettes pour faire prendre la mayonnaise. Et elles finissent inévitablement par ressembler aux manœuvres des factions au pouvoir calculant le partage du gâteau. Ce genre de fausses perspectives ne peut conduire que vers une double impasse.

Le premier écueil est d'oublier qu'il n'est de véritable liant que ces liens humains essentiels que constituent le respect et la confiance réciproques. Ce sont eux et eux seuls qui peuvent instaurer le contexte propice à l'émergence de dynamiques créatrices. Face au rouleau compresseur idéologique, marchand, et même policier – comme Seattle,

Québec, Göteborg et Gênes en ont été le théâtre –, aucun calcul, aussi savant soit-il, ne peut accoucher de *la* recette ou *du* modèle d'organisation. Après tout, chacun réalise sa prise de conscience, en relation avec d'autres, le plus souvent au sein d'un groupe, mais toujours en tant qu'expérience personnelle. Le processus d'individuation est à chaque fois unique, et c'est en cela qu'il est précieux. Toute parcelle de liberté conquise est autonome. Elle forme néanmoins une maille dans la trame du mouvement. Nul besoin d'être encarté ni même affilié pour apporter sa contribution au front de résistance à la globalisation. Ceux qui voudraient « intégrer » ou « digérer » les autres groupes, campagnes, mouvements, non seulement se tromperaient de voie mais marcheraient carrément à contresens. Vis-à-vis des générations à venir, et bien sûr déjà vis-à-vis des adolescents d'aujourd'hui, la seule attitude digne de s'attirer leur respect est celle qui reconnaît la valeur de leur subjectivité, de leur imagination, de leur courage.

L'autre impasse consiste à tourner court sans aller au bout de l'analyse. Les combats contre le GATT, contre l'AMI, et maintenant contre l'OMC ont pointé les phares intellectuels sur des réalités que tout conspire à travestir. Aujourd'hui, ce ne sont plus les instances officiellement en place, à savoir les gouvernements, qui exercent le vrai pouvoir. Progressivement, tout en laissant les politiques s'agiter sur le devant de la scène, ce qui leur permet d'agir loin des regards, dans les coulisses, les transnationales se sont emparées des commandes. Elles ont dicté les lois du commerce international. Par rapport à l'objectif qu'elles s'étaient fixé, elles ont d'ailleurs réussi au-delà de leurs espérances. C'est pourquoi la soif de pouvoir et la vanité qui – sauf exception qui confirme la règle – accompagnent les ambitions politiques sont finalement les meilleures alliées des pouvoirs économiques de l'ombre. Ceux qui prétendraient à la représentation politique du mouvement se révéleraient tôt ou tard les complices objectifs de la poursuite du statu quo[3].

Non, la volonté de pouvoir n'a rien à faire dans le mouvement. L'obsession du contrôle, l'habitude du calcul, la manie des manœuvres traduisent en réalité un vide intérieur, une froideur d'être. Le désir de contrôle, qu'il émane des grands technocrates, des capitaines de la finance ou de caporaux qui commencent à se pointer en parasites sur les forces vives des mouvements empruntent des voies parallèles. Le comportement des négociateurs pour intimider les ambassadeurs du tiers monde et celui de certains apparatchiks pour prendre la tête d'un mouvement qui ne leur demande rien, pour le cadrer ou négocier à sa place, ont quelque chose de symétrique. Volonté de s'emparer des ressources du Sud ou de s'approprier l'expression de groupes pour combler une absence à soi-même, manque de confiance en les autres, carence d'empathie.

Cet éclairage peut sembler dur. Il n'a rien de personnel ni de polémique. C'est une question de cohérence et d'intégrité intellectuelle. C'est aussi une question de respect de l'histoire et de solidarité vis-à-vis des réseaux précurseurs du Sud sans lesquels le mouvement antiglobalisation serait sans doute encore balbutiant. Pas plus que l'on ne peut combattre des maux en prenant pour recette ce qui les a engendrés ne peut-on prétendre combattre des pouvoirs en en usurpant les masques.

Écoutons plutôt les zapatistes : « Ce que nous voulons, ce n'est pas exercer le pouvoir, c'est le rendre au peuple à qui il a été confisqué. »

Pourquoi pas ?

Personne ne peut aujourd'hui prétendre avoir la recette pour faire reculer davantage l'OMC. Mais c'est la confiance qui nourrit le mouvement, alors que la volonté de prendre son contrôle l'assèche. Non, le monde ne s'arrêtera pas de tourner si nous gagnons contre l'OMC. Oui, les peuples indigènes, les sans-terre, les sans-droits, les sans-papiers, les communautés paysannes, les syndicats, les ados, les mouvements de femmes et certains mouvements d'Églises ont tous leur rôle à jouer.

Non seulement la Terre ne s'arrêtera pas de tourner, mais désarmer l'OMC est la condition pour entamer une aventure urgente et autrement plus exaltante que la globalisation. Continuer à laisser cette organisation livrer le monde sur un plateau aux appétits des transnationales, c'est aller vers sa destruction écologique, sociale et culturelle. Déstabilisation climatique, accroissement de plus en plus vertigineux des inégalités, éradication de tous les usages et savoirs vernaculaires : en route pour le désastre ! Chacun, à son échelle, peut contribuer à arrêter le rouleau compresseur de la marchandisation du monde. C'est déjà un grand défi, une alternative pleine de sens et chargée d'avenir. L'arrêter, non pas pour aller vers un nouveau modèle unique, mais par et pour le pluralisme des cultures, des modes d'organisation et des économies.

« Vous voulez vous attaquer au GATT ? Je vous souhaite bonne chance ! » s'exclamait un ancien fonctionnaire européen sympathisant mais blasé. À l'annonce de nos projets de campagne, il nous prédisait un échec certain. « S'attaquer au GATT ? Ah bon, pourquoi pas ? » s'exclamait, non sans admiration, un professeur d'économie de l'université de Toulouse, surpris et ravi que l'on puisse seulement imaginer une telle aventure. Entre ces attitudes opposées, qui toutes deux peuvent se comprendre, il n'y a qu'une différence d'intention. Pour le « darwinisme social cynico-optimiste », selon l'expression de Karl Friedrich von Weiszäcker, le marché fait « plus que gagner ». Il est l'arbitre suprême de toute valeur. Remplaçant à la fois la philosophie et l'éthique, en départageant les perdants et les gagnants, il établit l'ordre social et l'ordre du monde. Pour le darwinisme social, les perdants sont tout simplement éliminés. C'est dans cette idéologie éculée du XIXe siècle que puise le président de la Commission européenne Romano Prodi quand il déclare, au 9e congrès de la Confédération européenne des syndicats en juillet 1999 : « La mondialisation récompense la flexibilité et les pays qui font des efforts pour s'adapter à la concurrence, elle punit ceux qui ne veulent pas ou sont incapables de s'y confronter. »

Aujourd'hui, douze ans après les premiers combats contre le GATT, entre réalisme et prétendu utopisme, c'est finalement toujours une même question de choix. Choisir où situer son désir et sa volonté. L'utopie, au sens étymologique du terme, c'est le lieu de ce qui n'a pas de lieu. Quand la marchandise occupe la presque totalité de l'espace-monde depuis l'infiniment petit des gènes jusqu'à l'atmosphère par la cotation en Bourse des émissions de CO_2, les champs utopiques sont plus difficiles à ouvrir. Pourtant ils existent dans chaque parcelle d'autonomie, de révolte authentique et de conquête de la conscience. L'autonomie est déjà dans l'intention, qui est le prélude à l'action et au mouvement.

Autonomie de mouvement

L'autonomie du mouvement antiglobalisation est la meilleure garantie de résistance dans ce combat de longue haleine qui ne fait que commencer. Elle est l'antidote à l'usure, au piège de la récupération, alors que tous les leurres continueront à être agités pour tenter de détourner ou de coopter certains courants et marginaliser ceux qui, allant à la racine des problèmes, posent un vrai défi au système.

Mais cette autonomie est aussi l'ingrédient essentiel pour reconquérir la démocratie piétinée par le marché. C'est par l'exercice de l'action autonome que peuvent émerger les conditions créatrices d'alternatives dignes de ce nom. Sociétés de marché ? La société devient un appendice du marché, un territoire de conquête pour de nouveaux profits. Pour le libéralisme version OMC, une seule constante : transformer les ressources naturelles en devises et les relations sociales en rapports marchands. La marchandisation des rapports sociaux annexe sans cesse de nouveaux territoires : procréation médicalement assistée, formatage commercial de l'éducation et de la culture.

Non seulement cette organisation commerciale du monde est unidimensionnelle, elle est aussi monoculturelle. Atomisante, la société de marché contemporaine va plus loin dans l'asservissement de l'humain que la société industrielle qui l'a précédée dès l'aube du XIXe siècle. Hommes, femmes et jusqu'aux enfants furent alors soumis aux machines dans des conditions d'exploitation pénibles, malsaines et dangereuses. Aujourd'hui c'est, dans ses replis les plus profonds, la psyché des femmes, des hommes et celle des enfants que le marché vise à conquérir. La majorité des jeunes en révolte contre la mondialisation mettent ainsi en action cette partie intime d'eux-mêmes qui s'appelle liberté. On est très sérieux quand on a dix-sept ans. Avec sa vie toute neuve, qui veut tout embrasser, qu'on ne sait où poser, on veut bien tout donner : apprendre et partager, risquer sans calculer. On est très sérieux quand on a dix-sept ans : on n'est pas là pour se laisser manipuler.

Se satisfaire de l'illusion commode qu'un programme aussi simple que 0,05 % de taxation du capital spéculatif serait une recette pour changer la marche du monde ? Accepter le symbole d'un pourcentage comme emblème contre l'ordre marchand ? Un autre monde est possible, pour une autre mondialisation ? Mais la mondialisation, c'est précisément le phénomène de globalisation des capitaux, des marchandises et des services. C'est la marchandisation du monde. Par ailleurs, comme le rappelle Raoul-Marc Jennar, paraphrasant Clausewitz, « la globalisation, c'est la poursuite du colonialisme par d'autres moyens ».

Rien ne sert de « zapper » l'analyse et d'éluder la réalité d'un asservissement toujours plus profond à la logique du profit, asservissement auquel nous contribuons par ailleurs quotidiennement en consommant les produits du marché mondial. Ce 0,5 %, cent fois moindre que la dîme du clergé, restaurerait-il la justice entre les hommes ? N'est-ce pas un faux passeport vers la bonne conscience davantage qu'une voie pour la transformation ? On dira que c'est un premier pas, un moyen d'éducation populaire, voire un « produit d'appel ». Mais est-ce une coïncidence si la plus grande association d'exploiteurs du monde, la Chambre de commerce internationale, est déjà près de consentir ? En effet, dans le compte rendu de sa conférence d'automne 1998, on peut lire que la CCI « fera des propositions en matière de taxation des capitaux spéculatifs ». Lâcher symboliquement moins que des miettes pour garder l'ordre de l'édifice tout entier pourrait se révéler profitable, y compris pour les grands opérateurs du système financier international. En réalité, il serait dangereux de se contenter d'une telle concession car cela reviendrait à renoncer à la remise en cause beaucoup plus profonde du système dans son ensemble. Ce serait tourner court avant la compréhension, douloureuse mais nécessaire, que le capitalisme étendu à toutes les sphères des activités humaines et à la biosphère constitue un ordre « globalitaire ».

Le mouvement international antiglobalisation, qui a de loin précédé la revendication de la maigre taxe Tobin, porte des requêtes beaucoup plus fondamentales. L'urgence aujourd'hui n'est pas d'obtenir une mesurette de façade mais d'empêcher que n'avorte la prise de conscience qui, en particulier depuis Seattle, s'est étendue de façon prodigieuse.

« Le libéralisme contre les libertés »

La liberté chérie, à commencer par la liberté de penser et de comprendre, c'est elle qu'il faut conserver à tout prix. Cette liberté n'est pas monnayable, elle est gratuite et, comme la solidarité, elle échappe aux disciplines du commerce mondial. Est-ce pour cela que l'on prétend la faire « payer » autrement ?

Depuis le 11 septembre 2001, depuis l'attentat spectaculaire perpétré sur les tours jumelles du World Trade Center, les tentatives d'assimiler les mouvements non violents antiglobalisation aux réseaux terroristes vont bon train. Amalgames et insinuations, d'autant plus insidieux que, avec le choc créé par la diffusion en boucle des images de l'effondrement de deux des plus grands gratte-ciel du monde, le jugement cède la place au malaise. Dans la foulée, des déclarations inquiétantes ont circulé sur les ondes : « On ne peut pas ne pas penser que les mouvements antimondialisation ne sont pas très loin derrière », entendit-on le 12 septembre sur l'antenne d'une grande radio française. La presse espagnole fustigea la critique de la mondialisation comme « terrorisme intellectuel ». On apprit que les « sites subversifs », sans qu'une définition plus précise en soit donnée, seraient prochainement interdits, que les e-mails de tout un chacun pourraient faire l'objet d'une surveillance. Mais c'est pour mieux nous protéger.

Ce climat, incontestablement entretenu depuis le 11 septembre, prépare-t-il le terrain à des mesures de surveillance, voire de suspension des libertés civiles ? Avant même ces événements, la restriction des libertés pour cause de défense du « système global » s'annonçait. Des jeunes se rendant au contre-sommet du G8 à Gênes en juillet 2001 ont été arrêtés aux frontières, et ce sans motif, sans preuves ni dossiers judiciaires préalables. La liberté de circulation dans l'espace Schengen était ainsi suspendue. Le seul délit, pour certains, consistait à être abonnés à une liste de diffusion. Pour un tel « crime », des jeunes se retrouvent aujourd'hui avec plusieurs chefs d'inculpation et encourent jusqu'à cinq ans de prison !

La « défense de nos valeurs » dont se gargarisent certains commentateurs de presse emprunte de plus en plus des méthodes foncièrement antidémocratiques. En Grande-Bretagne, l'atteinte à la propriété privée est redéfinie comme atteinte à la sûreté de l'État. C'est le subterfuge trouvé pour incriminer les arracheurs de plantes OGM. Si les tribunaux devaient les inculper pour vol, ou même destruction de maïs ou de carottes, les peines ne seraient guère dissuasives !

Entendu, encore sur les ondes, une semaine après les attentats : « Finalement, Big Brother est plutôt un chic type. » Relisons *1984*, de George Orwell. Big Brother, omniprésent à travers des écrans géants qui enregistrent chaque réaction des habitants partout où ils se trouvent, règne en diffusant les terribles images d'un ennemi imaginaire, suscitant dans la foulée la délation et le désir de vengeance. C'est l'embrigadement par la peur. La confusion mentale systématique au plus haut degré. Le ministère de la Paix répète sans cesse le message : « La paix c'est la guerre, la guerre c'est la paix. »

Mais qui a peur de qui ? Et peur de quoi ? Peut-être d'un monde meilleur, d'une liberté accrue ? D'une responsabilité assumée par les habitants de la Terre les uns envers les autres et envers la planète ? D'une confiance trouvée ou retrouvée entre les peuples ? De l'absence de guerre qui, comme chacun sait, est très mauvaise pour les affaires ?

Notre génération a vécu sous les diktats de l'économisme. Dans les pays riches, elle a été soumise aux injonctions de consommer toujours plus, de « payer toujours plus cher un moins-être croissant ». Ce modèle a entraîné dans l'hémisphère Sud des ravages et une misère sans précédents. Quant à la planétarisation du système industriel et marchand, elle met en péril la biosphère elle-même, qui commence à craquer sous toutes ses coutures. La biosphère et les humains avec.

Pour une fois, acceptons de ne pas avoir de modèles de prêt-à-penser, de dogmes, de solutions d'avance. Seul un arc-en-ciel de résistances pourra induire le changement de cap du vaisseau spatial Terre – avec tout le monde à bord, y compris les autres espèces vivantes. La « supériorité du marché » est décidément un trop sinistre programme. Refusons désormais le génocide économique. Des milliers de groupes le remettent en cause quotidiennement dans leurs pratiques. Il est des boycotts populaires qui pèsent plus lourd que le résultat d'une élection. Des actions individuelles répétées cent puis mille puis des millions de fois peuvent infléchir davantage le cours de l'Histoire qu'une instance législative, provisoirement sous tutelle de l'OMC.

Si la voie du changement n'est pas tracée d'avance, c'est justement parce que nous sommes libres, que tout reste à inventer, même le chemin à suivre. Là encore, seul un arc-en-ciel de résistances pourra composer un autre paradigme qui viendra remplacer la logique mortifère de l'OMC. Organisation machiste du monde s'il en est, l'OMC est dominante et dominatrice. Or ses pouvoirs sont enchâssés dans ceux des nouveaux empires économiques – véritables féodalités contemporaines – que sont les firmes transnationales. Voilà pourquoi elle ne peut être mise en échec par des moyens classiques. Voilà pourquoi toute stratégie qui prétendrait s'établir sur un « rapport de force » politique serait illusoire et vaine. Institution unique en son genre et sans précédent, l'OMC doit être défiée de façon beaucoup plus profonde.

Au-delà de son statut et de ses prérogatives exorbitantes, c'est sa vision grossière et archaïque du monde et des humains qui doit être fondamentalement remise en cause. Les meilleurs terreaux de résistance sont ainsi culturels, faisant appel à une richesse et à une diversité psychique, sociale et intellectuelle respectueuse des différences et coopérative.

Contre « la lourde mécanique du refoulement[4] » induite par l'hypermarché planétaire, contre la guerre économique qui asphyxie le Sud et fracture le Nord, la meilleure « arme » est encore celle de la conscience, partagée, qu'à résister aux diktats de l'organisation commerciale du monde on n'a plus rien à perdre. On a tout à gagner, le respect de soi et l'amour de la vie.

À chacun sa liberté
et pour tous l'égalité
rendre l'homme à l'humanité
et l'Univers te bénira
et l'Univers te bénira.

Chant anonyme du temps de la Révolution française

NOTES

1. Les accords de Cotonou sont la nouvelle version des accords de Lomé.

2. En particulier dans les pays anglo-saxons et en Amérique du Sud.

3. Voir l'analyse critique de Michel Barrillon, *ATTAC, encore un effort pour réguler la mondialisation !?*, Castelnau-le-Lez (Hérault), Climat, 2001.

4. Gaston Bachelard, *La Poétique de la rêverie*, Paris, PUF, 1997.

Liste des sigles et acronymes

AC : Agir contre le chômage

AGCS : Accord général sur le commerce des services (voir GATS)

ALENA : Accord de libre-échange nord-américain

AMI : Accord multilatéral sur l'investissement

APEC : Asia-Pacific Economic Cooperation (Organisme de coopération économique Asie-Pacifique)

ARH : Agence régionale d'hospitalisation

ARM : Accords de reconnaissance mutuelle

BASD : Business Action Group for Sustainable Development (Groupe d'action mondial des affaires pour le développement durable)

BESD : Bank's Economic and Social Databank (banque de données économiques et sociales de la Banque mondiale)

BM : Banque mondiale

CCAMI : Coordination contre l'AMI

CCCOMC : Coordination pour le contrôle citoyen de l'OMC

CCI : Chambre de commerce internationale

CEE : Communauté économique européenne

CEO : Corporate Europe Observatory

CEPII : Centre d'études prospectives et d'information internationale
CISL : Confédération internationale des syndicats libres
Cnuced : Conférence des Nations unies pour le commerce et le développement
Cnued : Conférence des Nations unies sur l'environnement et le développement
COW : Committee on the Whole (Comité de synthèse)
CSI : Coalition of Service Industry (Coalition des industries de services)
DAN : Direct Action Network
DREE : Direction des relations économiques extérieures
EDF : Environmental Defense Fund (Fonds de défense pour l'environnement)
ERT : European Round Table (Table ronde européenne des industriels)
ESF : European Services Forum (Forum européen des services)
FAO : Food and Agriculture Organization (Organisation des Nations unies pour l'alimentation et l'agriculture)
FMI : Fonds monétaire international
FOGS : Functioning of the GATT System
GATS : General Agreement on Trade of Services (Accord général sur le commerce des services, ou AGCS)
GATT : General Agreement on Tariffs and Trade
ICSID : International Court of Settlement on Investment Disputes (Cour internationale de résolution des conflits liés aux investissements)
IFG : International Forum on Globalization (Forum international sur la globalisation)
IFI : Institutions financières internationales
IFRI : Institut français des relations internationales
IPC : Intellectual Property Committee (Comité sur la propriété intellectuelle)

IRRI : Institut international de recherche sur le riz
ISAC : Industry Sectoral Advisory Committee
MMPA : Marine Mammal Protection Act (loi sur la protection des mammifères marins)
NCITE : National Committee for International Trade in Education (Comité national pour le commerce international dans l'éducation)
NPF (clause) : Nation la plus favorisée (clause de)
OEPC : Organe d'évaluation des politiques commerciales
OGM : Organismes génétiquement modifiés
OIC : Organisation internationale du commerce
OMC : Organisation mondiale du commerce
OMPI : Organisation mondiale de la propriété intellectuelle
OMS : Organisation mondiale de la santé
ONG : Organisation non gouvernementale
ONU : Organisation des Nations unies
ORD : Organe de règlement des différents
OTAN : Organisation du traité de l'Atlantique Nord
OTC : Obstacles techniques au commerce
PAS : Programmes d'ajustement structurel
PGA : People Global Action
PSC : Produits de substitution aux céréales
SFI : Société financière internationale
SPS : Accord sur les mesures sanitaires et phytosanitaires
TABD : TransAtlantic Business Dialogue (Dialogue d'affaires transatlantique)
TRIMs : Trade-Related Investment Measures (Accord sur les mesures d'investissement en relation avec le commerce)
TRIPs : Trade-Related Aspects of Intellectual Property Rights (Accord sur les aspects des droits de propriété intellectuelle touchant au commerce, ou ADPIC)
TWN : Third World Network (Réseau tiers monde)
UE : Union européenne

UFC : Union fédérale des consommateurs

UNICE : Union des confédérations de l'industrie et des employeurs d'Europe

URFIG : Unité de recherche, de formation et d'information sur la globalisation

USCIB : US Council for Industry and Business (Conseil américain pour l'industrie et les affaires)

USTR : US Trade Representative (Secrétariat américain au commerce)

WBCSD : World Business Council for Sustainable Development (Conseil mondial des affaires pour le développement durable)

Bibliographie et webographie indicatives

Bibliographie

AGA KHAN Sadruddin, *Policing the Global Economy : Why, How and for Whom ?*, Londres, Cameron May, 1998.

ATTAC, *Remettre l'OMC à sa place*, Paris, Mille et une nuits, 2001.

BARLOW Maude, *Parcel of Rogues : How Free Trade Is Failing Canada*, Toronto, Key Porter Books, 1990.

—, CLARKE Tony, *M.A.I. The Multilateral Agreement on Investment*, Toronto, Stoddart, 1997.

—, CLARKE Tony, *How the New Activists Are Fighting Global Corporate Rule*, Toronto, Stoddart, 2001.

BARRILLON Michel, *ATTAC, encore un effort pour réguler la mondialisation !?*, Castelnau-le-Lez (Hérault), Climats, 2001.

BERLAN Jean-Pierre, *La Guerre au vivant*, Marseille, Agone, 2001.

BOURDIEU Pierre, *Contre-feux. 1. Propos pour servir à la résistance contre l'invasion néo-libérale*, Paris, Raisons d'agir, 1998.

BOVÉ José, DUFOUR François, LUNEAU Gilles, *Le monde n'est pas une marchandise : des paysans contre la mal-*

bouffe. Entretiens avec Gilles Luneau, Paris, La Découverte, 2000.

BRAITHWAITE John, DRAHOS Peter, *Global Business Regulation*, Cambridge, Cambridge University Press, 2000.

CHESNAIS François, *La Mondialisation du capital*, Paris, Syros,1997.

CHOSSUDOVSKY Michel, *La Mondialisation de la pauvreté : la conséquence des réformes du FMI et de la Banque mondiale*, Montréal, Écosociété, 1998 (disponible auprès de Diffusion de l'édition québécoise, 30 rue Gay-Lussac,75005 Paris).

DURAN Ramon Fernandez, *La explosion del desorden. La metropoli como espacio de la crisis global*, Madrid, Fundamentos, 1993.

—, *Contra la Europa del capital y la globalization economica*, Madrid, Talasa Ediciones, 1996.

ECOROPA, INSTITUT EUROPÉEN D'ÉCOLOGIE, *Génie génétique : des chercheurs citoyens s'expriment : appel des scientifiques et des médecins*, Paris, Sang de la terre, 1997.

GEORGE Susan, SABELLI Fabrizio, *Crédits sans frontières : la religion séculière de la Banque mondiale*, Paris, La Découverte, 1994.

GOLDSMITH Edward, *5 000 jours pour sauver la planète*, Paris, Éditions du Chêne, 1990.

—, HILDYARD Nicholas, *Rapport sur la planète terre*, Paris, Stock, 1990.

—, MANDER Jerry (dir.), *Le Procès de la mondialisation*, Paris, Fayard, 2001.

GROSSMAN Richard, ZAKIS Richard, *Fear at Work, Job Black Mail, Labor and the Environment*, New York, The Pilgrim Press, 1982.

HALIMI Serge, *Les Nouveaux Chiens de garde*, Paris, Raison d'agir, 1997.

HEERINGS Hans, ZELDENRUST Ineke, *Elusive Saviours, Transnational Corporations and Sustainable Development*, International Books, 1995.

INSTITUTE FOR AGRICULTURE AND TRADE POLICY, *The Bretton Woods-GATT System : Retrospect and Prospect After Fifty Years*, Minneapolis, M.E. Sharpe, 1996.

JACQUIAU Christian, *Les Coulisses de la grande distribution*, Paris, Albin Michel, 2000.

KARLINER Joshua, *The Corporate Planet. Ecology and Politics in the Age of Global*, San Francisco, Sierra Club Books, 1997.

KIMBRELL Andrew, *The Human Body Shop : The Engineering and Marketing of Life*, San Francisco, Harper et Collins, 1993.

KLEIN Naomi, *No Logo : la tyrannie des marques*, Arles, Actes Sud, 2001.

KORTEN David, *When Corporations Rule the World*, Londres, Earthscan, 1995.

LAL DAS Bhagirath, *The World Trade Organization, a Guide to the Framework for International Trade*, Third World Network, 1999.

LATOUCHE Serge, *Les Dangers du marché planétaire*, Paris, Presse de Sciences-Po, 1998.

MANDER Jerry, *Four Reasons for the Elimination of Television*, Brighton, Harvester Press, 1980.

MARCHAND Stéphane, *Le Commerce des illusions : enquête sur les réseaux de pouvoir en France*, Paris, Lattès, 1999.

MARTIN Hans Peter, SCHUMANN Harald, *Le Piège de la mondialisation*, Actes Sud, 2000.

NORBERG-HODGE Helena, *Quand le développement crée la pauvreté. L'exemple du Ladakh*, Paris, Fayard, 2002.

OBSERVATOIRE DE L'EUROPE INDUSTRIELLE (CEO), *Europe Inc. : liaisons dangereuses entre institutions et milieux d'affaires européens*, Marseille, Agone, 2000.

PARTANT François, *L'Homme et la Société. Cette crise qui n'en est pas une*, Paris, L'Harmattan, 1994.

—, *La Ligne d'horizon : essai sur l'après-développement*, Paris, La Découverte, 1998.

PERUCCA Fabien, POURADIER Gérard, *La Bouffe d'égout*, Paris, Ramsay, 1999.

QUEROL Daniel, *Genetics Ressources, Our Forgotten Treasure*, Penang, Third World Network, 1992.

RIFKIN Jeremy, *Biosphere Politics, a Cultural Odyssée From the Middle Ages to the New Age*, San Francisco, Harper, 1992.

SELYS Gérard de, *Privé de public : à qui profitent les privatisations*, Anvers, EPO, 1995.

—, HIRTT Nico, *Tableau noir : résister à la privatisation de l'enseignement*, Anvers, EPO, 1998.

SHIVA Vandana, *Éthique et Agro-industrie : main basse sur la vie*, Paris, L'Harmattan, 1996.

—, *Le Terrorisme alimentaire. Comment les multinationales affament le Tiers-Monde*, Paris, Fayard, 2001.

SHRYBMAN Steven, *The World Trade Organization*, Canadian Center for Policy Alternatives, 1999.

THOMAS Janet, *The Battle in Seattle*, Golden, Colorado, Fulcrum Publishing, 2000.

THUILLIER Pierre, *La Grande Implosion*, Paris, Fayard, 1995.

Webographie

• Action for Solidarity, Equality, Environment and Development (ASEED)
www.aseed.net
• Appel pour une école démocratique (APED)
http://users.skynet.be/aped

• Canadian Centre for Policy Alternatives
www.policyalternatives.ca
• Casseur de pub
http://antipub.net/cdp
• Centre for Economic and Policy Research
www.cepr.net
• Confédération paysanne
www.confederationpaysanne.fr
• Corporate Watch
www.corpwatch.org
• Corporate Europe Observatory
www.xs4all.nl/~ceo/
• Council of Canadians
www.canadians.org/
• Direct Action Network
http://cdan.org
• Focus on the Global South
www.focusweb.org
• Friends of the Earth Europe (FoEE)
www.foeeurope.org
• Gatswatch
www.gatswatch.org
• Global Trade Watch
www.citizen.org/trade/
• Ibon Foundation
www.ibon.org
• Indymédia
www.france.indymedia.org
• International Forum on Globalization
www.ifg.org/
• OGM Danger
www.multimania.com/ogm
• People and Planet
http://peopleandplanet.org

- Public Citizen
www.publiccitizen.org
- Public Services International (PSI)
www.world-psi.org
- Réseau Sortir du nucléaire
www.sortirdunucleaire.org/
- Research Foundation for Science, Technology and Ecology
www.vshiva.net
- The Ecologist
www.theecologist.org
- Third World Network (TWN)
www.twnside.org.sg/
- Transnationale
www.transnationale.org
- Unité de recherche, de formation et d'information sur la globalisation (URFIG)
www.urfig.org
- World Development Movement
www.wdm.org.uk

Table des matières

Achevé d'imprimer par N.I.I.A.G.
en Février 2002

35-57-1328-01-0
ISBN : 2-213-61128-9
Dépôt légal : Février 2002
N° édition : 20585
Imprimé en Italie